A SURVEY OF

French Literature

VOLUME ONE:
THE MIDDLE AGES AND THE SIXTEENTH CENTURY

A SURVEY OF

French Literature

VOLUME ONE:
THE MIDDLE AGES AND THE SIXTEENTH CENTURY

MORRIS BISHOP

NEW REVISED THIRD EDITION

KENNETH T. RIVERS

Focus Publishing
R. Pullins Co.

For Dianna Lipp Rivers

with added appreciation to
Beatrice Rivers and Alison Jolly

A Survey of French Literature

Volume 1: The Middle Ages and The Sixteenth Century
Volume 2: The Seventeenth Century
Volume 3: The Eighteenth Century
Volume 4: The Nineteenth Century
Volume 5: The Twentieth Century

NOTE ABOUT ILLUSTRATIONS

One of the most easily noticed differences between this edition and its predecessors is the addition of extensive visual material. Many of the new illustrations included have come from the Bibliothèque nationale de France (the French National Library), which was of considerable help to the editor. The remaining illustrations are, except for the few noted otherwise, in the public domain and derived primarily from rare books in private collections. The line drawings illustrating each century are by Alison Mason Kingsbury; they constitute the only pictures carried over from the previous editions.

Copyright © 2005 Alison Jolly and Kenneth T. Rivers

ISBN 1-58510-106-0

This book is published by Focus Publishing / R. Pullins Company, PO Box 369, Newburyport, MA 01950. All rights reserved. No part of this publication may be produced, stored in a retrieval system, produced on stage or otherwise performed, transmitted by any means, electronic, mechanical, by photocopying, recording, or by any other media or means without the prior written permission of the publisher.

Printed in the United States of America

10 9 8 7 6 5 4 3 2 1

Table of Contents

(All works are complete unless otherwise indicated.)

Preface

The editors of this compilation have been guided by certain principles: to introduce the student to the greatest masters of French literature; to make a Survey of Literature rather than a course in literary history; to choose famous examples rather than obscure ones; to choose examples more for their merit, interest, and present vitality than for their "significance" or importance for other than literary reasons; to present one long selection in preference to a collection of tiny *morceaux*; and to make the entire text as user-friendly as possible for instructor and student alike.

Each of the five volumes represents a complete era or century. This division is designed to give the instructor maximum latitude in course utilization of the texts. Whether instruction is intended for a course spanning a year, a semester, a trimester or a quarter, the instructor can plan a syllabus using the number of volumes appropriate to the time allotted.

The editors have leaned toward inclusion rather than exclusion in deciding which literary texts to present. Even so, in the choice of selections, the editors have been compelled to make certain compromises, recognizing the impossibility of including everyone's favorites. And not every work that we admire has all the desirable qualities appropriate for an anthology, such as being famous, interesting, self-contained, and of convenient length. The editors will embark on no long defense of their own judgment, which others have every right to dispute. We have preferred *Tristan et Iseut* to Chrétien de Troyes, and *Le Roman de la Rose* to *Le Roman de Renard,* for reasons which seemed to us good. With so many great writers demanding to be heard, we have inevitably excluded some of considerable merit. But over the course of our five volumes we have more than enough authors' works for anyone's needs.

The texts up through Rabelais are translated, or modernized, by scholars whose names are given in the Contents. The Montaigne selection has been somewhat simplified. All the texts are presented with modernized spelling and punctuation.

Literary periods, usually centuries or half-centuries, and all the major individual authors have introductory material included. Biographical information about the writers has been presented in a concise, informative and hopefully entertaining fashion designed to help make the authors come alive for the reader. In addition to the essentials about these lives, we have also focused on how certain biographical facts may be relevant to the specific texts. The introductions provide such facts and generalizations as a student will need for reference, in view of examinations as well as overall comprehension. It is evident that today's student is often in need of background information about the historical, artistic, social, and geographical context of the literature. This we have tried to provide. For example, our presentation of Renaissance literature begins with a clear six-point summary of what the literary Renaissance was. The generalizations that we present are not meant to be taken by the student as absolute truth, but rather are intended to give the student a compact body of common knowledge and prevalent opinion; the student will then have something solid to agree or disagree with upon encountering the literature. And our contribution is designed to leave plenty of scope for the instructor's own commentary.

Introductions and footnotes are in English. Whereas classroom discussion is best held in French, a textbook all in French would not necessarily be ideal. It is necessary to consider the serious time restraints that life today has imposed on most students. When doing their reading, they desire to get through the introductory material as quickly as possible without the intrusion of language difficulties. They need not labor with an editor's French; they might better get on as fast as possible to the memorable words of the great authors.

In the footnotes, words and phrases which would not be in the vocabulary of a typical student are translated, and other aids to fluent reading and ready comprehension are given. Since footnotes should aid and not distract, the editors have struggled against the temptation to give superfluous information.

In the preparation of this Third Edition, the advice of many instructors and scholars has been heeded. By popular demand, there is now greater representation of women authors; for example, in this first volume we have the addition of Christine de Pisan and Louise Labé. We have found it possible also to add another requested author, Jean Calvin. (Later volumes add to their tables of contents several notable writers previously absent, such as Perrault, Choderlos de Laclos, Bernardin de Saint-Pierre, Lesage, Vauvenargues, Sade, de Maistre, Chénier, Bonaparte, Sand, Maeterlinck, and a variety of modern French and Francophone luminaries.) The selections from a few authors throughout the edition have been further abridged to make them more manageable for class assignments, and a handful of authors whose reputations have fallen have been excised. Footnotes have been amplified throughout, in order to assist students who may not have the strongest of vocabularies or much knowledge of French culture. The Time Lines have been augmented with additional information. The introductions have been expanded, updated, and reorganized. Bibliographical information is now included at the end of the volume. And numerous visual materials have been added, including, where possible, portraits of authors and pictures of their homes or home-town areas in order to give a sense of social context and make their work seem all the more real to the reader. Moreover, both the organization and appearance of our text have been modernized to enhance clarity and ease of use.

The kindness of French publishers who have permitted the use of copyrighted translations into modern French is acknowledged in footnotes at the beginning of each such selection.

Introduction

Literature is the best that man has ever thought and dreamed. As such, it has always been the substance of liberal education in the Western world, in ancient Greece and Rome, in Moslem lands, in China. It has served to form young minds according to the tradition of their culture and of the world. It has been welcome to the young, for it has given them access to understanding, strength, solace, and joy.

Among the literatures of the world, each nationality naturally chooses its own as the most helpful and harmonious to its spirit. For most of us, English literature, including American, is the richest and the most directly appealing. There may be some dispute as to which literature is second in importance. Some would elect Greek literature, some German; and other claims may be made. But for the great majority of educated Americans, French literature comes second to English for its past and present meaning.

Each national literature has its general characteristics, as well as its list of master-pieces.

In the first place, French literature, by comparison with others, is a *serious* literature. French writers have always been deeply concerned with the essential problems of man in his world, with the definition of his relation to Nature and to God, with the analysis of his behavior in society, with the understanding of his obscure emotions. French authors often cast their observations in a light and graceful form, but on the whole they are more interested in presenting a general contention about life than are their English or American counterparts.

The seriousness of the writer is matched by the seriousness of the French reader. The intellectual content of the average French book is greater than that of a corresponding American book. The French read books instead of magazines; the sale of serious books in proportion to the population is larger in France than in the United States. Every French newspaper reserves a section for literary articles and discussions, and even when, during the Second World War, the newspapers were reduced to two or four pages, the literary columns were preserved. The universal French respect for literature has given its authors a popular prestige which both rewards and stimulates them.

Secondly, French literature is a *rational* literature. It derives more from cold and sober reason than from the mysterious impulses of inspiration. It is a literature of the idea, of thought, rather than of the lyric outburst. Unlike Italian and English literature, it is supreme in prose rather than in poetry. The French seek in their reading more an intellectual pleasure than an emotional experience. (There are many exceptions to these statements, of course; that is the fault of all generalizations.)

French literature is, thirdly, a *psychological* literature. The center of its concern is man's nature as revealed by his actions. The first great monument of French literature, the *Chanson de Roland,* is a fine, stirring epic of battle and adventure; but even in this primitive tale the events are provoked by the character of the actors. This preoccupation with human psychology has continued to our own time. To the French, man is more interesting than external Nature, than machinery, commerce, the technics of civilization.

Fourthly, French literature is, relative to many others, *free.* Despite external restrictions imposed in certain periods, French writers have always been impelled to push their thought and observation to their logical ends. If their speculation brings them to perilous and unwelcome conclusions, if they discover evil and ugliness in the human spirit, they will not be deterred by convention from stating their conclusions. For this reason, more squeamish peoples than

3

the French have invested French literature with an aura of wickedness, with regard to both the radicalism of its thought and its frankness in reporting the relations of the sexes.

Fifthly and finally, French literature is *artistic*. The French are deeply conscious of form in all the arts. They admire good technique. They are trained in their schools to an exact appreciation of literary form by the remorseless word-by-word analysis of paragraphs and stanzas. Practically everyone who can read a newspaper has strong opinions about literary style. When Victor Hugo's *Hernani* was staged, a run-on line (in which the thought is carried from one line to the next without a break, contrary to classic rule) caused a riot in the audience.

As the public has a strong sense of literary form, the author typically is intensely concerned with questions of technique. He weighs his words, plays endlessly with *la coupe de la phrase*; he insists upon the *ordonnance,* or harmonious structure, of the whole. The result is that most literary judges regard French literature as the most notably artistic in the world. (In Camus' *La Peste* a would-be author spends his entire life working on the first sentence of his novel. The American reader finds this development absurd; to the French it is grotesque, but not absurd.)

Such are the most striking qualities of French literature, as they seem to your editor, after a lifetime of reading. His judgments are by no means final; they are to be taken as casts at truth, not Truth, not dogmas to be memorized for examination purposes.

The student should read with a free mind, accepting or rejecting the critical judgments provided, developing one's own critical judgment. Reading is itself a creative act. There is no reward in the dull repetition of secondhand opinions. Students should not let someone else do their reading for them.

The reward of reading is the literary experience by which one lends oneself to great writers, accepts as much as possible of their wisdom, shares in the story they tell, feels the delayed charge of their poetic emotion. What one should gain from the reading of this book is a greater understanding, if not wisdom. And what one should chiefly gain is pleasure. For intellectual pleasure, of a high, rare, and noble quality, is the chief end of literary study.

The editor congratulates you, the student, on the opportunity you will have, in reading this book, to gain understanding and delight. The editor envies you.

M. B.

The beliefs that Morris Bishop expressed above were highly popular in the mid-twentieth century when he expressed them. Like others of his generation, he clearly believed that literature, even when secular, was something sacred and ennobling. In ensuing years, this belief became somewhat degraded in our society. Even some academics went so far as to see literature as corruptive of morals and wasteful of the precious resources of higher education. Similarly, the biographical approach that was synonymous with Morris Bishop fell into disfavor as formalists and post-structuralists often deleted "the author" from their studies and concentrated solely on the literary text in isolation. Now, the twenty-first century is seeing a strong revival of interest in biography and other historical studies designed to give the text an understandable context in which to be analyzed. And American universities are increasingly recognizing the need for students to have the literature of the world in their curriculum to help them become truly cultivated and aware citizens of the planet. The Bishop approach is back, and to good purpose. International understanding is the noblest of goals, and the study of French literature, central to Western culture and thought for over a thousand years, is definitely one of the finest places to start—and one of the most pleasurable as well. Congratulations to all of you who are about to experience this profound and stimulating literature for the first time, and also those of you who are back to experience it once again. Like my predecessor, this editor envies you.

K.R, 2005

The Middle Ages

Middle Ages Time Line

AD 800	900	1000	1100	1200	1300	1400	1500

HISTORY

778. Defeat of Charlemagne's troops at Roncevaux; this temporary setback in the efforts to contain the Moors in Spain will inspire the Epic poem *Chanson de Roland* three centuries later.

800. Crowning of Charlemagne. He rules as Emperor over a territory that now constitutes France, Germany, and much of Italy.

1066. Norman Conquest. Guillaume le Bâtard, Duke of Normandy, conquers Britain and becomes William the Conqueror; the French language then mixes with the Anglo-Saxon language to create a new English.

1096. First Crusade. France's Pope Urban II convinces European kings to invade the Middle East to "liberate" the Holy Land from the Moslems; eight more crusades follow, mostly unsuccessful except for the looting of treasures, thus setting up endless conflict between Christendom and Islam.

1152. Aliénor d'Aquitaine (Eleanor of Aquitaine) weds King Henry II of England. This marriage essentially unites what is now western France with Britain, forming one powerful country that will last, despite civil wars, until Joan of Arc's time nearly three centuries later.

1160+. Gothic cathedrals. The first one, Notre-Dame de Paris, is mostly completed by 1200; dozens more follow. (A cathedral, in Catholicism, is the church of a bishop.) Tall Gothic cathedrals, featuring stained glass windows and exterior flying buttresses, gradually replace the earlier Romanesque style of low, broad cathedrals designed, in part, to lodge pilgrims on their journeys.

1205. Genghis Khan's Mongol invasion, terrorizing Europe from the East.

1226-70. Louis IX (St. Louis), King of France; he builds the Sainte-Chapelle church in Paris to house relics obtained on crusade, including what the French believe to be the authentic Crown of Thorns.

1337=100 Years' War=1453, the English vs. French separatists.

1348-51. The Black Plague: a catastrophic pandemic that spreads from Asia, killing perhaps as much as one-fourth of the population of Europe.

1431. Jeanne d'Arc (Joan of Arc) is burned at the stake. Her martyrdom leads to expulsion of English troops from French soil and the reassertion of France's status as a separate country.

1456. Invention of movable type: the Gutenberg Bible printed. Alsatian inventor Johan Gutenberg's printing press makes books relatively affordable and widely distributed for the first time.

1461-83. The Reign of Louis XI. This pragmatic king enforces French unity by putting down various revolts and repelling a British invasion.

FRENCH LITERATURE

842. *Serments de Strasbourg*

c. 1080. *Chanson de Roland*

1100. Provençal lyric

1100-1200. Chansons de geste

1150+. Romans courtois; Arthurian tales

c. 1165. *Tristan et Iseut*

c. 1175. *Jeu d'Adam*

c. 1180. Marie de France, lais bretons

c. 1200. *Aucassin et Nicolette*

1220. *Miracles de la Ste Vierge*

c. 1240. *Roman de la Rose*, I

1280. *Roman de la Rose*, II

c.1350. Mystères

1400. Moralités, soties, farces

c. 1450. Charles d'Orléans

1461. Villon: *Le Grand Testament*

c. 1465. *La Farce de Maître Pathelin*

OTHER LITERATURES

c. 750. *Beowulf*

c. 1140.*Cantar de mio Cid*

c.1190. *The Groenlendinga Saga*

c. 1215. von der Vogelweide: *Minnesang*

c.1230. *Nibelungenlied*

c.1260. *Eirik's Saga*

1301-21. Dante: *Divine Comedy*

c. 1350. Juan Ruiz: *El Libro de bum amor*

1353. Boccaccio: *Decameron*

c.1370. Petrarch: *Canzoniere*

c. 1390. Chaucer: *The Canterbury Tales*

The Times

The mention of the Middle Ages summons to our minds a complex of ideas and impressions, many of them conveyed to us through Hollywood movies, fiction for youngsters, the architecture of Ivy League colleges, sword and sorcery games, and other peculiar sources. The Middle Ages popularly connote, among other things: foreboding castles perched on impossible mountaintops; the stained glass windows of immense cathedrals; a superstitious but soaring faith; knights in shining armor engaged on fantastic quests; beautiful damsels in distress wearing cone-shaped headdresses; dragons to be slain; jesters, wizards, and astrologers at royal courts; and wretched serfs toiling in their lords' fields. The curious thing is that, except for the dragons, this popular impression is by no means false, although perhaps we are inclined to exaggerate the picturesqueness and the darkness, the mystery and the magic. The men and women of those years did not know that they were picturesque, nor even that their age was a middle one. Like anyone of any time, they worked hard, enjoyed the simple pleasures of life, danced and sang, suffered in hard times, and struggled for success in life under the impression that they were the ultimate product of time and divine creation.

We should recognize that these Middle Ages covered a space of seven hundred years, in which there was a very great development. The period before about A.D. 850, going back to roughly A.D. 400, was one of retrogression, the infamous Dark Ages. Why did the Roman Empire decline and fall? Why did commerce cease to flow through Europe? Why did people forget how to build, to paint pictures, and to write books? Historians have never given us a satisfactory answer. However, in recent years, extensive findings by the scientific community have charted the sudden, sharp climate changes which may have altered all aspects of social life and cultural expression, including literature. The Dark Ages were cold ages, and in the preindustrial world, cold equaled agricultural collapse, which meant impoverishment and severe challenges for society. Sometimes these challenges were met more creatively than in other times. But, overall, the Dark Ages were a very difficult era in which to live, and dictated a way of living that had little room for the traditional arts and written literature.

But somewhere around A.D. 850, the dawning of a new warming trend saw longer summer crop-growing seasons result in the rise of a new prosperity, at least for some, and the accumulation of surplus wealth that led to subsidies for the arts. The process of disintegration and forgetfulness came to an end, and people began, however clumsily, to recapture old wisdom and to find a new wisdom of their own. In this process of world building, French literature had its origin and first development.

The Feudal System

In France as elsewhere, the society of the Middle Ages was organized on a basis of *feudalism (la féodalité)*. A man "commended" himself to one higher than he, offering his service and receiving protection and security. He was both master (*seigneur*) and vassal. As master, he commanded the total fidelity of his vassals; as vassal, he owed total fidelity to his master. At the top of the scale, the noble might pledge feudal duty to a king, or he might regard himself as the king's equal and enemy. At the bottom of the scale, the peasants loyally served their local lord by tilling his soil and by becoming his military in times of war. For us, it is hard to imagine why the peasantry, as a sometimes armed force, chose to accept their social condition rather than revolt. But the peasantry saw the feudal system as a trade-off that worked to their advantage. In a society in which there was never a serious possibility for there being enough wealth to educate and uplift everyone, the obvious solution was for each locality to concentrate its education and wealth into a particular family steeped in a tradition of *noblesse oblige*. That meant that the nobles were supposed to feel a strong responsibility to help the less fortunate, and, if they actually did so, they were greatly beloved. Accordingly, the peasant, almost always uneducated, frequently ill, and often helpless to defend himself, supplied the labor for his *seigneur* and, in return, received protection. If a peasant were robbed on the highway, he could call upon the *seigneur* to send his officers to take care of the bandits. If a farmer or townsman were sued by someone from another community, he could request that his *seigneur* send his personal attorney to handle the defense in court. As long as everyone kept up his end of the bargain, the social system worked reasonably well. It did, however, work much better for the privileged than for the underprivileged. And women scarcely figured into the equation at all, except for being assigned a role of subservience.

With time the French state assumed more and more importance. At first the king was hardly more than a powerful noble, with certain feudal claims upon the other nobles. The King of France ruled a relatively small area in and around Paris, basically what is still known as the *Ile de France*, and the rest of what is now France was under his reign only tenuously. The various barons and dukes always threatened the king's authority; the Duke of Burgundy, for example, always considered himself a near-monarch. But the king, by allying himself strongly with the general populace upon whom he bestowed favors, succeeded gradually in imposing his primacy upon his fellows. Thus the idea of French *nationalism* took shape. It must be remembered that nations are a modern concept, and that, throughout history, the French, the Germans, the Italians, the English saw themselves primarily as *peoples*, rather than nations. Truly national governments came into being first when kings were able to convince, through persuasion and force, the populace to accept their rule over the entire country as the will of God. The concept of the Divine Right of Kings also entailed a powerful role for the Church, which supported the monarchy partially in exchange for vast wealth, lands, influence, and authority.

The Christian Church Culture

Kings, nobles and serfs were all subject to the Church, for the Church had absolute control over the soul's destiny. All men gave the Church service and received spiritual protection. The Church was directly responsible to God. Thus the system was a perfectly coherent one, in which every member had his obligation to both superior and inferior, under God. This sense of organized obligation within a cosmic chain of command should be evident in the selections you will read.

The *culture* of the people was fostered, and largely determined, by the Church. The Church preserved the ancient learning in its monasteries; it was the great patron of architecture and art; it inspired a large share of the new literature. The faith, almost universally accepted, provided the subject matter for artists of every sort. The Church implanted in society a Christian ideal which is reflected in profane as well as sacred literature. The Church had complete control of education. Under its auspices the universities were founded, the greatest of them, the University of Paris, the Sorbonne, in 1253. By the thirteenth century, life had profoundly altered since the darkest days of the Dark Ages. A warming era known as the Medieval Optimum blessed Europe with prosperity, and the High Middle Ages developed. A cultivated society, the *société courtoise,* had come into existence. This society, composed of the landed gentry and the new class of well-to-do bourgeois (merchants and wealthy non-nobles), received its ideals from literature and in turn expressed them in literature.

This period was a creative one in all the arts, in architecture, philosophy, theology, law, even science.

The fourteenth and fifteenth centuries, especially the era of falling temperatures 1360-1450, are marked by retrogression as well as progress. The Black Death, a bubonic plague, is said to have killed one quarter to one half the population of Europe in the years around 1348. The Hundred Years' War (1337-1453) brought almost equal misery to France. It is important then that we do not lump all the Middle Ages together as a gray interim between ancient and modern times. It is important, too, that we notice the dates of the selections that follow, for they reflect the ideas and ideals of very different times.

The French Language and the *Serments de Strasbourg*

The French language is the offspring of Latin. That is, it is the result of the effort of the inhabitants of Gaul to speak the popular Latin brought to them by Roman officials and colonists. It would be only a small oversimplification to state that French, along with Spanish, Italian, and the other Romance languages, are individually what Latin evolved into, over the centuries, in various parts of Europe.

The first document we possess which must be called French rather than Latin

Emperor Charlemagne. From a reproduction in H.W. Carless Davis' Charlemagne: The Hero of Two Nations, *1900.*

is the *Serments de Strasbourg* (*Strasbourg Oaths*), dated 842. Following the death of Charlemagne's son Pipin, two of the grandsons of Charlemagne united against the third, Lothaire, and each of the two allies registered an oath of mutual fidelity in the language of the other's territory. Curious students will be interested to see how much of modern French they can recognize in this ancient specimen:

OATH OF LOUIS THE GERMAN
(excerpted from the *Serments de Strasbourg*, 842 A.D.)

Original Text

Pro Deo amur et pro christian poblo et nostro commun saluament, d'ist di en avant, in quant Deus savir et podir me dunat, si salvarai eo cist meon fradre Karlo, et in aiudha et in cadhuna cosa, si cum om per dreit son fradra salvar dift, in o quid il mi altresi fazet, et ab Ludher nul plaid numquam prindrai, qui meon vol cist meon fradre Karle in damno sit.

Modern French "Translation"

Pour l'amour de Dieu et pour le salut commun du peuple chrétien et le nôtre, à partir de ce jour, autant que Dieu m'en donne le savoir et le pouvoir, je soutiendrai mon frère Charles de mon aide et en toute chose, comme on doit justement soutenir son frère, à condition qu'il m'en fasse autant, et je ne prendrai jamais aucun arrangement avec Lothaire, qui, à ma volonté, soit au détriment de mondit frère Charles.

In the following centuries the language developed under many influences, until by the fifteenth century it comes to have the look of modern French. But since the study of the language, fascinating as it is, is not our concern, the selections in this book will be presented in modernized versions.

The Literature

The medieval literature of France falls conveniently into the following groups:

1. Literature of the Church: lives and legends of the saints; didactic and moralizing literature; textbooks; the religious drama. Of these we shall be able to read only examples of the religious drama.

2. Literature expressing noble ideals and intended to please the taste of the gentry: the *chansons de geste* or heroic epic poems; the *romans courtois* or versified novels of chivalry; lyric poems, which tended to thrive particularly in southern France.

3. Literature expressing bourgeois ideals and directed toward the well-to-do commoners who comprised the bourgeoisie: farces; *fabliaux,* or short stories in verse; allegorical animal tales.

4. Peasant literature. An oral folk literature certainly existed, but when it reached written form it was absorbed into bourgeois literature.

These literatures are so rich and varied that one must beware of large generalizations. Nevertheless it is clear that certain characteristics appear in them more markedly than in the literatures of earlier and later times.

French medieval literature is *imaginative.* The people of the Middle Ages were great storytellers, perhaps because they had so many dark evening hours to kill. Their creative fancy ran free in dealing both with the natural and the supernatural. They had as yet little concern with verisimilitude, truthful resemblance to common experience.

It is largely *didactic,* seeking to instruct the reader about life. The writers, especially the churchmen, had commonly a moral purpose, to edify with a tale of saintliness or heroism, or to bring useful information to an ignorant world. This didacticism produced many excellent works of popularization, but it often slipped into pedantry.

It is marked by a deep *religious consciousness.* God and the saints were close to men, forever intervening in human affairs. Heaven was only a few miles overhead, and hell directly underfoot. Angels and devils lived within earshot, within eyeshot. The time sense was little developed; the Biblical period blended with the immediate past and with the present. Popular fictions and poems, as well as the proper literature of the Church, express the Church's legends and doctrines, and are animated by religious fervor. *Mysticism,* which had its great flowering in the Middle Ages, constantly appears. Mysticism may be defined as the belief in direct communication with divinity and divine truth by supernormal means, and the purification of the soul to receive divine revelation.

Since people are always inclined, either perversely or justifiably, to protest against authority, a body of *counterreligious* literature took shape. This expresses popular mockery of the Church's representatives on earth, and even of her ceremonies. In farces, comic tales, and parodies we see the common man's revolt against imposed morality and against the Church's engrossment with death and the life after death. But some might argue that this literature of protest is itself imbued with religious consciousness by the mere fact of its being a protest. The Church could have crushed such literary expression had it wished, but chose not to, perhaps seeing it as a relatively innocuous safety valve for public frustration. In any event, the Church was so powerful that it could afford to be the butt of the occasional joke, and often made light of itself.

The popular literature, and the more elevated forms as well, are richly endowed with *humor.* The humor is often broad and cruel, but it is sometimes delicate and ingenious. Often there is a satirical aim, comically skewering corruption or pomposity. The sense of comedy is a special mark of French medieval literature; one finds little of it elsewhere. (In England there is Chaucer, but who else?) This humor, indecent, irreverent, and cynical, is the famous *esprit gaulois,* gallic wit.

1. La Chanson de Roland

[c. 1080-1100, authorship uncertain; attributed to a troubadour known as Turoldus or Théroulde]

Troubadours and their Epics

The *chansons de geste,* or Songs of High Deeds, are heroic epic poems, mostly of the twelfth century. They are to be classed as *noble* literature, since they express the ideals of the gentry and were directed primarily to noble audiences.

Their origins are obscure. It is supposed, with good reason, that the clergy in monasteries along the great pilgrimage routes encouraged popular poets to versify local legends, in order to edify and amuse the pilgrims stopping at the monasteries overnight, and that from these poems the *chansons de geste* emerged and soon spread all over France.

The death of Roland. From Ernest Lavisse's Histoire de France, *1919.*

They were composed by poets, usually unidentified, called *trouvères* in the north and *troubadours* in the south. The words mean merely "finders," as *poet* means in Greek "a maker." The poems were passed on to *jongleurs,* entertainers, who would put on a show in a castle hall or before a more popular gathering. They would chant the *chansons* in a ritual sing-song, with appropriate gestures and dramatizations, and with a simple musical accompaniment on the *vielle,* a kind of zither. One should try to picture such a scene: the great stone hall of the castle, the crackling fire in the wide hearth, the wavering smoky torches, the noble family in their furred robes, the gaping retainers crowding close, the uneasy dogs, and the jongleur acting out his drama, taking the parts of his characters, pausing occasionally for refreshment and a few simple juggling tricks.

The *form* of the *chansons de geste* is a succession of ten-syllable lines, arranged in stanzas of irregular length. The musical pattern of the earlier poems was determined by *assonance*; that is, each line of a stanza ends in the same vowel sound. This later developed into *rhyme,* which, in French prosody, requires that the final vowel and all succeeding consonants be the same. This recurrence of a sound in a fixed position not only pleased the ear, it aided the jongleur to memorize his poem.

Roland, Charlemagne, and the Saracens

The *Chanson de Roland* is both the oldest and the best of the extant *chansons de geste*. It is one of a group celebrating the prowess of the Emperor Charlemagne (742-814) and his courtiers. It was composed around the year 1100 by an unknown trouvère and is based on an authentic happening, the defeat of Charlemagne's rear guard at Roncevaux in the Pyrenees in 778. Today's readers might keep in mind that this historical event was even farther in the past for the *Chanson*'s original public than the adventures of Daniel Boone are to us.

Charlemagne's battles against the Saracens (a term used by Christians of the time to designate the Moors, Muslims who had swept up through North Africa and conquered much of Spain) represent the larger struggle between Christendom and Islam. Medieval Christians tended to believe Muslims to be evil and inferior, despite the fact that Islam had a civilization more advanced than the Christian world in many fields, including math, science, and, to some extent, written literature. Charlemagne's French troops were seen by Europe as the last line of defense in keeping the Saracens from overrunning all Christendom in the ninth and tenth centuries.

The Story and its Artistry

The story of the poem is briefly this: Charlemagne has conquered all of Spain from the Saracens except the realm of Marsile, King of Saragossa. Aided by the treachery of Ganelon, stepfather of the hero Roland, Marsile makes a deceptive peace and then falsely falls upon the French rear guard, commanded by Roland, as it is returning northward through the Pyrenees to France. Roland can summon Charlemagne's main body to his aid by blowing his horn, his *olifant.* Regarding such an appeal as cowardly, he refuses to do so until too late. Though wreaking frightful destruction on the Saracens, all the French are killed, Roland himself last. Charlemagne, summoned by the dying Roland's blast, frightens away the enemy. Ganelon is judged and executed, together with a number of his relatives. This legendary story, quasi-historical in nature, had meaning for the Medieval French people comparable to that of the story of the Alamo for nineteenth-century Texans.

The poem expresses the chivalric ideals of heroism, honor, feudal loyalty, and love of the homeland. These are virile, militaristic ideals. The love of woman has no place in it, and piety very little. We have here a portrait of the man the medieval noble wanted to be, rather than what he was. He wanted to be fearless, a Superman in death dealing, utterly faithful to his master and to his friends (with whom he is bound by mutual vows), pitiless toward treachery, and respectful but not cringing to his God. He did not want to be particularly intelligent. Roland's sacrifice of his army to his pride was militarily inexcusable. We have a strong hint that the poet sympathized with the wise Olivier: «Roland est preux, mais Olivier est sage.» But his hearers certainly admired Roland alone.

The *art* of the poem is most noteworthy. The author has well organized his poem to gain a dramatic effect, subordinating his secondary details to the essential crises. The action is determined by the character of the leading actors. Each individual is distinct; he reveals his personality by his words and action, not by a deliberate analysis on the author's part. The story is largely developed in dialogue, lending itself to dramatic tale telling. There is much repetition, for the singer had to deal with restless audiences in often noisy surroundings. The style is simple, direct, and vivid, a succession of brief declarative sentences, steadily advancing the action. The story is divided into "*laisses*", or stanzas of irregular length. There are 291 laisses, of which we have chosen the most famous.

The *Chanson de Roland*, expressing as it does the unchanging ideals of the French people, may be called the national epic of France.

Our modernization is by Professor Henri Chamard of the Sorbonne.[1] Notice that he uses an irregular rhyme scheme in place of the assonance of the original.

The student would do well to pay attention to the footnotes, since they make it unnecessary to resort constantly to a dictionary or an encyclopedia.

[*Roland, with twenty thousand French, guards the rear of Charlemagne's army, which has just crossed the Pyrenees Mountains into France. But at the Pass of Roncevaux, an Islamic force of a hundred thousand Saracen soldiers attack from ambush. Olivier is Roland's brother-in-law, dear friend, and wise counselor.*]

LXXXIII [La Laisse 83]

Olivier dit: « Les païens sont bien forts,
Et nos Français bien peu pour cet effort.
Ami Roland, sonnez de votre cor![2]
Charle[3] entendra, ramènera l'armée. »
Roland répond: « Je ne serais qu'un fou.
En douce France adieu ma renommée!
Non! Durendal[4] frappera de grands coups;
Sanglant sera son fer jusques à l'or.[5]
Pour leur malheur païens viennent aux ports:[6]
Je vous le dis, tous sont jugés à mort. »

[*In sections 84-86, which we have omitted, Roland explains to Olivier that he does not want to disgrace France and his family by blowing his horn (the olifant) to call for help in fighting off the "inferior pagans." In section 87, the narrator makes his opinion about Roland and Olivier known in a famous first line.*]

LXXXVII [87]

Roland est preux,[7] mais Olivier est sage.
Ils ont tous deux merveilleux vasselage,[8]
Et, dès qu'ils sont à cheval, sous l'armure,
Mourraient plutôt qu'esquiver[9] l'aventure.
Ils sont hardis, et fier est leur langage...
Félons païens chevauchent[10] avec rage.
Olivier dit: « Voyez un peu, Roland.
Ils sont tout près; Charle est trop loin. Si vous
Aviez daigné sonner votre olifant,[11]
Il serait là: tout irait mieux pour nous.

---

1. Published by permission of Librairie Armand Colin from *La Chanson de Roland*, translated into modern French by Henri Chamard.
2. *cor:* horn.
3. *Charle:* Charlemagne. (The *s* of *Charles* is omitted for metrical reasons, to save a syllable.)
4. *Durendal:* Roland's sword.
5. *jusques, à l'or:* up to the gold hilt.
6. *ports:* mountain passes.
7. *preux:* valiant.
8. *vasselage:* valor and loyalty (the qualities of a good vassal).
9. *esquiver:* dodge.
10. *chevauchent:* ride.
11. *olifant:* horn (made of an elephant's tusk).

Aux ports d'Espagne, ah! regardez les
    nôtres,
L'arrière-garde, à grands périls promise:
Ceux qui sont là n'en verront jamais
    d'autres. »
Roland répond: « Ne dites pas sottise.
Mal soit du cœur atteint de couardise!
Nous tiendrons pied sans nous laisser
    abattre;
A nous ici de battre et de combattre! »

[*Archbishop Turpin, a soldier-priest,
absolves all the French of their sins, so
that they will be immediately received
into heaven if they die in battle. The two
armies face each other.*]

XCII [92]

Olivier dit: « N'attendez que je parle.
Vous n'avez pas daigné sonner du cor,
Et vous n'aurez aucun secours de Charles.
Ce n'est sa faute, il ne sait rien encore;
Ceux qui sont loin ne sont pas à blâmer…
Chevauchez donc au mieux que vous
    pourrez,
Seigneurs barons, et fermes tenez-vous!
Au nom de Dieu, soyez bien décidés
A recevoir et donner force coups.[12]
N'oublions pas du roi le cri guerrier! »
Tous les Français alors de s'écrier:[13]
« Monjoie! »[14] Et qui les eût ouï[15] crier
Se souviendrait toujours du vrai courage…
Puis, on chevauche. O Dieu! quel fier
    visage,
Et quelle hâte à piquer[16] ont ces preux![17]
Ils vont férir:[18] que feraient-ils de
    mieux?—
Les Sarrasins n'ont garde de[19] trembler.
Francs et païens sont près de se mêler.

[*The battle consists of a vast number of
individual hand-to-hand engagements
with spear and sword. The slaughter is
terrific. But the Christians, despite their
valor, are borne down by the enemy's
numbers.*]

CXXVII [127]

Qu'il eût fait beau voir Roland, Olivier
De leurs épées et férir et tailler,[20]
Et l'archevêque y joindre son épieu![21]
Combien sont morts sous leurs coups en
    ce lieu?
Chartes et brefs[22] l'ont écrit, publié;
La geste dit: plus de quatre milliers.
Dans quatre chocs, tout alla bien pour eux;
Mais le cinquième aux Francs est
    désastreux
Et voit périr tous les bons chevaliers,
Hormis soixante, épargnés du Seigneur.
Ceux-là vendront très cher leur dernière
    heure.

CXXVIII [128]

Roland, devant cette immense tuerie,
Vers Olivier se tourne et l'interpelle:
« Beau cher ami, pour Dieu, je vous en
    prie,
Voyez quels preux gisent[23] dans la prairie!
Plaignons, hélas! douce France la belle,
Qui va rester veuve de tels barons!
Que[24] n'êtes-vous, ô Roi que nous aimons,
A nos côtés?…Cher Olivier, mon frère,
Pour lui mander nouvelles, comment
    faire? »
—« Je n'en sais rien, répond le noble
    comte.
Plutôt mourir que d'encourir la honte! »[25]

---

12. *force coups:* many blows.
13. *de s'écrier* (hist. inf.): shouted.
14. *Monjoie:* Charlemagne's battle cry. It means
    "Protection of the Country."
15. *qui…ouï:* one who might have heard them.
16. *piquer:* spur.
17. *preux:* heroes.
18. *férir:* smite.
19. *n'ont garde de:* are far from.
20. *tailler:* slash.

21. *épieu:* spear.
22. *Chartes et brefs:* Records and reports.
23. *gisent* (from *gésir*): lie.
24. *Que:* Why.
25. When Olivier had urged Roland to blow his horn
    for aid, Roland had replied: "Plutôt mourir que
    souffrir déshonneur!" Olivier now ironically
    echoes Roland's words. Clearly, their roles have
    reversed.

CXXIX [129]

Et Roland dit: « Je sonnerai du cor.
Charle entendra, tandis qu'il passé aux
    ports.
Je garantis que reviendront les Francs. »
Mais Olivier: « L'opprobre serait grand,
Et le reproche irait à vos parents,
Et durerait tant qu'ils seraient vivants,
Quand je l'ai dit, vous avez résisté;
Vous le ferez sans mon gré maintenant,
Si vous cornez[26], ce sera lâcheté.
Mais vous avez les deux bras tout
    sanglants! »
—« C'est que j'ai bien frappé! » répond
Roland.

CXXX [130]

Et Roland dit: « Rude est notre combat.
Je cornerai; le roi Charle entendra. »
Mais Olivier: « Ce ne serait courage.
Quand je l'ai dit, vous l'avez dédaigné.
Le roi présent, nous n'aurions eu
    dommage.
Ceux qui sont loin ne sont pas à blâmer… »
« Par cette barbe, a repris Olivier,
Si je revois ma sœur Aude[27] la-bas,
Vous ne serez jamais entre ses bras. »

CXXXI [131]

Et Roland dit: « Pourquoi donc ce
    courroux? »
L'autre répond: « La faute en est à vous:
Car le courage est bon sens, non folie;
Mieux vaut toujours mesure que furie.[28]
Français sont morts par votre légerie;[29]
Charles n'aura plus service de nous.
Le roi, si vous aviez daigné m'en croire,
S'en fût venu; nous aurions la victoire,

Et pris ou mort serait Marsile. Certes,
Vous fûtes preux, mais c'est pour notre
    perte,
Et plus n'aura notre aide Charlemagne,
Ce roi sans pair jusqu'au grand
    Jugement.[30]
France sera honnie,[31] et vous, Roland,
Mourrez. Ici, notre amitié compagne
Avant ce soir finira tristement. »

CXXXII [132]

Turpin, oyant[32] les preux se disputer,
D'éperons d'or pique son destrier.[33]
Il vient vers eux et se prend à gronder:
« Sire Roland, et vous, sire Olivier,
Veuillez, pour Dieu, ne vous pas quereller!
Plus n'est besoin que l'on sonne du cor;
Mais néanmoins cela vaut mieux encore.
Vienne le roi, il pourra nous venger.
Pour ceux d'Espagne, adieu toute liesse.[34]
Quand nos Français à terre ayant mis pied,
Nous trouveront morts et taillés en pièces,
Ils nous mettront en bières, sur sommiers,[35]
Et, nous pleurant de deuil et de pitié,
Nous coucheront aux parvis des
    moutiers,[36]
Bien à l'abri des loups, des porcs, des
    chiens. »
Roland répond: « Sire, vous parlez bien.»

CXXXIII [133]

Roland met donc à sa bouche le cor,
L'ajuste bien, et sonne à grand effort.
Hauts sont les puys,[37] et très loin va le son:
A trente lieues[38] au moins, l'écho répond.
Charles entend la voix qui se prolonge:
« Nos hommes ont bataille, » dit le roi.
Mais Ganelon lui réplique: « Ma foi,
D'autre que vous, on dirait: C'est
    mensonge! »

---

26. *cornez:* blow your horn.
27. Roland was affianced to Olivier's sister Aude.
28. *Mieux...furie:* A prudent, quotable moral for the elder listeners.
29. *légerie = légèreté.*
30. *sans pair...Jugement:* who will have no equal until Judgment Day.
31. *honnie:* shamed.
32. *oyant* (from *ouïr):* hearing.
33. *destrier:* charger.
34. *liesse:* joy.
35. *sommiers:* packhorses.
36. *parvis des moutiers:* forecourts of monasteries.
37. *puys:* peaks.
38. *lieue:* league (about 2½ miles).

[The following is the most renowned section of all, describing how Roland blows on the horn so hard that his temples explode. But such a Superman is he that he continues to fight on despite the gruesome injury. Will Charlemagne order a rescue party in time, despite the treacherous Ganelon's interference?]

CXXXIV [134]

Péniblement, le preux comte Roland
A grand'douleur sonne son olifant;
Et par la bouche a jailli le clair sang,
Et du cerveau la tempe aussi se fend.
Mais loin, très loin porte le son du cor.
Charles l'entend, qui va passant aux ports,
Et, comme lui, le duc Naime et les Francs.
« Ah! dit le roi, c'est le cor de Roland.
Il n'en sonna jamais que combattant. »
Gane[39] répond: «Bataille? Non, vraiment
Vous, un vieillard, vous, tout fleuri, tout
     blanc,
Par tels propos vous semblez un enfant,
Ignorez-vous tout l'orgueil de Roland?
C'est merveilleux que Dieu le souffre tant
Il conquit Nople[40], et sans votre agrément:
Quand les païens en sortirent armés
Pour résister au bon vassal Roland,
Il les occit,[41] puis il lava les prés
A très grande eau, pour effacer le sang...
Pour un seul lièvre il corne un jour durant.[42]
Devant ses pairs, sans doute, il va gabant.[43]
Qui, sous le ciel, l'attaquerait au champ?
Chevauchez[44] donc; vous arrêterez-vous?
Terre-Majeur est bien loin devant nous. »

CXXXV [135]

Roland le comte a la bouche sanglante,
Et du cerveau la tempe[45] est pantelante;[46]
A grand' douleur il sonne l'olifant.
Avec tous ses Français, Charles l'entend.

« Ah! dit le roi, ce cor a longue haleine! »
—« Roland, répond le duc Naime, est en
     peine.
On a bataille, oui, sur ma conscience.
Traître est celui qui vers vous cherche à
     feindre.
Adoubez-vous,[47] criez le cri de France,
Et secourez votre race en souffrance.
N'oyez-vous pas au loin Roland se
     plaindre? »

[Charlemagne, having heard the faint appeal of the horn, sets his army in march to rescue Roland. Now only Roland, Olivier, Archbishop Turpin, and one other Frenchman are left, and all are cruelly wounded.]

CXLVIII [148]

Roland regarde Olivier au visage:
D'un teint livide et pâle il voit l'image.
Le long du corps coule le sang tout clair,
Et les filets en tombent sur la terre.
« Dieu! dit Roland, je ne sais plus que
     faire.
Mon compagnon, quel funeste courage!
Homme jamais n'aura votre valeur.
Ah! France aimée, veuve en ce jour fatal
De bons vassaux, déchue[48] et mise à mal!
Quel grand dommage en aura l'empereur! »
Et le fier preux pâme sur son cheval.

CXLIX [149]

Voilà Roland sur son cheval pâmé.
Mais Olivier lui-même, à mort navré,
Perd tant de sang que ses yeux sont
     troublés;
Ni loin ni près, il ne voit clair assez
Pour reconnaître aucun homme mortel.
Donc, rencontrant son compagnon fidèle,
Il fend si bien le heaume[49] d'or gemmé,

---

39. *Gane:* Ganelon.
40. *Nople:* Spanish town.
41. *occit:* killed.
42. *Pour ... durant.:* For having bagged one hare, he blows the horn all day long.
43. *gabant:* playing games.

44. *Chevauchez:* Ride onward.
45. *tempe:* temple.
46. *pantelante:* quivering.
47. *Adoubez-vous:* Arm yourselves.
48. *déchue:* fallen.
49. *heaume:* helmet.

Qu'il le découpe en deux jusqu'au nasal.
Heureusement, le chef[50] n'a pas de mal.
Mais, à ce coup, Roland l'a regardé.
Très doucement, il dit: « Mon compagnon,
Avez-vous fait la chose exprès, ou non?
Je suis Roland, qui tant vous sut aimer.
Vous ne m'avez défié nullement. »[51]
Olivier dit: « Je vous entends parler,
Mais sans vous voir: que Dieu vous voie,
   Roland!
Pardonnez-moi, si je vous ai frappé. »
Roland répond: « Je ne suis point blessé,
Et, devant Dieu vous êtes pardonné. »
Et, sur ce mot, l'un vers l'autre inclinés,
En tel amour les voilà séparés!

CL [150]

Olivier sent l'angoisse de la mort,
Et les deux yeux lui tournent dans la tête;
Il perd l'ouïe[52] et la vue. De sa bête
Il descend, puis se couche à terre. Lors,
Très fermement, il proclame ses fautes,
Et les deux mains vers le ciel, à voix haute,
Il prie que Dieu lui donne Paradis,
En bénissant Charles et douce France,
Et, plus que tous, Roland, son cher ami.
Le cœur lui faut,[53] et sa tête balance;
Le corps entier sur la terre s'abat.
Mort est le comte, il n'est plus ici-bas.
Le preux Roland se désole et le pleure.
On n'entendra jamais plus grand'douleur.

CLI [151]

Le preux Roland, qui voit mort son ami,
Le corps gisant[54] la face contre terre,
Très doucement le regrette[55] et lui dit:
« Mon compagnon, vous fûtes trop hardi!
Des jours, des ans, nous vécûmes unis,

Sans avoir onc[56] un reproche à nous faire.
Toi mort, ce m'est douleur de rester vif. »
Le bon marquis, à ces mots, s'est pâmé
Sur son cheval, qu'il nomme Veillantif;[57]
Mais l'étrier[58] d'or fin retient fixé
Le corps qui penche,—et qui ne peut
   tomber.

[*Roland recovers his senses and fights
mightily against the Saracens. The bugles
of Charlemagne's rescuing army are
heard in the distance; the Saracens take
fright and flee. Roland and Archbishop
Turpin, grievously wounded, are left
alone on the field.*]

CLXI [161]

Païens s'enfuient, de rage courroucés;
Devers l'Espagne ils se sont élancés.
Le preux Roland ne les a pourchassés:[59]
Il a perdu son vaillant destrier,
Et, malgré lui, est resté, seul, à pied.
Il court aider l'archevêque Turpin,
Et, délaçant son heaume orné d'or fin,
Il lui défait son blanc haubert[60] leger,
Puis du bliaud,[61] qu'il a tout déchiré,
Prend les morceaux pour bander ses
   blessures.
Contre son cœur il le tient embrassé,
Et doucement le couche en la verdure.
Lors, il lui fait cette tendre prière:
« Gentil seigneur, ah! donnez-moi congé.
Nos compagnons, que nous eûmes tant
   chers,
Ils sont tous morts. Pas ne les faut laisser.
Je veux aller les quérir[62] et chercher,
Et devant vous les aligner ici. »
Turpin répond: « Allez et revenez.
A deux le champ nous reste, Dieu merci! »

---

50. *chef:* head.
51. *Mon...nullement.* Roland's surprise and confusion are understandable, for according to the rules of chivalry, an aggressor must first "defy" an adversary, give him fair warning before striking. Unsure as to whether Olivier attacked him on purpose or not, Roland is incredulous that Olivier would break the rules.
52. *ouïe:* hearing.
53. *faut* (from *faillir*): fails.
54. *gisant:* lying.
55. *regrette:* mourns.
56. *onc:* ever, never.
57. *Veillantif:* Vigilant.
58. *étrier:* stirrup.
59. *pourchassés:* pursued.
60. *haubert:* hauberk (coat of mail).
61. *bliaud:* tunic (blouse worn under armor).
62. *quérir:* search for.

CLXII [162]

Roland, tout seul, par le champ s'en va
  donc.
Fouillant les vaux,[63] fouillant aussi les
  monts,
Il trouve tôt Gérin avec Gérier,
Son compagnon; Othon et Bérenger;
Il trouve encore Anséïs et Samson;
Et puis Gérard, le vieux de Roussillon.
Tous, un par un, le baron les emporte;
A l'archevêque en ses bras il les porte,
A ses genoux, en rang, les réunit.
Turpin ému ne peut tenir ses pleurs.
Il lève alors sa main et les bénit:
« Seigneurs, dit-il, vous eûtes du malheur!
En Paradis, que Dieu le Glorieux
Mette votre âme à tous en saintes fleurs!
Ma propre mort, las! me rend angoisseux:
Plus ne verrai le puissant empereur. »

CLXIII [163]

Roland retourne au champ pour le fouiller.
Il trouve enfin son fidèle Olivier,
Contre son cœur étroitement le tient,
Et, comme il peut, vers le prélat revient.
Sur un écu,[64] près des pairs, il l'étend,
Et l'archevêque en le signant[65] l'absout.[66]
Deuil et pitié redoublent à ce coup.
« Beau compagnon Olivier, dit Roland,
Vous fûtes fils du vaillant duc Renier,
Chef du pays jusqu'au val de Runier.
Pour briser un écu, rompre une lance,
Pour abaisser l'orgueil et l'insolence,
Aider les bons et les bien conseiller,
Nuire aux méchants et les terrifier,
Jamais ne fut un meilleur chevalier! »

CLXIV [164]

Le preux Roland, lorsqu'il voit morts ses
  pairs,
Mort Olivier, l'ami qu'il eut si cher,

En a tendreur[67] et se prend à pleurer.
Son beau visage est tout décoloré;
Tel est son deuil qu'il ne peut résister:
Qu'il veuille ou non, à terre il choit[68]
  pâmé.
« Ah! dit Turpin, baron infortuné! »

CLXV [165]

Quand l'archevêque a vu pâmer Roland,
Tel est son deuil qu'onc il n'en eut si
  grand.
Il tend la main et saisit l'olifant.
En Roncevaux est un ruisseau courant,
Dont il voudrait puiser l'eau pour Roland.
A petits pas il y va, chancelant.
Si faible il est qu'il tente un vain effort:
Son corps, hélas! a perdu trop de sang.
Avant d'aller l'espace d'un arpent,[69]
Le cœur lui faut, et, tombant en avant,
Turpin connaît l'angoisse de la mort.

CLXVI [166]

Le preux Roland revient de pâmoison.[70]
Il se redresse et sent un deuil profond:
Où qu'il regarde, en aval, en amont,
Sur l'herbe verte il voit ses compagnons,
Et, par-delà, le très noble baron,
Celui que Dieu mit sur terre en son nom.
Turpin, gisant, crie sa coulpe,[71] les yeux
Levés; il joint ses deux mains vers les
  cieux,
Et, pour avoir Paradis, il prie Dieu…
Mort est Turpin, de Charles bon soldat,
Qui, par très beaux sermons et grands
  combats,
Contre païens fut toujours un champion.
Dieu lui octroie[72] sa bénédiction!

CLXVII [167]

Le preux Roland voit l'archevêque à terre:
Boyaux[73] sortis du corps, dans la poussière

---

63. *Fouillant les vaux:* Searching the valleys.
64. *écu:* shield.
65. *signant:* blessing (with the sign of the Cross).
66. *absout:* absolves.
67. *tendreur = tendresse.*
68. *choit:* falls.

69. *arpent:* width of an acre (*i.e.,* about 200 feet).
70. *pâmoison:* fainting fit.
71. *crie sa coulpe:* confesses his sins.
72. *octroie* (subj.): grant.
73. *Boyaux:* Bowels.

Il gît, et sous le front bout[74] sa cervelle.
Lors, lui croisant ses blanches mains si
    belles
Sur la poitrine, entre les deux mamelles,[75]
Roland le plaint, à la mode de France:
« Gentil seigneur, de si noble naissance,
Je te confie au Glorieux du Ciel.
Onc il n'aura serviteur plus fidèle.
Nul n'a mieux su, depuis les saints
    Apôtres,
Garder la loi, la faire aimer des autres.
Puisse votre[76] âme, exempte de souffrir,
Du Paradis voir la porte s'ouvrir! »

CLXVIII [168]

Roland sent bien que tout proche est la
    mort,
Car son cerveau par les oreilles sort.
Pour tous ses pairs il prie le Dieu du Ciel,
Puis se confie à l'ange Gabriel.
Voulant rester sans blâme, il prend son cor
Dans une main, dans l'autre son épée,
Et va, plus loin qu'un arc[77] n'a de portée,
En un guéret,[78] sur la terre opposée.
Il monte un tertre[79] où, dessous deux beaux
    arbres,
Quatre perrons[80] se dressent, tout en
    marbre.
Sur le gazon[81] le héros sans reproche
Tombe, pâmé: car la mort est tout proche.

CLXIX [169]

Hauts sont les puys, et très hauts sont les
    arbres;
Quatre perrons sont là, luisants de marbre.
Sur le gazon pâme le preux Roland.
Un Sarrasin le guette, cependant.
Couché parmi la foule, il fait le mort;
Le sang salit son visage et son corps.
Il se redresse et fond sur le mourant.

Il est beau, fort, et de grand vasselage.
Ivre d'orgueil et de mortelle rage,
Armes et corps, il empoigne Roland.
« Vaincu, crie-t-il, est le neveu du roi!
En Arabie, cette épée avec moi
Viendra! » Du coup, le preux revient à soi.

CLXX [170]

Roland sent bien qu'on lui prend son épée;
Il ouvre l'œil et ne dit que ce mot:
« Bien sûr, tu n'es des nôtres! » Aussitôt,
De l'olifant, que tient sa main crispée,
Il frappe dur le heaume gemmé d'or,
Brise l'acier et la tête et les os,
Et fait jaillir les deux yeux. Le héros
Devant ses pieds abat le païen mort.
Puis il lui dit: « Culvert,[82] tu te fis fort[83]
De me saisir, soit à droit, soit à tort?
Qui l'apprendra te tiendra pour un fol.
Mais, au gros bout, j'en ai fendu mon cor;
Or et crystal ont roulé sur le sol.»

CLXXI [171]

Roland sent bien qu'il a perdu la vue,
Et sur ses pieds, tant qu'il peut, s'évertue.[84]
Mais son visage a perdu sa couleur.
De son épée, sur une pierre brune,
Dix fois il frappe avec rage et douleur.
L'acier en grince,—il n'a brisure aucune.
« Sainte Marie, aidez-moi! dit le comte.
Ah! Durendal si bonne, quel mécompte![85]
Je vais mourir, plus n'ai besoin de vous.
J'ai, grâce à vous, tant de combats
    vaincus!
Et j'ai conquis tant de terres partout,
Que détient[86] Charle à la barbe chenue![87]
Qu'homme fuyard n'ait de vous
    jouissance!
Un bon vassal vous a longtemps tenue:
Plus n'en aura de tel la libre France. »

---

74. *bout* (from *bouillir*): froths.
75. *mamelles:* breasts.
76. *votre:* Notice the shift from the usual *tu* to the respectful plural.
77. *arc:* bow.
78. *guéret:* fallow field.
79. *tertre:* knoll.
80. *perrons:* steps.
81. *gazon:* grass.
82. *Culvert:* Knave.
83. *te fis fort:* undertook.
84. *s'évertue:* struggles.
85. *mécompte:* disappointment.
86. *détient:* possesses.
87. *chenue:* white.

CLXXII [172]

Il frappe encore le perron de sardoine:[88]
L'acier encor grince, —sans se briser.
Lorsque Roland voit qu'il a cet essoine,[89]
Il plaint l'épée qu'il ne peut ébrécher:[90]
« Ah! Durendal, que tu es blanche et belle!
Comme ta lame au soleil étincelle!
Charles était dans les vaux de Maurienne,[91]
Quand Dieu lui dit par son ange, du Ciel,
De te donner à vaillant capitaine;
Et le gentil, le grand roi te fit mienne.
Je lui conquis, par toi, Bretagne, Anjou;
Je lui conquis le Maine et le Poitou;
Je lui conquis la franche Normandie;
Je lui conquis Aquitaine et Provence,
Et la Romagne avec la Lombardie;
Et je conquis encore à sa puissance
Bavière et Flandre et Pologne et Hongrie;
Constantinople obéit à sa loi,
Et les Saxons lui donnèrent leur foi;
Je lui conquis Écosse, Irlande, Galles,[92]
Et l'Angleterre enfin,—chambre royale.[93]
Oui, j'ai conquis des terres infinies
Que détient Charles à la barbe blanchie!
Pour cette épée j'ai pesance[94] et douleur:
Plutôt mourir qu'elle aux païens demeure!
Ne laissez pas honnir France, ô Seigneur! »

CLXXIII [173]

Il frappe encor sur une pierre bise,[95]
Dont il abat un énorme quartier:
L'épée toujours grince,—mais ne se brise,

Et vers le ciel a rebondi l'acier.
Roland, voyant qu'il ne la peut briser,
Très doucement renouvelle sa plainte:
« Ah! Durendal, que tu es belle et sainte!
Ton pommeau d'or a reliques de prix:[96]
Dent de saint Pierre et sang de saint
   Basile,
Cheveux coupés à Monsieur saint Denis,
Et vêtement de la Vierge Marie.
Sur toi n'ont droit païens à l'âme vile;
De chrétiens seuls devez être servie.
Nul ne vous[97] ait, qui fasse couardise!
Oh! grâce à vous, que de terres conquises,
Que détient Charle à la barbe fleurie,
Et qui lui sont très riche seigneurie! »

CLXXIV [174]

Roland sent bien que la mort l'entreprend,
Que de la tête au cœur elle descend.
Dessous un pin il court, encore alerte;
La face au sol, s'étend sur l'herbe verte;
Pose sous lui son cor et son épée;
Vers les païens tient la tête tournée.
S'il fait ainsi, le preux, c'est qu'il entend
Que Charles dise avec toute sa gent;[98]
« Le gentil comte est mort en conquérant. »
Battant sa coulpe[99] et puis la rebattant,
Pour ses péchés il offer à Dieu son gant.[100]

CLXXV [175]

Roland sent bien que son temps est fini.
Sur un haut puy, devers[101] l'Espagne, il gît

---

88. *sardoine:* sard, brown agate.
89. *essoine:* distress.
90. *ébrécher:* nick. Roland tries mightily to break his sword Durendal to keep it from falling into enemy hands. But the sword, a traditional symbol of the knight's prowess and masculinity, is too sturdy to suffer even a nick.
91. *Maurienne:* a region of Savoie, in southeastern France.
92. *Galles:* Wales.
93. *chambre royale:* private domain. (Perhaps an indication that this version was written after 1066, when William the Conqueror took the British Isles. The list of Charlemagne's conquests, however, combines fact with fancy.)
94. *pesance:* grief.
95. *bise:* gray. This scene is depicted on a famous stained glass window in Chartres Cathedral.
96. It was the custom to enclose relics in a sword hilt.

97. *vous:* Note again the shift from *tu* to *vous.*
98. *toute sa gent = tous ses gens.* Roland worries about his reputation above almost all else, hence his concern for what Charlemagne may say about him in public remarks.
99. *Battant sa coulpe:* Avowing his sinfulness.
100. «Rien n'est plus caractéristique que ce geste tout féodal du héros mourant. Conformément à des idées très répandues dans la haute société du Moyen Age, Roland regarde Dieu comme son seigneur suzerain, envers lequel il se conduit comme un loyal vassal. Le gant est le symbole de la personne même: remettre son gant à un envoyé, c'est lui donner plein pouvoir; offrir son gant, comme ici, c'est abandonner sa personne entière; jeter son gant, c'est mettre en avant sa force et son courage pour appuyer ce qu'on avance.» (Gaston Paris.)
101. *devers:* looking toward.

Et d'une main bat sa poitrine. Il dit:
« Mea culpa,[102] mon Dieu! par tes vertus,
Pour mes péchés, les grands et les
    menus,[103]
Ceux que j'ai faits dès l'heure où je naquis
Jusqu'à ce jour, où j'en suis repentant! »
Et, de sa dextre,[104] il tend vers Dieu son
    gant.
Anges du Ciel descendent près de lui.

CLXXVI [176]

Dessous un pin gît le comte Roland,
Les yeux tournés vers l'Espagne. Il se prend
A rappeler mainte ressouvenance:[105]
Tant de pays conquis par sa valeur,
Les gens de son lignage, et douce France,
Et l'empereur, qui nourrit son enfance.
Il ne retient ses soupirs et ses pleurs.
Mais il ne met son salut en oubli,
Clame sa coulpe,[106] et crie à Dieu merci:
« Vrai Père! ô toi qui jamais ne mentis,
Qui ranimas Lazare pour ses sœurs[107]
Et des lions sauvas Daniel, Seigneur!
De tous périls sauve mon âme aussi,
Pour les péchés qu'en ma vie j'ai commis! »
Sa dextre, alors, présente à Dieu le gant,
Et, de sa main, saint Gabriel le prend.
Le chef penché sur son bras, le doux preux
S'en est allé, mains jointes, à sa fin.
Dieu lui envoie son ange Chérubin[108]
Et saint Michel du Péril.[109] Avec eux,
Vers lui s'en vient encor saint Gabriel;
Et tous les trois portent son âme au Ciel.

[Charlemagne and his army arrive after Roland's death to do battle with the remaining Saracen forces. In a scene highly reminiscent of an incident in the Old Testament (Joshua 10: 5-14), Charlemagne receives supernatural assistance to complete his victory.]

CLXXX (180)

Pour l'empereur Dieu fait une merveille,
Car dans les cieux s'arrête le soleil.
Païens s'enfuient, pourchassés par les
    Francs.
Ceux-ci, bientôt, dans le Val-Ténébreux
Les ont rejoints; tombant, frappant sur eux,
Vers Saragosse ils poussent, massacrant
Les ennemis, leur coupant les chemins.
L'Èbre[110] surgit devant les Sarrasins:
Profonde est l'eau, rapide le courant.
Faisant appel à leur dieu Tervagant.[111]
De barge, point; ni dromon ni chaland.[112]
Païens dans l'eau sautent, mais sans
    garant.[113]
Les mieux armés, étant les plus pesants,
Pour la plupart enfoncent à l'instant; .
Les autres vont au fil de l'eau flottant;
Les plus heureux boivent abondamment;
Tous sont noyés en merveilleux tourment.
Français s'écrient: « Fatal vous fut
    Roland! »
[In the final line of the poem, at the end of Laisse 291, the troubadour Théroulde finally takes credit by name.]
De Turoldus la geste ici s'achève.

---

102. *Mea culpa:* By my fault. (The Latin formula for the avowal of sin.)
103. *menus:* small.
104. *dextre:* right hand. In contrast, the Saracens are often depicted as left-handed, which is *"sinister"* in Latin.
105. *ressouvenance:* recollection.
106. *Clame sa coulpe:* Proclaims his sinfulness.
107. *sœurs:* Mary and Martha. At this point, we are supposed to feel as if we are in the Old Testament, although Roland would likely have regarded Jews as scarcely better than the hated Muslims.
108. *Chérubin:* St. Raphael.
109. Saint-Michel, or Saint Michael, is not only the Patron Saint of France, but also an archangel —a huge advantage for the French! St. Michael's

role was traditionally to escort souls to heaven. The St-Michel du Péril de la Mer is the famous Mont-Saint-Michel, an immense monastery and village community perched on a gigantic island rock off the coast of Normandy and Brittany .
110. *L'Èbre:* The Ebro, the principal river of northern Spain.
111. *Tervagant:* A god who was part of a supposed Islamic triad that also included Apollo and Muhammed. This is one more example of how Christians of the time did not comprehend, or did not want to comprehend, that Muslims were monotheistic.
112. *ni dromon ni chaland:* Neither raft nor barge.
113. *sans garant:* to no avail.

2. Le Roman Courtois

The *romans courtois* are long novels in verse, composed mostly in the second half of the twelfth century, a period of intellectual renaissance. They are *noble* literature, destined particularly for the ladies of the upper class, who have now gained leisure and culture, and who require appropriate reading material for the hours spent seated next to a wondrous new invention, the fireplace with chimney and flue. Unlike the *chansons de geste,* they are not intended to be declaimed but to be read. Thus they can be more subtle and intimate —more literary, in short. In *form* they are mostly in eight-syllable rhymed couplets, which give a lighter, more rapid, more tripping effect than the assonanced ten-syllable lines of the *chansons de geste.*

Celtic Tradition

While many of the *romans courtois* retold tales of classical antiquity, we shall be concerned only with the *matière de Bretagne,* or Matter of Britain. ("Bretagne" referred to France's Brittany and to the Celtic lands of Ireland, Wales, and Cornwall.)

The *source* of the Matter of Britain was the great fund of Celtic legend, diffused in France by minstrels and harpers from Bretagne. Even this primitive Celtic literature had the character which persists in Yeats and other modern Irish writers: love of the fantastic and marvelous; blurring of the natural and supernatural; acceptance of magic, wonder, fairies, witches, talking beasts, trees, and fountains as commonplaces; an underlying brooding mystic melancholy; the idea of love as a tragic destiny; wild, soaring poetic diction, transforming the speech of simple men.

The *subject matter* is the adventures of King Arthur and his Knights of the Round Table. (Of particular interest is Sir Lancelot, the French knight known otherwise as Lancelot du Lac, who joined the court of England's King Arthur and had a tragic love affair with Arthur's wife, Gueneviere.) The knights spent most of their time on perilous quests to serve their king or bring consideration to their lady. They were inspired by the chivalric ideals of honor and love. The love of men and women, which had barely appeared in the *chansons de geste,* becomes the dominating motive of the *romans courtois.* This love is a blinding, bewildering force, which smites us by the decree of a mysterious fate outside ourselves. The knight must prove himself worthy of his lady by noble deeds. Love purifies him; at the same time it may doom him to lifelong woe. This elevated conception of love marks the rise of woman in society.

Courtly Love

Different eras have different formulations of what love is. The Age of Chivalry gave us romantic love such as had never been seen before. Courtly love, the *amour courtois*, displays in its literature certain characteristics that quickly became codified rules. First, it a *noble*, honorable love, sometimes sexual but never simply lust. It is an *idealized* love, perfect even when causing anguish. Each lover can be enamored of only one person, hence we can call this love *exclusive.* And it is also *all-powerful*, consuming the lovers in a fatalistic destiny. Modern readers may be puzzled to learn that courtly love was considered *pure* even if *adulterous.* In an age of arranged marriages, when young girls often were forced to wed much older men whom they may never have even seen before, a true love outside of matrimony was not necessarily something easily condemned. Whose fault was it that this illicit love ensued—the lovers' or society's?

The *romans courtois* are marked by excellent *artistic competence*. Many of the writers were splendid storytellers, unfailing in invention, deft in developing character, expressing themselves with a happy blend of realism and poetic feeling. The popularity of their tales in many modern reworkings shows that they overpass all local and temporary conditions to touch the universal imagination of humanity.

LE ROMAN DE TRISTAN ET ISEUT

[*Selections*]

[*The ever-famous tale of Tristan and Iseut stems from Celtic legend. The earliest extant versions are those of Thomas and Béroul, who wrote in the second half of the twelfth century. The story tells how Tristan, nephew of King Marc of Cornwall, slays the giant Morholt. He is wounded, is miraculously wafted to Ireland, and slays a dragon, suffering further wounds. He is nursed by the Morholt's niece, Iseut la Blonde, against her will. He is then commissioned to bring Iseut to Cornwall to be his uncle's bride. On the journey, the pair drink, by mistake, a* philtre *(love potion) intended for Iseut and King Marc. Tristan and Iseut are torn between passion and duty, for they are deeply conscious of honor's obligations. They fight desperately against their destiny. After many pathetic adventures, Tristan, to shake his fatal love, flees to Brittany and marries another Iseut, Iseut of the White Hands. The tragic outcome of the story is told in the second of the following selections.*

It is a tale of passion, remorse, and despair, of wretched human beings struggling against the fatality of love. There can be no escape for them, and no happiness in life, save a few moments of tortured bliss. They can find the union of their spirits only in death. This is a thoroughly medieval idea.

The prose modernization here reproduced combines several of the early versions. It is by a great authority on medieval literature, Joseph Bédier. Notice the mild archaisms ("la nef," "à toujours") with which he gives an antique finish to his style.]

[Chapter 4] Le Philtre[1]

Quand le temps approcha de remettre Iseut aux chevaliers de Cornouailles,[2] sa mère cueillit des herbes, des fleurs et des racines, les mêla dans du vin, et brassa un breuvage[3] puissant. L'ayant achevé par science et magie, elle le versa dans un coutret[4] et dit secrètement à Brangien:[5]

« Fille, tu dois suivre Iseut au pays du roi Marc, et tu l'aimes d'amour fidèle. Prends donc ce coutret de vin et retiens mes paroles. Cache-le de telle sorte que nul œil ne le voie et que nulle lèvre ne s'en approche. Mais, quand viendront la nuit nuptiale et l'instant où l'on quitte les époux, tu verseras ce vin herbé dans une coupe et tu la présenteras, pour qu'ils la vident ensemble, au roi Marc et à la reine Iseut. Prends garde, ma fille, que seuls ils puissent goûter ce breuvage. Car telle est sa vertu: ceux qui en boiront ensemble s'aimeront de tous leurs sens et de toute leur pensée, à toujours, dans la vie et dans la mort. »

---

1. The two chapters from *Le Roman de Tristan et Iseut,* translated into modern French by Joseph Bédier, are copyrighted (1981) material republished by permission of Éditions 10/18, Univers Poche.

2. *Cornouailles.* Cornwall. (Tristan, with a group of Cornish knights, has arrived in Ireland to escort Iseut to her destined spouse, King Marc of Cornwall.)

3. *brassa un breuvage:* brewed a drink.

4. *coutret:* leather bottle.

5. *Brangien:* Iseut's youthful maid of honor.

Brangien promit à la reine qu'elle ferait selon sa volonté.

La nef,[6] tranchant les vagues profondes, emportait Iseut. Mais, plus elle s'éloignait de la terre d'Irlande, plus tristement la jeune fille se lamentait. Assise sous la tente où elle s'était renfermée avec Brangien, sa servante, elle pleurait au souvenir de son pays. Où ces étrangers l'entraînaient-ils? Vers qui? Vers quelle destinée? Quand Tristan s'approchait d'elle et voulait l'apaiser par de douces paroles, elle s'irritait, le repoussait, et la haine gonflait son cœur. Il était venu, lui le ravisseur, lui le meurtrier du Morholt; il l'avait arrachée par ses ruses à sa mère et à son pays; il n'avait pas daigné la garder pour lui-même, et voici qu'il l'emportait, comme sa proie, sur les flots, vers la terre ennemie! « Chétive![7] disait-elle, maudite soit la mer qui me porte! Mieux aimerais-je mourir sur la terre où je suis née que vivre là-bas!… »

Un jour, les vents tombèrent, et les voiles pendaient dégonflées[8] le long du mât. Tristan fit atterrir dans une île, et, lassés de la mer, les cent chevaliers de Cornouailles et les mariniers descendirent au rivage. Seule Iseut était demeurée sur la nef, et une petite servante. Tristan vint vers la reine et tâchait de calmer son cœur. Comme le soleil brûlait et qu'ils avaient soif, ils demandèrent à boire. L'enfant chercha quelque breuvage, tant qu'elle[9] découvrit le coutret confié à Brangien par la mère d'Iseut. « J'ai trouvé du vin! » leur cria-t-elle. Non, ce n'était pas du vin: c'était la passion, c'était l'âpre joie et l'angoisse sans fin, et la mort. L'enfant remplit un hanap[10] et le présenta à sa maîtresse. Elle but à longs traits,[11] puis le tendit à Tristan, qui le vida.

A cet instant, Brangien entra et les vit qui se regardaient en silence, comme égarés et comme ravis. Elle vit devant eux le vase presque vide et le hanap. Elle prit le vase, courut à la poupe, le lança dans les vagues et gémit:

« Malheureuse! maudit soit le jour où je suis née et maudit le jour où je suis montée sur cette nef! Iseut, amie, et vous, Tristan, c'est votre mort que vous avez bue! »

De nouveau, la nef cinglait[12] vers Tintagel.[13] Il semblait à Tristan qu'une ronce[14] vivace, aux épines aiguës, aux fleurs odorantes, poussait ses racines dans le sang de son cœur et par de forts liens enlaçait au beau corps d'Iseut son corps et toute sa pensée, et tout son désir. Il songeait: « Andret, Denoalen, Guenelon et Gondoïne, félons qui m'accusiez de convoiter[15] la terre du roi Marc, ah! je suis plus vil encore, et ce n'est pas sa terre que je convoite! Bel oncle, qui m'avez aimé orphelin avant même de reconnaître le sang de votre sœur Blanchefleur,[16] vous qui me pleuriez tendrement, tandis que vos bras me portaient jusqu'à la barque sans rames ni voile,[17] bel oncle, que[18] n'avez-vous, dès le premier jour, chassé l'enfant errant venu pour vous trahir? Ah! qu'ai-je pensé? Iseut est votre femme, et moi votre vassal. Iseut est votre femme, et moi votre fils. Iseut est votre femme, et ne peut pas m'aimer. »

Iseut l'aimait. Elle voulait le haïr, pourtant: ne l'avait-il pas vilement dédaignée? Elle voulait le haïr, et ne pouvait, irritée en son cœur de cette tendresse plus douloureuse que la haine.

Brangien les observait avec angoisse, plus cruellement tourmentée encore, car seule elle savait quel mal elle avait causé. Deux jours elle les épia,[19] les vit repousser toute nourriture, tout breuvage et tout réconfort, se chercher comme des

---

6. *nef:* ship.
7. *Chétive:* Hapless one.
8. *dégonflées:* deflated, limp.
9. *tant qu':* until.
10. *hanap:* goblet.
11. *à longs traits:* deeply.
12. *cinglait:* was sailing.
13. *Tintagel:* the legendary court of King Marc in Cornwall.
14. *ronce:* bramble bush.
15. *convoiter:* covet.
16. Tristan had presented himself disguised at the court of King Marc.
17. *barque…voile:* Tristan, wounded by Morholt, had had himself placed in a boat without oars or sail, and had been miraculously borne to Ireland.
18. *que:* why.
19. *epia:* spied upon.

aveugles qui marchent à tâtons[20] l'un vers l'autre, malheureux quand ils languissaient séparés, plus malheureux encore quand, réunis, ils tremblaient devant l'horreur du premier aveu.

Au troisième jour, comme Tristan venait vers la tente, dressée sur le pont de la nef, où Iseut était assise, Iseut le vit s'approcher et lui dit humblement:

« Entrez, seigneur.

—Reine, dit Tristan, pourquoi m'avoir appelé seigneur? Ne suis-je pas votre homme lige,[21] au contraire, et votre vassal, pour vous révérer, vous servir et vous aimer comme ma reine et ma dame? »

Iseut répondit:

« Non, tu le sais, que tu es mon seigneur et mon maître! Tu le sais, que ta force me domine et que je suis ta serve![22] Ah! que n'ai-je avivé[23] naguère[24] les plaies du jongleur blessé![25] Que n'ai-je laissé périr le tueur du monstre dans les herbes du marécage![26] Que n'ai-je assené[27] sur lui, quand il gisait dans le bain, le coup de l'épée déjà brandie![28] Hélas! je ne savais pas alors ce que je sais aujourd'hui!

—Iseut, que savez-vous donc aujourd'hui? Qu'est-ce donc qui vous tourmente?

—Ah! tout ce que je sais me tourmente, et tout ce que je vois. Ce ciel me tourmente, et cette mer, et mon corps, et ma vie! »

Elle posa son bras sur l'épaule de Tristan; des larmes éteignirent le rayon de ses yeux, ses lèvres tremblèrent. Il répéta:

« Amie, qu'est-ce donc qui vous tourmente? »

Elle répondit:

« L'amour de vous. »

Alors il posa ses lèvres sur les siennes.

Mais, comme pour la première fois tous deux goûtaient une joie d'amour,

Medieval illuminated page from Tristan et Iseut. *Courtesy of Bibliothèque nationale de France.*

Brangien, qui les épiait, poussa un cri, et, les bras tendus, la face trempée de larmes, se jeta à leurs pieds:

« Malheureux! arrêtez-vous, et retournez, si vous le pouvez encore! Mais non, la voie est sans retour, déjà la force de l'amour vous entraîne et jamais plus vous n'aurez de joie sans douleur. C'est le vin herbé qui vous possède, le breuvage d'amour que votre mère, Iseut, m'avait confié. Seul, le roi Marc devait le boire avec vous; mais l'Ennemi s'est joué de nous trios, et c'est vous qui avez vidé le hanap. Ami Tristan, Iseut amie, en châtiment de la male[29] garde que j'ai faite, je vous abandonne mon corps, ma vie; car, par mon crime, dans la coupe maudite, vous avez bu l'amour et la mort! »

---

20. *à tâtons:* groping.
21. *homme lige:* liegeman (bound by a feudal oath of fidelity).
22. *serve* (fem.): servant.
23. *que n'ai-je avivé:* why did I not inflame.
24. *naguère:* in the past.
25. Tristan had killed a dragon in Ireland. Wounded, he was rescued from a marsh and nursed by

Iseut. Discovering that he was the slayer of her uncle, Morholt, she resisted the temptation to kill him in his bath.
26. *marécage:* marsh.
27. *assené:* smite.
28. *brandie:* brandished.
29. *male = mauvaise.*

Les amants s'étreignirent:[30] dans leurs beaux corps frémissaient le désir et la vie. Tristan dit:

« Vienne donc la mort! »

Et, quand le soir tomba, sur la nef qui bondissait plus rapide vers la terre du roi Marc, liés à jamais, ils s'abandonnèrent à l'amour.

[Chapter 19] La Mort

A peine était-il revenu en Petite-Bretagne, à Carhaix,[31] il advint que Tristan, pour porter aide à son cher compagnon Kaherdin, guerroya un baron nommé Bedalis. Il tomba dans une embuscade dressée par Bedalis et ses frères. Tristan tua les sept frères. Mais lui-même fut blessé d'un coup de lance, et la lance était empoisonnée.

Il revint à grand'peine jusqu'au château de Carhaix et fit appareiller[32] ses plaies. Les médecins vinrent en nombre, mais nul ne sut le guérir du venin, car ils ne le découvrirent même pas. Ils ne surent faire aucun emplâtre[33] pour attirer le poison au dehors; vainement ils battent et broient[34] leurs racines, cueillent des herbes, composent des breuvages: Tristan ne fait qu'empirer, le venin s'épand par son corps; il blêmit[35] et ses os commencent à se découvrir.

Il sentit que sa vie se perdait, il comprit qu'il fallait mourir. Alors il voulut revoir Iseut la Blonde. Mais comment aller vers elle? Il est si faible que la mer le tuerait; et si même il parvenait en Cornouailles, comment y échapper à ses ennemis? Il se lamente, le venin l'angoisse, il attend la mort.

Il manda Kaherdin en secret pour lui découvrir sa douleur, car tous deux s'aimaient d'un loyal amour. Il voulut que personne ne restât dans sa chambre, hormis Kaherdin, et même que nul ne se tînt

dans les salles voisines. Iseut, sa femme, s'émerveilla en son cœur de cette étrange volonté. Elle en fut tout effrayée et voulut entendre l'entretien. Elle vint s'appuyer en dehors de la chambre, contre la paroi[36] qui touchait au lit de Tristan. Elle écoute; un de ses fidèles, pour que nul ne la surprenne, guette au dehors.

Tristan rassemble ses forces, se redresse, s'appuie contre la muraille; Kaherdin s'assied près de lui, et tous deux pleurent ensemble tendrement. Ils pleurent le bon compagnonnage d'armes, si tôt rompu, leur grande amitié et leurs amours; et l'un se lamente sur l'autre.

« Beau doux ami, dit Tristan, je suis sur une terre étrangère, où je n'ai ni parent, ni ami, vous seul excepté; vous seul, en cette contrée, m'avez donné joie et consolation. Je perds ma vie, je voudrais revoir Iseut la Blonde. Mais comment, par quelle ruse lui faire connaître mon besoin? Ah! si je savais un messager qui voulût aller vers elle, elle viendrait, tant elle m'aime! Kaherdin, beau compagnon, par notre amitié, par la noblesse de votre cœur, par notre compagnonnage, je vous en requiers: tentez pour moi cette aventure, et si vous emportez mon message, je deviendrai votre homme lige et vous aimerai par-dessus tous les hommes. »

Kaherdin voit Tristan pleurer, se déconforter, se plaindre; son cœur s'amollit de tendresse; il répond doucement, par amour:

« Beau compagnon, ne pleurez plus, je ferai tout votre désir. Certes, ami, pour l'amour de vous je me mettrais en aventure de mort. Nulle détresse, nulle angoisse ne m'empêchera de faire selon mon pouvoir. Dites ce que vous voulez mander à la reine, et je fais mes apprêts.[37] »

Tristan répondit:

« Ami, soyez remercié! Or, écoutez ma prière. Prenez cet anneau: c'est une

---

30. *s'étreignirent:* embraced.
31. *Carhaix:* small town in western Brittany.
32. *appareiller:* tend.
33. *emplâtre:* poultice.
34. *broient:* pound.
35. *blêmit:* turns pale.
36. *paroi:* wall.
37. *apprêts:* preparations.

enseigne[38] entre elle et moi. Et quand vous arriverez en sa terre, faites-vous passer à la cour pour un marchand. Présentez-lui des étoffes de soie, faites qu'elle voie cet anneau: aussitôt elle cherchera une ruse pour vous parler en secret. Alors, dites-lui que mon cœur la salue; que, seule, elle peut me porter réconfort; dites-lui que, si elle ne vient pas, je meurs; dites-lui qu'il lui souvienne de nos plaisirs passés, et des grandes peines, et des grandes tristesses, et des joies, et des douleurs de notre amour loyal et tendre; qu'il lui souvienne du breuvage que nous bûmes ensemble sur la mer; ah! c'est notre mort que nous avons bue! Qu'il lui souvienne du serment que je lui fis de n'aimer jamais qu'elle: j'ai tenu cette promesse! »

Derrière la paroi, Iseut aux Blanches Mains entendit ces paroles; elle défaillit[39] presque.

« Hâtez-vous, compagnon, et revenez bientôt vers moi; si vous tardez, vous ne me reverrez plus. Prenez un terme de quarante jours et ramenez Iseut la Blonde. Cachez votre départ à votre sœur, ou dites que vous allez quérir[40] un médecin. Vous emmènerez ma belle nef; prenez avec vous deux voiles, l'une blanche, l'autre noire. Si vous ramenez la reine Iseut, dressez au retour la voile blanche; et, si vous ne la ramenez pas, cinglez avec la voile noire. Ami, je n'ai plus rien à vous dire: que Dieu vous guide et vous ramène sain et sauf! »

Il soupire, pleure et se lamente, et Kaherdin pleure pareillement, baise Tristan et prend congé.

Au premier vent il se mit en mer. Les mariniers halèrent[41] les ancres, dressèrent la voile, cinglèrent par un vent léger, et leur proue trancha les vagues hautes et profondes. Ils emportaient de riches marchandises: des draps de soie teints de couleurs rares,

de la belle vaisselle[42] de Tours, des vins de Poitou, des gerfauts[43] d'Espagne, et par cette ruse Kaherdin pensait parvenir auprès d'Iseut. Huit jours et huit nuits, ils fendirent les vagues et voguèrent à pleines voiles vers la Cornouailles.

Colère de femme est chose redoutable, et que chacun s'en garde! Là où une femme aura le plus aimé, là aussi elle se vengera le plus cruellement. L'amour des femmes vient vite, et vite leur haine; et leur inimitié, une fois venue, dure plus que l'amitié. Elles savent tempérer l'amour, mais non la haine. Debout contre la paroi, Iseut aux Blanches Mains avait entendu chaque parole. Elle avait tant aimé Tristan!…Elle connaissait enfin son amour pour une autre. Elle retint les choses entendues: si elle le peut un jour, comme elle se vengera sur ce qu'elle aime le plus au monde! Pourtant, elle n'en fit nul semblant,[44] et dès qu'on ouvrit les portes, elle entra dans la chambre de Tristan, et, cachant son courroux, continua de le servir et de lui faire belle chère,[45] ainsi qu'il sied[46] à une amante. Elle lui parlait doucement, le baisait sur les lèvres, et lui demandait si Kaherdin reviendrait bientôt avec le médecin qui devait le guérir. Mais toujours elle cherchait sa vengeance.

Kaherdin ne cessa de naviguer, tant qu'il jeta l'ancre dans le port de Tintagel. Il prit sur son poing un grand autour,[47] il prit un drap de couleur rare, une coupe bien ciselée: il en fit présent au roi Marc et lui demanda courtoisement sa sauvegarde et sa paix, afin qu'il pût trafiquer en sa terre, sans craindre nul dommage de chambellan ni de vicomte. Et le roi le lui octroya[48] devant tous les hommes de son palais.

Alors, Kaherdin offrit à la reine un fermail[49] ouvré[50] d'or fin:

« Reine, dit-il, l'or en est bon »; et, retirant de son doigt l'anneau de Tristan, il

---

38. *enseigne:* token.
39. *défaillit:* fainted.
40. *quérir = chercher.*
41. *halèrent:* hauled in.
42. *vaisselle:* dishes.
43. *gerfauts:* falcons.
44. *elle…semblant:* she gave no indication of it.

45. *de lui faire belle chère:* to give him the best of treatment.
46. *sied:* is fitting.
47. *autour:* goshawk (bird trained for hunting.)
48. *octroya:* granted.
49. *fermail:* clasp.
50. *ouvré:* chased, ornamented.

le mit à côté du joyau: « Voyez, reine, l'or de ce fermail est plus riche, et pourtant l'or de cet anneau a bien son prix. »

Quand Iseut reconnut l'anneau de jaspe[51] vert, son cœur frémit et sa couleur mua,[52] et, redoutant ce qu'elle allait ouïr,[53] elle attira Kaherdin à l'écart près d'une croisée,[54] comme pour mieux voir et marchander le fermail. Kaherdin lui dit simplement:

« Dame, Tristan est blessé d'une épée empoisonnée et va mourir. Il vous mande que, seule, vous pouvez lui porter réconfort. Il vous rappelle les grandes peines et les douleurs que vous avez subies ensemble. Gardez cet anneau, il vous le donne. »

Iseut répondit, défaillante:

« Ami, je vous suivrai. Demain, au matin, que votre nef soit prête à l'appareillage! »[55]

Le lendemain, au matin, la reine dit qu'elle voulait chasser au faucon et fit préparer ses chiens et ses oiseaux. Mais le duc Andret, qui toujours guettait, l'accompagna. Quand ils furent aux champs non loin du rivage de la mer, un faisan s'enleva.[56] Andret laissa aller un faucon pour le prendre; mais le temps était clair et beau: le faucon s'essora[57] et disparut.

« Voyez, sire Andret, dit la reine: le faucon s'est perché là-bas, au port, sur le mât d'une nef que je ne connaissais pas. A qui est-elle?

—Dame, fit Andret, c'est la nef de ce marchand de Bretagne qui hier vous présenta un fermail d'or. Allons-y reprendre notre faucon. »

Kaherdin avait jeté une planche, comme un ponceau,[58] de sa nef au rivage. Il vint à la rencontre de la reine:

« Dame, s'il vous plaisait, vous entreriez dans ma nef, et je vous montrerais mes riches marchandises.

—Volontiers, sire », dit la reine.

Elle descend de cheval, va droit à la planche, la traverse, entre dans la nef. Andret veut la suivre, et s'engage sur la planche: mais Kaherdin, debout sur le plat-bord,[59] le frappe de son aviron;[60] Andret trébuche[61] et tombe dans la mer. Il veut se reprendre; Kaherdin le refrappe à coups d'aviron et le rabat sous les eaux, et crie:

« Meurs, traître! Voici ton salaire pour tout le mal que tu as fait souffrir à Tristan et à la reine Iseut! »

Ainsi Dieu vengea les amants des félons qui les avaient tant haïs! Tous quatre sont morts: Guenelon, Gondoïne, Denoalen, Andret.

L'ancre était relevée, le mât dressé, la voile tendue. Le vent frais du matin bruissait[62] dans les haubans[63] et gonflait les toiles. Hors du port, vers la haute mer toute blanche et lumineuse au loin sous les rais du soleil, la nef s'élança.

A Carhaix, Tristan languit. Il convoite la venue d'Iseut. Rien ne le conforte plus, et s'il vit encore, c'est qu'il l'attend. Chaque jour, il envoyait au rivage guetter si la nef revenait, et la couleur de sa voile; nul autre désir ne lui tenait plus au cœur. Bientôt il se fit porter sur la falaise[64] de Penmarch,[65] et, si longtemps que le soleil se tenait à l'horizon, il regardait au loin la mer.

Ecoutez, seigneurs, une aventure douloureuse, pitoyable à ceux qui aiment. Déjà Iseut approchait; déjà la falaise de Penmarch surgissait au loin, et la nef cinglait plus joyeuse. Un vent d'orage grandit tout à coup, frappe droit contre la voile et fait tourner la nef sur elle-même. Les mariniers courent au lof,[66] et contre leur gré virent en arrière.[67] Le vent fait rage, les vagues profondes s'émeuvent, l'air s'épaissit en

---

51. *jaspe:* jasper, a kind of quartz.
52. *mua:* changed.
53. *ouïr:* hear.
54. *croisée:* window.
55. *appareillage:* setting sail.
56. *un faisan s'enleva:* a pheasant was roused.
57. *s'essora:* soared high.
58. *ponceau:* small bridge.
59. *plat-bord:* gunwale.
60. *aviron:* oar.
61. *trébuche:* stumbles.
62. *bruissait:* was humming.
63. *haubans:* shrouds.
64. *falaise:* cliff.
65. *Penmarch:* cape at the southwest point of the Brittany peninsula.
66. *lof:* luff.
67. *virent en arrière:* swing round before the wind.

ténèbres, la mer noircit, la pluie s'abat en rafales.[68] Haubans et boulines[69] se rompent, les mariniers baissent la voile et louvoient[70] au gré de l'onde et du vent. Ils avaient, pour leur malheur, oublié de hisser[71] à bord la barque amarrée[72] à la poupe et qui suivait le sillage[73] de la nef. Une vague la brise et l'emporte.

Iseut s'écrie:

« Hélas! chétive! Dieu ne veut pas que je vive assez pour voir Tristan, mon ami, une fois encore, une fois seulement; il veut que je sois noyée en cette mer. Tristan, si je vous avais parlé une fois encore, je me soucierais peu de mourir après. Ami, si je ne viens pas jusqu'à vous, c'est que Dieu ne le veut pas, et c'est ma pire douleur. Ma mort ne m'est rien: puisque Dieu la veut, je l'accepte; mais, ami, quand vous l'apprendrez, vous mourrez, je le sais bien. Notre amour est de telle guise que vous ne pouvez mourir sans moi, ni moi sans vous. Je vois votre mort devant moi en même temps que la mienne. Hélas! ami, j'ai failli à mon désir: il était de mourir dans vos bras, d'être ensevelie dans votre cercueil;[74] mais nous y avons failli. Je vais mourir seule, et, sans vous, disparaître dans la mer. Peut-être vous ne saurez pas ma mort, vous vivrez encore, attendant toujours que je vienne. Si Dieu le veut, vous guérirez même…Ah! peut-être après moi vous aimerez une autre femme, vous aimerez Iseut aux Blanches Mains! Je ne sais ce qui sera de vous: pour moi, ami, si je vous savais mort, je ne vivrais guère après. Que Dieu nous accorde, ami, ou que je vous guérisse, ou que nous mourions tous deux d'une même angoisse! »

Ainsi gémit la reine, tant que dura la tourmente. Mais, après cinq jours, l'orage s'apaisa. Au plus haut du mât, Kaherdin hissa joyeusement la voile blanche, afin que Tristan reconnût de plus loin sa couleur. Déjà Kaherdin voit la Bretagne…Hélas! presque aussitôt le calme suivit la tempête, la mer devint douce et toute plate, le vent cessa de gonfler la voile, et les mariniers louvoyèrent vainement en amont et en aval, en avant et en arrière. Au loin, ils apercevaient la côte, mais la tempête avait emporté leur barque, en sorte qu'ils ne pouvaient atterrir. A la troisième nuit, Iseut songea qu'elle tenait en son giron[75] la tête d'un grand sanglier[76] qui honnissait[77] sa robe de sang, et connut par là qu'elle ne reverrait plus son ami vivant.

Tristan était trop faible désormais pour veiller encore sur la falaise de Penmarch, et depuis de longs jours, enfermé loin du rivage, il pleurait pour Iseut qui ne venait pas. Dolent[78] et las, il se plaint, soupire, s'agite; peu s'en faut qu'il ne meure de son désir.

Enfin, le vent fraîchit et la voile blanche apparut. Alors, Iseut aux Blanches Mains se vengea.

Elle vient vers le lit de Tristan et dit:

« Ami, Kaherdin arrive. J'ai vu sa nef en mer: elle avance à grand'peine; pourtant je l'ai reconnue; puisse-t-il apporter ce qui doit vous guérir! »

Tristan tressaille:

« Amie belle, vous êtes sûre que c'est sa nef? Or, dites-moi comment est la voile.

—Je l'ai bien vue, ils l'ont ouverte et dressée très haut, car ils ont peu de vent. Sachez qu'elle est toute noire. »

Tristan se tourna vers la muraille et dit;

« Je ne puis retenir ma vie plus longtemps. » Il dit trois fois: « Iseut, amie! » A la quatrième, il rendit l'âme.

Alors, par la maison, pleurèrent les chevaliers, les compagnons de Tristan. Ils l'ôtèrent de son lit, l'étendirent sur un riche tapis et recouvrirent son corps d'un linceul.[79]

Sur la mer, le vent s'était levé et frappait la voile en plein milieu. Il poussa la nef jusqu'à terre. Iseut la Blonde débarqua.

---

68. *rafales:* gusts, torrents.
69. *boulines:* bowlines.
70. *louvoient:* zigzag.
71. *hisser:* hoist.
72. *amarrée:* tied, made fast.
73. *sillage:* wake.
74. *cercueil:* coffin.
75. *giron:* lap.
76. *sanglier:* wild boar.
77. *honnissait:* was defiling.
78. *Dolent:* Grieving.
79. *linceul:* shroud.

Elle entendit de grandes plaints par les rues, et les cloches sonner aux moutiers,[80] aux chapelles. Elle demanda aux gens du pays pourquoi ces glas,[81] pourquoi ces pleurs.

Un vieillard lui dit:

« Dame, nous avons une grande douleur. Tristan le franc, le preux, est mort. Il était large[82] aux besogneux, secourable aux souffrants. C'est le pire désastre qui soit jamais tombé sur ce pays. »

Iseut l'entend, elle ne peut dire une parole. Elle monte vers le palais. Elle suit la rue, sa guimpe[83] déliée. Les Bretons s'émerveillaient à la regarder; jamais ils n'avaient vu femme d'une telle beauté. Qui est-elle? D'où vient-elle?

Auprès de Tristan, Iseut aux Blanches Mains, affolée par le mal qu'elle avait causé, poussait de grands cris sur le cadavre. L'autre Iseut entra et lui dit:

« Dame, relevez-vous, et laissez-moi approcher. J'ai plus de droits à le pleurer que vous, croyez-m'en. Je l'ai plus aimé. »

Elle se tourna vers l'orient et pria Dieu. Puis elle découvrit un peu le corps, s'étendit près de lui, tout le long de son ami, lui baisa la bouche et la face, et le serra étroitement: corps contre corps, bouche contre bouche, elle rend ainsi son âme; elle mourut auprès de lui pour la douleur de son ami.

Quand le roi Marc apprit la mort des amants, il franchit la mer et, venu en Bretagne, fit ouvrer[84] deux cercueils, l'un de calcédoine[85] pour Iseut, l'autre de béryl[86] pour Tristan. Il emporta sur sa nef vers Tintagel leurs corps aimés. Auprès d'une chapelle, à gauche et à droite de l'abside,[87] il les ensevelit[88] en deux tombeaux. Mais, pendant la nuit, de la tombe de Tristan jaillit une ronce verte et feuillue, aux forts rameaux, aux fleurs odorantes, qui, s'élevant par-dessus la chapelle, s'enfonça dans la tombe d'Iseut. Les gens du pays coupèrent la ronce: au lendemain elle renaît, aussi verte, aussi fleurie, aussi vivace, et plonge encore au lit d'Iseut la Blonde. Par trois fois ils voulurent la détruire; vainement. Enfin, ils rapportèrent la merveille au roi Marc: le roi défendit de couper la ronce désormais.

Seigneurs, les bons trouvères d'antan,[89] Béroul et Thomas, et monseigneur Eilhart et maître Gottfried,[90] ont conté ce conte pour tous ceux qui aiment, non pour les autres. Ils vous mandent par moi leur salut. Ils saluent ceux qui sont pensifs et ceux qui sont heureux, les mécontents et les désireux, ceux qui sont joyeux et ceux qui sont troublés, tous les amants. Puissent-ils trouver ici consolation contre l'inconstance, contre l'injustice, contre le dépit, contre la peine, contre tous les maux d'amour!

---

80. *moutiers:* monasteries.
81. *glas:* death knells.
82. *large: here,* generous.
83. *guimpe:* wimple.
84. *ouvrer:* construct.
85. *calcédoine:* chalcedony, ornamental quartz.
86. *béryl:* semiprecious stone.
87. *abside:* apse.
88. *ensevelit:* buried.
89. *trouvères d'antan:* minstrels of old time.
90. *Béroul:* twelfth-century Anglo-Norman poet; *Thomas:* also a twelfth-century Norman, whose version is a base for most others; *Eilhart von Oberge:* late twelfth-century German; *Gottfried von Strassburg:* early thirteenth-century German.

St. Malo, site of Lai du Laustic. *Courtesy of Bibliothèque nationale de France.*

Marie de France

[c.1155-c.1189]

The Author of Lais

Marie de France was a Frenchwoman domiciled at the court of Henry II of England in the later years of the twelfth century. She is the first identifiable woman writer in Northern French (though the work of some seventeen earlier ones in the Southern dialect of Provençal is preserved). She is thus the inaugurator of the long and brilliant line of authors who have brought a woman's perspective into French literature.

She wrote, in addition to fables in verse, a group of *lais,* short stories in verse, miniatures of the *roman courtois.* Such *lais* were evidently sung by Breton harpers. Marie de France took as her subjects episodes from the Arthurian legend and from Breton tradition and versified them with much grace and charm. Like many modern short-story writers, she was less interested in plot and action than in the emotional situation that emerges, less concerned with the event than with the tension determined by the event. Thus she attained a certain poignancy which is communicated to the reader and which lingers in the mind even when the actual story has grown dim.

The prose translation is by B. de Roquefort.

LAI DU LAUSTIC

Je vous rapporterai une autre aventure dont les Bretons ont fait un Lai; ils le nomment dans leur langue *Laustic*; les Français par cette raison l'appellent *Rossignol,* et les Anglais *Nightingale.*

A Saint-Malo,[1] ville renommée dans la Bretagne, résidaient deux chevaliers fort riches et très estimés. La bonté de leur caractère était tellement connue que le nom de la ville où ils demeuraient était devenu

---

1. *Saint-Malo:* important French seaport on the English Channel. Today, the walled town of

Saint-Malo is a popular tourist destination.

célèbre. L'un d'eux avait épousé une jeune femme sage, aimable et spirituelle. Elle aimait seulement la parure; et par le goût qu'elle apportait dans ses ajustements, elle donnait le ton à toutes les dames de son rang. L'autre était un bachelier fort estimé de ses confrères. Il se distinguait particulièrement par sa prouesse, sa courtoisie et sa grande valeur; il vivait très honorablement, recevait bien et faisait beaucoup de cadeaux.

Le bachelier devint éperdument[2] amoureux de la femme du chevalier. A force de prières et de supplications et surtout à cause des louanges qu'elle en entendait faire, peut-être aussi à cause de la proximité de leur demeure, la dame partagea bientôt les feux dont brûlait son amant. Par la retenue[3] qu'ils apportèrent dans leur liaison, personne ne s'aperçut de leur intelligence.[4] Cela était d'autant plus aisé aux deux personnages que leurs habitations se touchaient, et qu'elles n'étaient séparées que par un haut mur noirci de vétusté.[5] De la fenêtre de sa chambre à coucher la dame pouvait s'entretenir avec son ami. Ils avaient même la facilité de se jeter l'un à l'autre ce qu'ils voulaient; la seule chose qui leur manquait était de ne pouvoir pas se trouver ensemble, car la dame était étroitement gardée. Quand le bachelier était à la ville, il trouvait facilement le moyen d'entretenir sa belle, soit de jour, soit de nuit. Au surplus ils ne pouvaient s'empêcher l'un et l'autre de venir à la croisée[6] pour jouir seulement du plaisir de se voir.

Ils s'aimaient depuis longtemps, lorsque pendant la saison charmante où les bois et les prés se couvrent de verdure, où les arbres des vergers sont en fleurs, les oiseaux font entendre les chants les plus agréables et célèbrent leurs amours, les deux amants deviennent encore plus épris qu'ils ne l'étaient. La nuit, dès que la lune faisait apercevoir ses rayons et que son mari se livrait au sommeil, la dame se relevait sans bruit, s'enveloppait de son manteau et venait s'établir à la fenêtre pour parler à son ami, qu'elle savait y rencontrer. Ils passaient la nuit à parler ensemble; c'était le seul plaisir qu'ils pouvaient se procurer. La dame se levait si souvent, ses absences étaient si prolongées, qu'à la fin le mari se fâcha contre sa femme, et lui demanda plusieurs fois avec colère quel motif elle avait pour en agir ainsi et où elle allait.

—Seigneur, dit-elle, il n'est pas de plus grand plaisir pour moi que d'entendre chanter le rossignol: c'est pour cela que je me lève sans bruit la plupart des nuits. Je ne puis vous exprimer ce que je ressens du moment où il vient à se faire entendre. Dès lors il m'est impossible de pouvoir fermer les yeux et de dormir.

En écoutant ce discours le mari se met à rire de colère et de pitié. Il lui vient à l'idée de s'emparer de l'oiseau chanteur. Il ordonne en conséquence à ses valets de faire des engins,[7] des filets,[8] puis de les placer dans le verger.[9] Il n'y eut aucun arbre qui ne fût enduit de glu[10] ou qui ne cachât quelque piège. Aussi le rossignol fut-il bientôt pris. Les valets l'apportèrent tout vivant à leur maître, qui fut enchanté de l'avoir en sa possession. Il se rend de suite auprès de sa femme.

—Où êtes-vous, Madame? lui dit-il. J'ai à vous parler. Eh bien! cet oiseau qui troublait votre sommeil ne l'interrompra pas davantage. Vous pouvez maintenant dormir en paix, car je l'ai pris avec de la glu.

Je laisse à penser quel fut le courroux de la dame en apprenant cette nouvelle. Elle prie son mari de lui remettre le rossignol. Le chevalier, outré de jalousie, tue le pauvre oiseau, et, chose très vilaine, il lui arrache la tête et jette son corps ensanglanté sur les genoux de sa femme, dont la robe fut tachée sur la poitrine. Aussitôt il sortit de l'appartement.

---

2. *éperdument:* wildly.
3. *retenue:* restraint, circumspection.
4. *intelligence:* understanding.
5. *vétusté:* age.
6. *croisée:* window.
7. *engins:* snares.
8. *filets:* nets.
9. *verger:* orchard.
10. *enduit de glu:* coated with birdlime.

La dame ramasse le corps du rossignol, elle verse des larmes et maudit de tout son cœur les misérables qui avaient fait les engins et les lacs.[11]

—Ah! malheureuse, dit-elle, quelle est mon infortune! Je ne pourrai désormais me lever la nuit ni aller me mettre à la fenêtre, où j'avais coutume de voir mon ami. Je n'en puis douter, il va penser sans doute que je ne l'aime plus. Je ne sais à qui me confier, et à qui demander conseil. Eh bien, je vais lui envoyer le rossignol, et l'instruire ainsi de ce qui vient de se passer.

La dame enveloppe le corps du malheureux oiseau dans un grand morceau de taffetas brodé en or, sur lequel elle avait représenté et décrit l'aventure. Elle appelle un de ses gens et l'envoie chez son ami. Le valet remplit sa mission, il se rend auprès du chevalier, le salue de la part de sa maîtresse, puis, en lui remettant le rossignol, il lui raconta l'histoire de sa mort.

Le bachelier qui était fort sensible fut vivement affecté d'apprendre cette nouvelle. Il fit faire un petit vase, non pas de fer ou d'acier, mais d'or fin et enrichi de pierres précieuses et fermé par un couvercle.[12] Il y enferma le corps de l'oiseau, puis ensuite il fit sceller[13] le vase qu'il porta toujours sur lui.

Cette aventure, qui ne pouvait longtemps rester ignorée, fut bientôt répandue dans tout le pays. Les Bretons en firent un Lai auquel ils donnèrent le nom du *Laustic*.

3. Aucassin et Nicolette

[*Abridged*]

A Courtly Idyll

Aucassin et Nicolette is unique. It was written by an unknown author, probably in the early thirteenth century. Since we must classify, we may put it under the *romans courtois,* for it expresses the ideal of courtly love in a poetic narrative. It is, in the modern sense, an idyll, that is, a dreamlike picture of purified emotion in a setting of poetic beauty (which may admit, however, realism of detail).

The *story* is the inevitable formula of romance: boy meets girl; circumstance parts boy and girl; boy wins girl. Hero and heroine defy circumstance to seek each other, for both are convinced that the world is well lost for love. This is the theme of *Tristan et Iseut*, but in *Tristan* love is a dark and fatal thing, a doom, while in *Aucassin* it is a happy fate, and leads lovers to their bliss. The setting, the lovely riverside town and castle of Beaucaire, in the South of France, is appropriately idyllic to this day, although as the story begins war is disrupting the lives of the characters.

The *quality* of the writing is chiefly grace and charm. The author wished to touch his hearers by a tale of love's misadventures; at the same time he wished to amuse them with comic passages and by a little gentle mockery of accepted values. He subordinates knightly duty to the claims of love. He displays a noteworthy realism in his description of the herdsmen, and he suggests a sympathy with the poor, rare indeed in the Middle Ages, in the episode of the plowboy and his sick mother.

---

11. *lacs:* snares.
12. *couvercle:* lid.

13. *sceller:* seal.

The *Chant-fable*

The *form* is very remarkable. The production is called a *chante-fable,* a song-and-story. If other examples of this type existed, we have no knowledge of them; the author must be provisionally given credit for complete originality. He alternates prose and verse, using prose for the level straightaway passages and verse for the moments of elevation, pathos, emotional tension. The verse is a seven-syllable line, assonanced. This is a rare form in French verse and gives an effect of piquancy and daintiness. (Our translator, Alexandre Bida, has turned it into rhymed eight-syllable verse, less strange to modern French ears.)

By the prose-and-verse combination the author avoids monotony and is enabled to fit the form to the emotional charge of his matter. (Of course, we do not use poetry in the conversation of daily life, but there are times when we would if we could.) It is strange that this brilliant device has been so little used by later littérateurs. It is the system of opera, to be sure, with its alternations of lyric and recitative. And it is the very stuff of Broadway and Hollywood musicals.

Aucassin et Nicolette was perhaps intended to be recited in public by a singer and a narrator. The tune for the chants is preserved in the unique manuscript. It would be a good idea for readers familiar with musical notation to keep this tune in their head while reading the poetry. But since the air accompanied the original seven-syllable line, the reader of the modern version must make a small adaptation.

Melody for the first couplet:

Qui vau roit bons vers o – ïr   del de-port du duel cai-tif

Melody for the concluding line of first stanza:

tant par est   ri – ces

The beautiful idyll has strongly touched the imagination of many over the centuries.* And it will surely continue to touch its readers as long as there is such a thing in the world as young lovers longing to be together once again.

CHANT

Qui veut écouter aujourd'hui
Les vers qu'un captif misérable
A faits pour charmer son ennui?[1]
C'est l'histoire très mémorable
De deux enfants, couple charmant,

D'Aucassin et de Nicolette.
Vous y verrez quel gros tourment
Au jouvenceau,[2] son cher amant,
Causa l'amour de la fillette.
Doux est le chant, beaux sont les vers,
Et le récit du vieux poète,[3]

---

* This anthology's original editor, Dr. Bishop, recalled: "I myself met in France in 1918 an American lieutenant, no literary man, who knew *Aucassin* almost by heart, and who was spending his precious leave making a pilgrimage to Beaucaire."

1. Was the author actually a prisoner? Or is this a device to enlist the hearers' sympathy? We do not know.
2. *jouvenceau:* young man.
3. This line is an interpolation of the modernizer.

Savant, instructif et divers,
N'a rien qui ne soit fort honnête.
Nul n'est si dolent,[4] si marri,[5]
De si grand mal endolori,
Si navré[6] de tristesse noire,
Que, s'il veut ouïr cette histoire,
Il n'en soit aussitôt guéri,
Tant elle est douce.

RÉCIT

Le comte Bougars de Valence[7] faisait au comte Garin de Beaucaire[8] une guerre si grande, si terrible et si mortelle qu'il ne passait pas un seul jour sans se présenter aux portes, aux murs et aux barrières de la ville avec cent chevaliers et dix mille sergents[9] à pied et à cheval. Il lui brûlait sa terre, lui ruinait son pays et lui tuait ses hommes. Le comte Garin de Beaucaire était vieux et faible; il avait fait son temps. Il n'avait aucun héritier, ni fils ni fille, si ce n'est un jeune garçon qui était tel que je vais vous le dire. Le damoiseau[10] s'appelait Aucassin. Il était beau, gentil et grand, bien en jambes et en pieds, bien aussi de corps et de bras. Il avait les cheveux blonds et frisés en petites boucles, les yeux vairs[11] et riants, le visage clair et délicat, le nez haut et bien planté. Et il était si bien doué de toutes bonnes qualités qu'il n'y en avait en lui de mauvaise: mais il était si rudement féru[12] d'amour, qui tout vainc, qu'il ne voulait ni être chevalier, ni prendre les armes, ni aller aux tournois, ni rien faire de ce qu'il devait. Son père et sa mère lui disaient:

—Fils, prends tes armes, monte à cheval, défends ta terre et viens en aide à tes hommes. S'ils te voient parmi eux, ils défendront mieux leurs corps et leurs biens, ta terre et la mienne.

—Père, fait Aucassin, que dites-vous là? Dieu ne m'accorde[13] jamais rien de ce que je lui demande, si je deviens chevalier, monte à cheval et vais à la bataille où je pourrai frapper ou être frappé, avant que vous m'ayez donné Nicolette, ma douce amie, que tant j'aime.

—Fils, dit le père, cela ne se peut. Laisse là Nicolette. C'est une captive qui fut amenée d'une terre étrangère. Le vicomte de cette ville l'acheta des Sarrasins et l'amena ici. Il l'a tenue sur les fonts, baptisée et faite sa filleule; il lui donnera un de ces jours un bachelier qui lui gagnera honorablement son pain. Tu n'as que faire d'elle;[14] et, si tu veux prendre femme, je te donnerai la fille d'un roi ou d'un comte. Il n'y a si grand seigneur en France qui ne te donne sa fille, si tu la veux.

—Ma foi, père, fait Aucassin, y a-t-il aujourd'hui en ce monde si haut rang que, si Nicolette, ma très douce amie, y était placée, elle ne s'en trouvât digne? Si elle était impératrice de Constantinople ou d'Allemagne, reine de France ou d'Angleterre, ce serait encore assez peu pour elle, tant elle est noble, honnête et bonne, et douée de toutes bonnes qualités.

CHANT

Aucassin était de Beaucaire,
D'un castel au noble séjour;[15]
Nul ne le peut jamais distraire
De son cruel et cher amour.
Son père toujours le querelle;[16]
Et sa mère: —Méchant, dit-elle,
Que prétends-tu donc? J'en conviens,
Nicolette est honnête et belle,
Mais d'une terre de païens
En ce pays elle est venue,
Par d'impurs Sarrasins vendue.
Puisque femme tu veux choisir,
Prends donc fille de haut parage.[17]
—Mère, ce n'est pas mon désir:
Nicolette est gentille et sage;
Pur est son cœur, beau son visage,

4–5. *dolent, marri:* sad, sorrowful.
6. *navré:* wounded.
7–8. *Valence, Beaucaire:* cities in southern France, beside the Rhône.
9. *sergents:* soldiers.
10. *damoiseau:* young gentleman.
11. *vairs:* blue-gray; sparkling.
12. *féru:* smitten.
13. *accorde:* (subjunctive).
14. *Tu n'as...d'elle:* She is not for you.
15. *au noble séjour:* fit for noble life.
16. *querelle:* scolds.
17. *haut parage:* high degree.

Il est juste que j'aie un jour
Et son beau corps et son amour,
Qui tant m'est douce.

RÉCIT

Quand le comte Garin de Beaucaire voit qu'il ne peut distraire son fils Aucassin de l'amour de Nicolette, il va trouver le vicomte de la ville, qui était son vassal, et lui parle ainsi:

—Sire vicomte, faites disparaître Nicolette, votre filleule. Maudite soit la terre d'où elle est venue en ce pays! Car à cause d'elle je perds Aucassin, qui ne veut pas devenir chevalier, ni rien faire de ce qu'il doit. Et sachez bien que si je puis m'emparer d'elle, je la ferai brûler vive, et vous-même pourrez avoir grand'peur pour vous.

—Sire, fait le vicomte, j'ai regret qu'Aucassin aille et vienne et cherche à lui parler. J'ai acheté cette fille de mes deniers,[18] je l'ai tenue sur les fonts et baptisée et faite ma filleule. Je lui aurais donné un bachelier qui lui aurait gagné honorablement son pain. Votre fils Aucassin n'aurait eu que faire d'elle. Mais, puisque c'est votre volonté et votre plaisir, je l'enverrai en tel pays et en tel lieu que jamais il ne la verra de ses yeux.

—Prenez garde à vous, fait le comte Garin: grand mal vous en pourrait advenir!

Ils se quittent. Le vicomte était très riche: il avait un beau palais donnant sur un jardin. Il y fait enfermer Nicolette dans une chambre de l'étage le plus élevé, et il place près d'elle une vieille femme pour lui tenir compagnie. Il fait apporter pain, viande et vin, et tout ce dont elles peuvent avoir besoin. Puis, il fait sceller[19] la porte afin qu'on ne puisse y entrer ni en sortir, et tout fermer, à l'exception d'une fenêtre toute petite qui donnait sur le jardin, par où venait un peu d'air pur.

CHANT

Donc Nicolette fut jetée
Dans une grand'chambre[20] voûtée,
Bien bâtie et peinte à ravir;
Mais ce n'était pour son plaisir.
Elle vint près de la fenêtre,
Et regarda dans le jardin.
Quand elle vit en son chagrin
Les belles fleurs prêtes à naître,
Et dans l'ombre des verts rameaux[21]
S'appeler les petits oiseaux,
Alors Nicole la blondine
Se sentit vraiment orpheline.
—Ah! Seigneur, pourquoi suis-je ici?
Mon damoiseau, mon cher souci,
Or vous savez que je vous aime;
Et je sais bien que, Dieu merci,
Je ne vous déplais pas moi-même.
Ami, c'est donc pour votre amour
Que l'on m'a mise en ce séjour,
Où je traîne une triste vie;
Mais, par Dieu, le Fils de Marie,
Bien longtemps je n'y resterai;
Et sûrement j'en sortirai
S'il se peut faire.

RÉCIT

Nicolette était en prison, comme vous l'avez ouï et entendu, dans cette grand'chambre. Le bruit se répandit par tout le pays que Nicolette était perdue. Les uns disaient qu'elle s'était enfuie hors du territoire, les autres que le comte Garin de Beaucaire l'avait fait mourir. Si quelqu'un en fut joyeux, Aucassin en eut un grand chagrin. Il va trouver le vicomte de la ville et lui parle ainsi:

—Sire vicomte, qu'avez-vous fait de Nicolette, ma très douce amie, la chose que j'aimais le plus au monde? Me l'avez-vous ravie? Sachez bien que, si j'en meurs, compte vous en sera demandé; et ce sera bien juste, car vous m'aurez tué de vos deux mains, en m'enlevant ce que j'aimais le plus au monde.

---

18. *de mes deniers:* with my own money (*denier:* farthing).
19. *sceller:* seal.
20. *grand'chambre:* Note the archaic use of *grand'*, an old feminine form.
21. *rameaux:* branches.

A Troubadour at Work. From Ernest Lavisse's Histoire de France, *1919.*

—Beau sire, fait le comte, laissez cela. Nicolette est une captive que j'amenai de la terre étrangère. Je l'achetai des Sarrasins de mes propres deniers. Je l'ai tenue sur les fonts et baptisée et faite ma filleule. Je l'ai nourrie, et je lui aurais donné un de ces jours un bachelier qui lui aurait gagné honorablement son pain. Ce n'est pas votre affaire. Mais prenez plutôt la fille d'un roi ou d'un comte. Au surplus, que croiriez-vous avoir gagné si vous l'aviez prise pour maîtresse et mise dans votre lit? Vous y feriez peu de profit; car pendant toute l'éternité votre âme serait en enfer, et vous n'entreriez jamais en paradis.

—Qu'ai-je à faire en paradis? Je n'y désire entrer, mais bien avoir Nicolette, ma très douce amie que tant j'aime. Car en paradis ne vont que telles gens que je vais vous dire: de vieux prêtres, de vieux éclopés et manchots[22] qui, nuit et jour, se traînent devant leurs autels et dans leurs vieilles cryptes; et puis ceux qui portent ces vieilles chapes[23] usées et sont vêtus de ces vieilles robes de moines, ceux qui vont nus et sans chaussures, couverts de tumeurs et mourant de faim et de soif, de froid et de misère. Ceux-là vont en paradis; je n'ai que faire avec eux: mais bien en enfer veux-je aller; car en enfer vont les beaux clercs et les beaux chevaliers qui sont morts aux tournois et aux belles guerres, et les bons écuyers et les gentils-hommes. Avec ceux-là veux-je bien aller. Là vont aussi les belles et honnêtes dames qui ont deux ou trios amis avec leurs barons. Là va l'or, l'argent, les fourrures de vair et de gris,[24] et les joueurs de harpe, et les jongleurs, et les rois du monde. Avec ceux-là veux-je bien aller, pourvu que j'aie Nicolette, ma très douce amie, avec moi.[25]

—Certes, fait le comte, vous en parlez en vain: jamais ne la reverrez. Et si vous lui parliez et que votre père vînt à le savoir, il nous brûlerait vifs, elle et moi, et vous-même pourriez avoir grand'peur pour vous.

—Cela m'afflige, dit Aucassin.

Et tout triste, il quitte le vicomte.

CHANT

Aucassin, morne et désolé,
Sans plus parler s'en est allé.
De son amie au blanc visage
Qui donc pourrait le consoler?
Semblablement, quel homme sage
Oserait bien le conseiller?
Vers le riche palais du comte

---

22. *écloppés et manchots:* lame and one-handed.
23. *chapes:* copes.
24. *vair, gris:* two kinds of costly fur.

25. This curious passage is often alleged as an example of medieval skepticism, of rebelliousness against the dominant faith. It would be safer to take it as merely a humorous sally.

Il s'en retourne lentement;
Lentement les degrés il monte,
Et, pour songer à ses malheurs,
Seul, dans sa chambre il se renferme.
Là ce furent des cris, des pleurs,
Et des regrets et des douleurs,
Qu'on n'en saurait prévoir le terme.[26]
—O Nicolette, ô mon amour,
Au doux aller, au doux retour,
Au doux maintien, au doux langage,
Aux doux baisers, au doux visage,
Au front blanc plus pur que le jour,
Pour vos beaux yeux mon âme est pleine
De tant de deuil et de tourment
Que jamais d'une telle peine
Je ne pourrai sortir vivant,
Ma sœur amie.

RÉCIT

Pendant qu'Aucassin était ainsi dans sa chambre à regretter Nicolette sa mie,[27] le comte de Valence, qui avait à soutenir sa guerre, ne s'oubliait point. Il avait mandé ses hommes de cheval et de pied. Il se dirige donc vers le château pour l'assaillir. Le bruit s'en répand, et les chevaliers et les sergents du comte Garin s'arment et courent aux murs et aux portes pour défendre le château. Et les bourgeois montent aux créneaux[28] et jettent carreaux et pieux aigus.[29] Pendant que l'assaut était le plus vif, le comte de Beaucaire vient à la chambre où Aucassin menait deuil[30] et regrettait Nicolette, sa très douce amie, que tant il aimait.

—Ha! fils, dit-il, es-tu assez malheureux et faible de voir ainsi assaillir ton château, le meilleur et le plus fort! Or sache bien, si tu le perds, que tu es déshérité. Fils, allons, prends tes armes, monte à cheval et défends ton bien, prête main-forte[31] a tes hommes et va à la bataille. Point n'est besoin que tu frappes un homme ou qu'un autre te frappe. Si nos vassaux te voient au milieu d'eux, ils défendront mieux leur avoir et leurs corps, ta terre et la mienne, et tu es si grand et si fort que, puisque tu le peux faire, faire le dois.[32]

—Père, dit Aucassin, que dites-vous là? Que Dieu ne m'accorde rien de ce que je lui demande, si je me fais chevalier, monte à cheval et vais à la bataille où je frappe chevaliers ou chevaliers me frappent, avant que vous m'ayez donné Nicolette, ma douce amie que tant j'aime.

—Fils, dit le père, c'est impossible. J'aimerais mieux perdre tout ce que j'ai que te la donner pour femme.

Il s'en va. Et quand Aucassin le voit s'en aller, il le rappelle.

—Père, fait Aucassin, venez ça.[33] Je vous ferai une proposition.

—Laquelle, beau fils?

—Je prendrai les armes et j'irai à la bataille, à la condition que si Dieu me ramène sain et sauf, vous me laisserez voir Nicolette, ma douce amie, le temps de lui dire deux ou trios mots et de lui donner un seul baiser.

—Je l'octroie, fait le père.

Il lui en donne sa parole, et rend son fils heureux.

[*Aucassin goes to battle; inspired by love, he does marvels. But his father reneges on his promise to unite Aucassin and Nicolette; instead, he imprisons Aucassin in a dungeon. Nicolette escapes from her tower room by a rope of bedsheets, and (daintily picking up her skirts because of the dew) finds the air hole of Aucassin's dungeon. She hears his plaints and tosses him a tress of her hair. She runs away from her enemy, Comte Garin.*]

RÉCIT

Nicolette se désolait, comme vous l'avez ouï; elle se recommanda à Dieu et marcha tant qu'elle vint à la forêt. Elle

---

26. *Qu'on...terme:* Which seemed endless.
27. *mie:* darling.
28. *créneaux:* battlements.
29. *carreaux et pieux aigus:* paving stones and sharpened stakes.
30. *menait deuil:* was plunged in grief.
31. *main-forte:* aid.
32. *faire le dois = tu dois le faire.*
33. *ça:* here.

n'osa pas s'enfoncer beaucoup, à cause des bêtes fauves et des serpents. Elle se blottit[34] dans un épais buisson[35] et le sommeil la prit, et elle dormit jusqu'au matin, à l'heure où les bergers sortirent de la ville et menèrent leurs bêtes entre le bois et la rivière. Ils se rendirent tous ensemble à une belle fontaine qui était au bord de la forêt. Ils étendirent une cape par terre et mirent leur pain dessus. Pendant qu'ils mangeaient, Nicolette s'éveilla aux cris des oiseaux et des pastoureaux,[36] et elle s'avança vers eux.

—Beaux enfants, fit-elle, Dame-Dieu[37] vous aide!

—Dieu vous bénisse! fit l'un d'eux, qui avait la langue plus déliée[38] que les autres.

—Beaux enfants, connaissez-vous Aucassin, le fils du comte Garin de Beaucaire?

—Oui, bien le connaissons-nous.

—Si Dieu vous aide, beaux enfants, dites-lui qu'il y a une bête dans cette forêt, qu'il vienne la chasser, et que s'il pouvait la prendre, il n'en donnerait pas un membre pour cent marcs[39] d'or, ni pour cinq cents, ni pour rien.

Et ils la regardèrent, et ils la virent si belle qu'ils en furent tout émerveillés.

—Que je le lui dise? fit celui qui avait la langue la plus déliée. Malheur à celui qui le lui dira! Vous ne dites que des mensonges, car il n'y a si précieuse bête en cette forêt, ni cerf,[40] ni lion, ni sanglier,[41] dont un des membres vaille plus de deux deniers ou trois au plus; et vous parlez d'une si grosse somme! Malheur à qui vous croit et qui le lui dira! Vous êtes fée. Aussi n'avons-nous cure[42] de votre compagnie, et passez votre chemin.[43]

—Ha! beaux enfants, fit-elle, vous le

ferez. La bête a une telle vertu qu'Aucassin sera guéri de son tourment. Et j'ai ici cinq sols[44] dans une bourse. Prenez-les et dites-le-lui, et il faut qu'il chasse la bête dans trois jours; et si dans trois jours il ne la trouve, jamais ne sera guéri de son tourment.

—Ma foi! fait-il, nous prendrons les deniers, et s'il vient ici, nous le lui dirons, mais nous ne l'irons pas chercher.

—De par Dieu! fait-elle.

Puis elle prend congé des pastoureaux et s'en va.

CHANT

Quand Nicolette au blanc visage
Aux pastoureaux a dit adieu,
D'un pas qui tremble bien un peu
Elle entre sous l'épais feuillage.
Elle s'achemine tout droit
Par un vieux sentier fort étroit
Qui la conduit en un endroit
Où se divisaient plusieurs routes.
Elle s'arrête en ce réduit,[45]
Et là, seulette, elle se mit
A songer, non sans quelques doutes,
Tant l'amour lui trouble l'esprit,
A ce que son ami va faire,
Et s'il l'aime comme il le dit.
Or, pour l'éprouver, elle prit
Des fleurs de lys, de la fougère,[46]
Du gazon où l'herbe fleurit,
Un tapis de mousse[47] nouvelle
Et des feuilles, dont elle fit
Une hutte en tout point si belle,
Que jamais si belle on ne vit.
—Par Dieu, tout vérité,[48] que j'ose
Attester, je jure que si
Mon doux Aucassin vient ici
Et qu'un instant ne s'y repose,
Il ne sera plus mon ami
Ni moi sa mie.[49]

---

34. *se blottit:* huddled.
35. *buisson:* bush.
36. *pastoureaux:* shepherds.
37. *Dame-Dieu:* Our Lord God.
38. *qui...déliée:* who had a readier tongue.
39. *marc:* measurement of weight (eight ounces).
40. *cerf:* stag.
41. *sanglier:* wild boar.
42. *Aussi n'avons-nous cure:* Thus we have no care.

43. Notice the realistic representation of the sullen, suspicious peasant's speech.
44. *sols:* pennies.
45. *réduit:* retreat.
46. *fougère:* ferns.
47. *mousse:* moss.
48. *tout vérité:* who is all truth.
49. *mie = amie.*

RÉCIT

Quand Nicolette eut fait la hutte, comme vous l'avez ouï et entendu, bien belle et bien plaisante, elle l'eut bientôt tapissée[50] de fleurs et de feuilles en dehors et en dedans. Elle se cacha tout près de là dans un épais bocage,[51] pour voir ce que ferait Aucassin. Et le bruit se répandit par tout le pays que Nicolette était perdue. Les uns dirent qu'elle s'était enfuie, et les autres que le comte Garin l'avait fait mettre à mort. Si quelqu'un en fut joyeux, Aucassin ne le fut guère. Et le comte Garin le fit sortir de prison. Il manda les chevaliers de sa terre et les damoiselles, et fit faire une fête bien belle, pensant consoler son fils. Alors que la fête était le plus brillante, Aucassin alla s'appuyer à une rampe,[52] tout dolent et abattu. Pour si grande que fût[53] la joie, il n'eut pas le cœur de se réjouir, car il ne voyait pas ce qu'il aimait. Un chevalier le regarde, vient à lui et lui dit:

—Aucassin, du mal que vous avez moi aussi j'ai souffert. Si vous me voulez croire, je vous donnerai un bon conseil.

—Sire, fait Aucassin, grand merci!

—Montez à cheval, allez vous ébattre[54] au fond de cette forêt. Vous y verrez herbes et fleurs et entendrez les oisillons chanter. Peut-être entendrez-vous aussi telle parole dont mieux vous sera.[55]

Il s'esquive[56] de la salle, descend les degrés, vient à l'écurie, où était son cheval. Il le fait seller et brider, met le pied à l'étrier, monte et sort du château. Il marcha jusqu'à la forêt et chevaucha tant qu'il vint à la fontaine, et trouva les pastoureaux sur le coup de trois heures après midi. Ils avaient étendu leurs capes sur l'herbe, ils mangeaient leur pain et se réjouissaient.

CHANT

L'un des bergers se mit à dire:
—Voici venir le jeune sire
Aucassin, notre damoiseau.
Que le bon Dieu lui soit en aide
Et lui fasse trouver remède,
Car vraiment le garçon est beau!
Et la fillette au blanc visage,
A l'œil vair,[57] au mignon corsage,[58]
Était belle aussi, par ma foi,
Qui de sa bourse pas trop pleine
Nous a tantôt donné de quoi
Avoir des couteaux dans leur gaîne,[59]
Et des bâtons et des gâteaux,
Et des flûtes et des pipeaux.[60]
Dieu la bénisse!

RÉCIT

Quand Aucassin ouït les pastoureaux, il se souvint de Nicolette, sa très douce amie, qu'il aimait tant, et il pensa qu'elle était venue par là. Il éperonne[61] son cheval et vient près d'eux.

—Beaux enfants, que Dieu vous aide!

—Dieu vous bénisse! dit celui qui avait la langue plus déliée que les autres.

—Beaux enfants, redites-moi la chanson que vous chantiez tantôt.

—Nous ne la redirons mie;[62] au diable celui qui pour vous chantera, beau sire!

—Beaux enfants, ne me connaissez-vous pas?

—Si fait;[63] nous savons bien que vous êtes Aucassin, notre damoiseau. Mais nous ne sommes pas à vous. Nous sommes au comte Garin.

—Beaux enfants, chantez, je vous prie.

—Oh! corbieu![64] pourquoi chanterions-nous pour vous s'il ne nous plaît pas? Quand il n'y a en ce pays homme si puissant, sauf

---

50. *eut tapissée:* Notice the archaic use of the past anterior.
51. *bocage:* grove.
52. *rampe:* balustrade.
53. *Pour si grande que fût:* however great was.
54. *vous ébattre:* amuse yourself.
55. *dont mieux vous sera:* which will do you good.
56. *s'esquive:* escapes.

57. *vair:* blue-gray.
58. *mignon corsage:* charming figure.
59. *gaîne:* sheath.
60. *pipeaux:* shepherd's pipes.
61. *éperonne:* spurs.
62. *ne...mie:* not at all.
63. *Si fait:* Yes, indeed.
64. *corbieu:* good Lord!

le comte Garin en personne, qui, s'il trouvait nos bœufs, nos vaches et nos brebis en son pré et même en ses blés, osât les en chasser, sous peine d'avoir les yeux crevés, pourquoi chanterions-nous pour vous, s'il ne nous plaît pas?

—Que Dieu vous aide, beaux enfants, vous chanterez. Tenez, voilà dix sols que j'ai là dans ma bourse.

—Seigneur, nous prendrons les deniers, mais nous ne chanterons pas. Nous l'avons juré. Mais nous vous ferons un conte, si vous voulez.

—Par Dieu, fait Aucassin, j'aime mieux un conte que rien.

—Or, sire, nous étions tantôt ici, entre prime et tierce,[65] et nous mangions notre pain à cette fontaine, comme nous faisons maintenant, quand est venue une jeune fille, la plus belle du monde, si belle que nous crûmes voir une fée, et que tout ce bois en a été éclairé. Elle nous a tant donné de son argent que nous lui avons promis que, si vous veniez ici, nous vous dirions d'aller chasser dans cette forêt, qu'il y a là une bête dont, si vous la pouviez prendre, vous ne donneriez pas un membre ni pour cinq cent marcs d'argent, ni pour rien: car la bête a telle vertu que, si vous la pouvez prendre, vous serez guéri de votre tourment. Mais dans trois jours il faut que vous l'ayez prise, et si vous ne l'avez prise d'ici là, jamais vous ne la verrez. Donc, chassez-la, si vous voulez, ou, si vous ne voulez, laissez-la. Mais nous nous sommes bien acquittés de notre promesse envers elle.

—Beaux enfants, fait Aucassin, vous en avez assez dit, et que Dieu me la fasse trouver!

CHANT

Ces paroles de Nicolette
Qui l'attend et qui s'inquiète

Dans son cœur entrent jusqu'au fond.
Il part, et dans le bois profond
Son cheval au galop l'emporte.
—Pour vous seule je viens au bois,
Ma Nicolette. Que m'importe
Loup sur ses fins,[66] cerf aux abois[67]
Ou sanglier? Quoi que je fasse,
C'est toujours vous que je pourchasse[68]
Et dont partout je suis la trace.
Douce amie, encore une fois
Voir vos yeux, voir votre sourire,
J'en ai le cœur, tant le désire,
Navré d'amour jusqu'à la mort.[69]
Qu'il plaise à Dieu, le père fort,
Qu'une fois je vous voie encore,
Sœur, douce amie!

RÉCIT

Aucassin va par la forêt, cherchant Nicolette, et son cheval l'emporte à grande allure.[70] Ne croyez pas que les ronces et les épines l'épargnent. Nenni.[71] Mais bien elles lui déchirent ses vêtements, au point qu'il ne pourrait faire un nœud avec ce qui en reste, et le sang lui coule des bras, des jambes et des côtés en plus de vingt endroits, si bien qu'on l'eût suivi à la trace de son sang qui tombait sur l'herbe. Mais il songeait tant à Nicolette, sa douce amie, qu'il ne sentait ni mal ni douleur. Il erra tout le jour dans la forêt, sans découvrir sa trace. Et quand il vit que le soir venait, il se mit à pleurer parce qu'il ne trouvait pas sa douce amie. Il chevauchait dans une vieille route couverte d'herbe, lorsqu'il rencontra un homme tel que je vais vous le dire. Il était grand et merveilleusement laid et hideux. Il était chaussé de houseaux[72] et de souliers de cuir de bœuf entourés d'une corde grossière jusque par-dessus les genoux. Il était affublé d'une cape à deux envers,[73] et il s'appuyait sur une grosse massue.[74] Aucassin tomba sur lui à l'improviste, et il eut grand'peur

---

65. *entre prime et tierce:* i.e., between 6 and 9 A.M.
66. *sur ses fins:* exhausted.
67. *aux abois:* at bay.
68. *pourchasse:* pursue.
69. *Voir...mort:* Read: J'ai le cœur navré d'amour jusqu'à la mort, tant je désire voir vos yeux, voir votre sourire.

70. *allure:* pace, speed.
71. *Nenni:* Not at all.
72. *houseaux:* leggings.
73. *affublé...envers:* wrapped up in a cloak with both sides wrong sides (apparently humorously intended).
74. *massue:* club.

quand soudain il le vit de tout près:

—Beau frère, Dieu t'aide!

—Dieu vous bénisse!

—Par Dieu, que fais-tu ici?

—Que vous importe?

—Rien; je ne vous le demande qu'à bonne intention.

—Mais vous, pourquoi pleurez-vous et menez-vous si grand deuil? Certes, si j'étais aussi riche que vous, rien au monde ne me ferait pleurer.

—Bah! me connaissez-vous?

—Oui, je sais bien que vous êtes Aucassin, le fils du comte, et si vous me dites pourquoi vous pleurez, je vous dirai ce que je fais ici.

—Certes, je vous le dirai bien volontiers. Je suis venu ce matin chasser dans cette forêt. J'avais un lévrier[75] blanc le plus beau du monde; je l'ai perdu et je le pleure.

—Oh! par le cœur de Notre-Seigneur, vous pleurez pour un méchant chien! Bien sot qui vous estimera, quand il n'est si riche seigneur en ce pays qui, si votre père lui en demandait dix, quinze ou vingt, ne les lui donnât volontiers, et n'en fût heureux. Moi, j'ai le droit de pleurer et de me désespérer.

—Toi? Et de quoi, frère?

—Sire, je vous le dirai. J'étais loué à un riche vilain, je conduisais sa charrue attelée de quatre bœufs.[76] Or, il y a trois jours, il m'est arrivé un grand malheur. De mes quatre bœufs, j'ai perdu le meilleur, Rouget, le meilleur de ma charrue. Et je le vais cherchant, et il y a trois jours que je n'ai mangé ni bu, et je n'ose retourner à la ville parce qu'on me mettrait en prison, car je n'ai pas de quoi le payer. Pour tout bien au monde, je ne possède que ce que j'ai sur le corps. J'avais une pauvre vieille mère: elle n'avait qu'un matelas,[77] et on le lui a arraché de dessous elle, et maintenant elle est couchée sur la paille[78] nue. J'ai plus de chagrin pour elle que pour moi, car le bien va et vient: si aujourd'hui j'ai perdu, je gagnerai une autre fois; je payerai mon bœuf quand je pourrai, et pour ce je ne pleurerai mie. Tandis que vous, vous pleurez pour un sale chien! Bien sot qui vous plaindra.

—Certes, tu es un bon consolateur, beau frère! Béni sois-tu! Et que valait ton bœuf?

—Seigneur, on m'en demande vingt sols. Je n'en puis rabattre une seule maille.[79]

—Or, tiens, voici vingt sols que j'ai là dans ma bourse; rachète ton bœuf.

—Sire, grand merci. Que Dieu vous fasse trouver ce que vous cherchez!

Aucassin le quitte, et il chevauche. La nuit était belle et douce. Il erra tant qu'il vint à la hutte qui était, en dedans et en dehors, en dessus et en dessous, tapissée de fleurs; et elle était si belle qu'elle ne pouvait l'être plus. Quand Aucassin la vit, il s'arrêta tout à coup. La lumière de la lune glissait dedans.

—O Dieu! fit-il, ici a passé Nicolette, ma douce amie, et c'est elle qui a fait cette hutte de ses belles mains. Pour l'amour d'elle et sa douceur, je descendrai ici et je me reposerai cette nuit.

Il mit le pied hors de l'étrier pour descendre. Le cheval était grand et haut. Il songeait tant à Nicolette, sa très douce amie, qu'il tomba rudement sur une pierre et qu'il se démit l'épaule. Il se sentit fort blessé, mais il fit autant d'efforts qu'il le put et il attacha, de l'autre main, son cheval à un buisson. Il se tourna sur le côté et vint tout en rampant jusqu'à la hutte. Il regarda par un trou dans l'intérieur, et il vit des étoiles au ciel, et il en vit une plus brillante que les autres, et il dit:

CHANT

Étoile que la nuit attire,
Petite étoile, je te voi[80]
Étinceler et me sourire:
Ma Nicolette est avec toi.
Sans doute que Dieu, par envie

---

75. *lévrier:* greyhound.
76. *charrue...bœufs:* plow hitched to four oxen.
77. *matelas:.* mattress.
78. *paille:* straw.
79. *maille:* half-farthing.
80. *voi = vois.*

De sa beauté, me l'a ravie...
Quoi qu'il dût arriver de moi
En retombant sur cette terre,
Plût au ciel, qui me désespère,
Que je pusse monter à toi;
Car fussé-je le fils d'un roi,
Vous seriez bien digne de moi,
Sœur, douce amie.

RÉCIT

Quand Nicolette entendit Aucassin, car elle n'était pas loin, elle vint à lui. Elle entra dans la hutte et lui jeta les bras autour du col, et l'embrassa et le baisa.

—Beau doux ami, soyez le bienvenu!

—Et vous, belle douce amie, soyez la bien trouvée!

Et ils se baisaient et s'entre-baisaient, et douce était leur joie.

—Ah! douce amie, j'étais tout à l'heure fort blessé à l'épaule, et maintenant je ne sens ni mal ni douleur, puisque je vous ai retrouvée.

Elle le tâte aussitôt et voit qu'il a l'épaule démise.[81] Elle le manie tant avec ses belles mains, et fait si bien, avec l'aide de Dieu qui aime ceux qui s'aiment, que son épaule se remet à sa place. Puis elle prend des fleurs, de l'herbe fraîche et des feuilles vertes, le bande avec un pan[82] de sa fine chemise de lin,[83] et il est aussitôt guéri.

—Aucassin, beau doux ami, quoi qu'il advienne de vous, pensez à ce que vous allez faire. Si demain votre père fait fouiller cette forêt, et qu'on nous trouve, quoi qu'on fasse de vous, moi, on me tuera.

—Certes, belle douce amie, j'en aurais une grande douleur; mais, si je puis, on ne vous prendra pas.

Il monte sur son cheval, prend son amie devant lui, et l'embrassant et la baisant, ils se mettent en campagne.

[*Saracen raiders capture the two. They are separated; Aucassin is rescued and returns to Beaucaire, while Nicolette is borne to Carthage, of which her father happens to be king. After several years she escapes, disguises herself as a jongleur, and makes her way to Beaucaire.*]

CHANT

Or à peine Aucassin apprend
Que son amie au blanc visage
Se trouve dans le voisinage,
S'il est heureux, on le comprend.
Devers[84] *le logis de la dame,*
D'un pas léger, le ciel dans l'âme,
Soudain il s'en va tout courant.
Il entre dans l'appartement
Où se trouvait sa bien-aimée.
Sitôt qu'elle voit son ami,
Elle saute en pieds, court à lui,
Et tremblante et demi-pâmée,
Elle vient tomber sur son cœur.
Si vous doutez qu'avec bonheur
Il l'y reçût, voyez l'image.[85]
Puis, retrouvant ce fin corsage,
Ces doux yeux et ce blanc visage,
Jugez comme il les caressa!...
Cette nuit ainsi se passa.
Mais quand le jour vint à se faire,
Bien et dûment il l'épousa
Et la fit dame de Beaucaire.
—Donc ils menèrent de long jours
Filés d'azur, d'or et de soie.
Si l'amant, avec ses amours,
En ce monde eut sa part de joie,
Son amante eut la sienne aussi.
Dieu vous en donne autant! Ainsi
Finit le conte.

---

81. *démise:* dislocated.
82. *pan:* strip.
83. *lin:* linen.
84. *Devers:* Toward.

85. The reference to an *image* is not in the old French, but is an intrusion of the translator, who was at the same time the illustrator.

4. Le Roman de la Rose

Dream and Allegory

The *Roman de la Rose* is a very curious work of art. One may compare it to Spain's first great novel, *Don Quixote,* which began with a limited purpose and ended as something far greater than the author had originally proposed.

The first part was written by Guillaume de Lorris, between 1225 and 1240. It is an allegorical poem, a dream of love. The lover seeks the Rose of his desire in a beautiful springtime garden. He is aided by such figures as Fair-Welcome and Sweet-Thought, and is hindered by Shame, Slander, and many others. The poem pictures the ideals of *amour courtois.* It is often ingenious, penetrating, true. It has the charm of a faded ancient tapestry. There are many today who celebrate its merits, although some modern readers may tire of its allegorical developments.

Two Authors, Two Styles

Guillaume de Lorris apparently died before finishing his poem. Years later, about 1280, Jean Clopinel of Meung-sur-Loire, commonly called Jean de Meung, picked up the poem where it had stopped, and added a conclusion four times as long as the original. Although he kept the allegorical frame of his predecessor, he infused into it an entirely new spirit. Our selections are taken from the work of Jean de Meung.

Philosopher William James once divided the human race into two types: the tender-minded and the tough-minded. Guillaume de Lorris was tender-minded, Jean de Meung tough-minded. The first expressed the aristocratic poetic ideal; the second exemplifies the bourgeois character, practical, realistic, scornful of dreams and dreamers.

Jean de Meung made of his fiction a device for conveying information and for expressing ideas (like H. G. Wells and many others in later times). He discusses the physical world, examining such phenomena as the reflection of images and the rainbow; government: the origin and nature of the state and royal power; economics and sociology: the origin and nature of property, the abuses of wealth; philosophy: the problem of evil, the problem of free will versus determinism; and indeed, everything that came into the author's head. He is often a bold, original thinker. The second of our selections is a good example. In it Jean de Meung develops his thesis that the life of the individual is of little importance; Nature's aim is to safeguard the *species.*

Nature, he insists, is good. If we accept her guidance, we shall attain well-being. Those who defy her condemn themselves and deserve our blame. Thus he loathes the monks, who reject Nature's command to labor and to perpetuate the species. Thus he scorns the romantic ideal of courtly love, with its counsel of lifelong fidelity. Love is to him merely a physiological imperative. He likes to abuse women, depicting them as unscrupulous creatures, the enemies of man's happiness since the time of Eve. His misogyny, as we shall see, carries with it an unexpected admiration for the ability of females to manipulate the arrogant males.

Jean de Meung reflects the changing ideas of a time of transition, and in his contempt for superstition and accepted ideas he is often ahead of his time. Indeed, he can be placed at the beginning of the line of thinkers who lead to our own day, with what we are pleased to call the Modern Spirit. His faith in Nature, without concern for religious revelation, will be restated by Rabelais, Montaigne, Rousseau, and innumerable others.

Guillaume de Lorris dreams up Le Roman de la Rose *and Jean de Meung completes it. From a reproduction in L. Petit de Julleville's* Histoire de la Langue et de la Littérature française, *volume II, 1922.*

The immediate influence of the *Roman de la Rose* was very great. It was translated into English by Chaucer, into Italian by Dante—or at least possibly by Dante. It was a fecund and an operative book.

It might have been a really great book, had its two authors possessed a poetic capacity adequate to the subject. But the form, especially of Jean de Meung's section, is flat and trite, prosaic, in a word.

The original is written in eight-syllable rhymed couplets. The modernization here reproduced is by Pierre Marteau. Notice that the modernizer alternates masculine and feminine rhymes, according to a poetic convention which did not arise until the sixteenth century. (Feminine rhymes are those which end in a mute *e*, making an extra syllable; masculine rhymes are all others.)

✤ ✤ ✤

THE TRICKERY OF WOMEN

[*In this section the Old Woman advises her juniors how they may enhance their charms and deceive their husbands and lovers. The author, in the bourgeois tradition, is mocking women for their faithlessness, and also mocking the doctrines of* amour courtois. *But it is not quite just to say that he expresses contempt for women; rather he admires them for their triumphant cleverness. Nor does he pity their dupes. He thinks, as French popular writers still think, that the deceived husband is the funniest character in the world. And by the way he gives us a very realistic picture of the customs and material background of the thirteenth century. He had evidently observed closely and with much relish the intimate life of ladies who lived by their wits.*]

Bref, tous ces ribauds[1] femmes trichent,[2]
En mille endroits leurs amours fichent;[3]
Donc, il les faut aussi tricher
Et partout notre cœur ficher.
Sottise à un seul de se rendre!
Femme doit plusieurs amis prendre,

Et pour leur plaire faire tant
Que tous les mette en grand tourment.
Si grâces n'a, qu'elle en acquière
Et soit pour eux d'autant plus fière,
Que plus, pour son cœur obtenir,
Ils s'efforcent de la servir.[4]

---

1. *ribauds:* rascals.
2. *trichent:* trick, cheat.
3. *fichent:* give, implant.
4. *Si grâces n'a...servir:* If she has no charms,

let her acquire some, and the more her suitors strive to serve her, to obtain her heart, the more domineering let her be toward them.

Qu'elle accueille[5] de préférence
La froideur et l'indifférence,
Prise les jeux et les chansons,
Les noises[6] fuie et les sermons.
Si belle n'est, que bien se vête
Plus est laide, plus soit coquette,
Et s'elle voit un beau jour choir[7]
(Ce qui serait très triste à voir)
Sa belle chevelure blonde,
Ou si besoin est qu'on la tonde
Par suite d'une infirmité
Qui compromette[8] sa beauté,
Ou bien si quelque ribaud lâche
Par courroux lui tire et l'arrache,
Au point de ne plus en laisser
De quoi grosses nattes[9] tresser,
Qu'elle ordonne alors qu'on apporte
Les cheveux d'une femme morte,
Ou blonde soie, en fins rouleaux,
Qu'elle glisse sous ses bandeaux.[10]
Qu'elle porte au front telles cornes[11]
Que jamais cerfs, bœufs ou licornes,[12]
Assez hardis pour l'affronter
Son chef[13] ne puissent surmonter.
Et s'elle a besoin d'être teinte,
Qu'elle prenne jus d'herbe mainte,[14]
Car pour la tête, c'est connu,
Moult[15] ont grand'force et grand'vertu
Fruit, bois, feuille, écorce et racine.
Si de sa florissante mine
Elle perd la belle couleur,
Dont moult aurait au cœur douleur,[16]
Que toujours elle ait onguents moites
En sa chambre, dedans ses boîtes,
Pour se farder en tapinois;[17]
Que nul étranger toutefois
Ne les aperçoive ni sente,
Elle en pourrait être dolente.

Belle gorge a-t-elle et cou blanc?
Que le ciseau d'un coup savant
Avec tant d'art la décolète,[18]
Que sa chair luise blanche et nette
Demi-pied derrière et devant,
Il n'est rien d'aussi séduisant.
A-t-elle épaules trop enflées?
Pour plaire au bal, aux assemblées,
Que robe porte de fin drap,
Moins laid son défaut paraîtra…
Quand besoin de rire la prend,
Si bien rie et si sagement
Qu'elle décrive deux fossettes[19]
Des deux côtés de ses levrettes;[20]
Qu'elle n'ouvre sa bouche aux gens
En riant, mais couvre ses dents,
Et non plus n'enfle trop ses joues
Ni trop les serrer par ses moues.[21]
Femme doit rire gentiment,
Bouche close; laide est vraiment
Quand elle rit gueule étendue,[22]
Trop semble être large et fendue.
A-t-elle de vilaines dents
Qui se croisent dans tous les sens?
Si les montrait en sa risée,[23]
Moins en pourrait être prisée.
Femme encor doit savoir pleurer;
Mais je n'ai pas à leur montrer
A bien pleurer en quelque place,
Car il n'est besoin qu'on leur fasse
Grief, affliction ou deuil:
Femme a toujours la larme à l'œil.
Il n'est pas une qui ne pleure
Quand elle veut, voire[24] à toute heure.
Mais ne se doit homme émouvoir[25]
S'il voit telles larmes pleuvoir
Aussi serré[26] qu'épaisse pluie;
Quand si fort femme pleure et crie

---

5. *acceuille:* accept, adopt.
6. *noises:* disputes.
7. *s'elle…choir = si, un beau jour, elle voit tomber.*
8. *compromette:* Notice the subjunctive.
9. *nattes:* braids.
10. *bandeaux:* fillets, headbands.
11. *cornes:* Fashion called for enormous hornlike puffs of hair, bound in fabrics.
12. *licornes:* unicorns.
13. *chef:* head.
14. *herbe mainte:* many a herb.
15. *Moult:* Very much.

16. *Dont…douleur = D'où elle aurait grande douleur au cœur.*
17. *se farder en tapinois:* to paint her face in secret.
18. *la décolète:* cut low her dress.
19. *fossettes:* dimples.
20. *levrettes:* little lips.
21. *moues:* pouts.
22. *gueule étendue:* with wide open jaw.
23. *risée:* laugh.
24. *voire:* indeed.
25. *ne…émouvoir = un homme ne doit pas s'émouvoir.*
26. *serré:* thickly.

A plaisir, c'est que son chagrin
Couve[27] quelque mauvais dessein.
Larmes de femme, comédie!
Douleur n'est[28] qu'elle n'étudie;
Mais que par ses faits ni ses dits
Ne soient pas ses pensers trahis!
Et puis il lui faut être à table
De contenance[29] convenable;
Mais avant d'aller s'asseoir,
Que par l'hôtel[30] se fasse voir
Et qu'à chacun entendre donne
Que la besogne bien ordonne.[31]
Qu'elle aille et vienne un peu partout
Et la dernière soit debout,
Et qu'un petit[32] se fasse attendre
Avant d'aller sa place prendre.
Et quand à table siégera,[33]
Sur tout veille[34] autant que pourra;
Que devant les convives taille
Le pain, autour de soi le baille;[35]
Sache, pour sa grâce obtenir,
Devant le convive servir
De quoi manger en son écuelle;[36]
Devant lui mette cuisse[37] ou aile,
Tranche de bœuf, porc ou mouton,
Soit que de chair ou de poisson
Ce jour la table soit servie;
S'il accepte, qu'elle n'ait mie[38]
Avare cœur à le servir.
Que ses doigts veille à ne salir[39]
De sauce jusques aux jointures,
Ni laisse à ses lèvres ordures[40]
De graisse, de soupe ni d'aulx[41]
Ni trop entasse les morceaux,
Ni trop gros les mette en sa bouche.

Du bout des doigts les morceaux touche[42]
Qu'elle doit tremper au brouet,[43]
Qu'il soit vert ou jaune, ou brunet;
Et porte si bien sa bouchée
Que sa bouche ne soit tachée
De sauce ou d'assaisonnement.
Boire elle doit si gentiment
Que sur soi goutte ne répande,
Car trop avide et trop gourmande
La pourraient convives tenir,
Ceci lui voyant advenir.
Qu'oncques[44] sa coupe elle ne touche
Tant qu'aura morceaux en la bouche,
Et la doit si bien essuyer,
Que ne laisse graisse briller
Sur sa lèvre supérieure;
Car si peu que graisse y demeure,
On voit œils[45] flotter sur le vin
D'aspect et malpropre et vilain.
Qu'elle ne boive à perdre haleine
Gobelet plein ou coupe pleine
Mais boive petit à petit,
Combien qu'elle[46] ait grand appétit,
Plutôt souvent, avec mesure,
Pour que les autres, d'aventure,
Ne disent qu'elle engorge trop
Et que trop boive à plein goulot,[47]
Mais délicatement le coule.
Le bord par trop qu'elle n'engoule,[48]
Comme maintes nourrices font,
Qui sottes et gloutonnes sont,
Et tant à grands flots s'en entonnent[49]
Que s'étourdissent et s'étonnent,[50]
Et versent vin en leur gosier[51]
Comme en botte de cavalier.

---

27. *Couve:* Secretly prepares.
28. *Douleur n'est = Il n'y a pas de douleur.*
29. *contenance:* behavior.
30. *hôtel:* residence.
31. *Et qu'à...ordonne:* Let her indicate to everyone that she manages the housework well.
32. *un petit = un peu.*
33. *siégera:* she sits.
34. *Sur tout veille = Qu'elle veille sur tout.*
35. *baille:* let her give.
36. *écuelle:* bowl.
37. *cuisse:* leg (of fowl).
38. *ne mie:* not at all.
39. *Que ses...salir = Qu'elle veille à ne pas salir ses doigts.* Compare this whole passage with Chaucer's famous description of the Prioress in the Prologue to the *Canterbury Tales.*

40. *ordures:* scraps.
41. *aulx* (pl. of *ail*): garlic.
42. *touche = qu'elle touche.*
43. *brouet:* broth. (It was the custom to dip one's meat in a common gravy-bowl.)
44. *oncques:* never.
45. *œils:* fat-drops. (Notice the old plural, rather than "yeux".)
46. *Combien qu' = Bien qu'.*
47. *à plein goulot:* pouring it down.
48. *Le bord...n'engoule:* Let her not try to swallow the cup's edge.
49. *s'en entonnent:* swig.
50. *s'étourdissent et s'étonnent:* they get stupefied and befuddled.
51. *gosier:* throat.

Et bien veille que ne s'enivre,
Car ni l'homme ni la femme ivre
Ne saurait garder un secret.
Quand femme en tel état se met,
Plus n'est en elle de défense,
Elle dit tout ce qu'elle pense,
Et de tous est à la merci
Lorsqu'elle se dégrade ainsi.
Puis n'aille pas dormir à table;
Trop en serait moins[52] agréable;
Car sottise est de sommeiller
Dans les lieux où l'on doit veiller,
Et trop laides choses adviennent
A ceux que tels dormirs surprennent,
Car maints en ont pâti souvent
Et brisé se sont, en tombant
De côté, devant ou derrière,
Tête ou bras, ou côtes[53] par terre.
Qu'elle chasse le somme[54] intrus
Et songe au vieux Palinurus
Qui gouvernait[55] la nef d'Énée;[56]
Veillant[57] l'avait bien gouvernée,
Mais quant au dormir succomba
Du gouvernail[58] en mer tomba,
Et périt devant l'équipage[59]
Qui pleura longtemps son naufrage.
Puis doit la dame retenir
De trop ne tarder à jouir,
Car pourrait-elle trop attendre
Que nul n'y vînt la main tendre.[60]
Quérir[61] doit d'Amour le déduit[62]
Tant que jeunesse lui sourit.
Cueillir doit à la fleur de l'âge
Le fruit d'amour, si femme est sage.
Car lorsque l'assaillent les ans
Tôt s'éteint le plaisir des sens.
Autant perd de son temps, la lasse,[63]
Que, sans jouir d'amour, en passe![64]
Et trop tard s'en repentira
Quand vieillesse la flétrira,[65]

Si ne croit mon conseil si sage
Pour notre commun avantage.
Mais bien sais qu'elles me croiront,
Celles au moins qui sages sont,
Et se tiendront aux règles nôtres
Et diront maintes patenôtres[66]
Pour mon âme, quand je mourrai,
Qui tant instruites les aurai.
Car bien sais que cette parole
Sera lue en plus d'une école…
Femme ne doit trop rester close,
Car plus à la maison repose,
Moins on la voit, moins sa beauté
Des connaisseurs de la cité
Excitera la convoitise.
Que souvent elle aille à l'église
Et fasse visitations
A noces et processions,
A jeux, à fêtes, à karoles;[67]
En ces lieux tiennent leurs écoles
Et chantent messe tous les jours
La déesse et le dieu d'Amours.
Mais bien se soit avant mirée
Pour savoir s'elle est bien parée;
Et quand à point se sentira,
Par la rue elle s'en ira,
A belles et fières allures
Non pas trop molles ni trop dures,
Humbles ni raides, mais partout
Gentille, et plaisante surtout.
Les épaules, les hanches meuve
Si noblement que l'on ne treuve[68]
Femme de plus beau mouvement,
Et marche joliettement
Sur ses élégantes bottines,
Qu'elle aura fait faire si fines,
Ses pieds moulant si bien à point,
Que de plis on n'y trouve point.
Et si sa robe traîne à terre,
Sur le pavé, que par derrière

---

52. *Trop…moins:* Too little.
53. *côtes:* ribs.
54. *somme:* sleep.
55. *gouvernait:* steered.
56. *Énée:* Aeneas, hero of Vergil's *Aeneid.*
57. *Veillant:* When awake.
58. *gouvernail:* helm.
59. *équipage:* crew.
60. *Puis doit…tendre:* Then the lady should beware of delaying too long to take her pleasure, for she might wait so long that none would come to give her a helping hand.
61. *Quérir = Chercher.*
62. *déduit:* pleasure.
63. *lasse:* unfortunate one.
64. *en passe:* i.e., she never knows love.
65. *flétrira:* will wither.
66. *patenôtres:* paternosters, prayers.
67. *karoles:* dances.
68. *treuve = trouve.*

Elle la lève, ou par devant,
Comme pour prendre un peu de vent;
Ou, comme sait si bien le faire,
Pour démarche avoir plus légère,
Se retrousse[69] coquettement
Et découvre son pied charmant,
Pour que chacun passant la voie[70]
La belle forme du pied voie.
Si d'un manteau couverte sort,
Qu'elle le porte d'un tel port,
Que la vue en rien il n'encombre
Du beau corps auquel il fait ombre;
Et puis, pour mieux le corps montrer
Et ses habits faire admirer,
Qui ne seront larges ni grêles,[71]
Brodés d'argent et perles frêles,
Avec l'aumônière en sautoir[72]
Qu'il faut aux passants faire voir,
Elle doit lors son manteau prendre
Avec ses deux mains, puis étendre,
Élargir à la fois ses bras,
Soit qu'elle dirige ses pas

Par beau chemin ou par la boue,
Et se souvienne de la roue[73]
Que fait le paon quand on le voit.
Ainsi faire du manteau doit,
Pour que l'étoffe ou vaire[74] ou grise,
Ou n'importe comme on l'a mise,
Elle découvre et son beau corps,
A ceux que rencontre dehors.
S'elle n'est belle de visage,
Elle doit lors, en femme sage,
Avec adresse, à tous les yeux,
De ses épais et blonds cheveux
Étaler l'opulente tresse
Et de sa nuque la souplesse,
Quand bien tressés ses cheveux sent.
C'est un avantage puissant
Que la beauté de chevelure.
Toujours doit femme mettre cure[75]
A bien la louve[76] ressembler
Quand elle veut brebis voler…

[ll. 13,863–14,504]

---

69. *Se retrousse:* Let her raise her skirts.
70. *passant la voie:* walking in the street.
71. *grêles:* scanty.
72. *l'aumônière en sautoir:* almspurse hanging from the shoulder.
73. *roue:* spreading of the tail feathers by the peacock (*paon*).
74. *vaire:* squirrel fur; hence, blue-gray.
75. *mettre cure:* take care.
76. *louve:* she-wolf.

THE AIMS, DEVICES, AND MIGHT OF NATURE

Nature, qui pensait aux choses
Qui sont dessous le ciel encloses,
Dedans sa forge se rendait
Où sa cure toute mettait
Une à une à forger les pièces
Pour continuer les espèces;[1]
Car les pièces parfait[2] si bien
Que Mort contre elles ne peut rien.
En vain sa course elle accélère,
Nature de si près la serre,
Que si de sa masse[3] la Mort
Quelques pièces détruit d'abord
Qu'elle trouve à soi redevables[4]
(Car il en est de corrompables[5]
Qui la Mort ne redoutent pas,
Et toutefois vont pas à pas
S'usant, et par le temps pourrissent
Dont autres choses se nourrissent),
Quand les croit toutes extirper
Ne les peut ensemble[6] attraper,
Si bien que si l'une elle happe[7]
A droite, à gauche l'autre échappe.
Car si le père elle détruit,
Devant la Mort soudain s'enfuit
Le fils ou la fille ou la mère
Lorsque mort ils ont vu le père.
Puis à leur tour devront mourir;
En vain les verra-t-on courir,
Rien n'y fait, vœux ni médecines.
Lors donc nièces, neveux, cousines
De fuir[8] pour vivre et l'éviter,
Tant que pieds les peuvent porter,
Dont l'un s'enfuit à la karole,[9]
L'autre à l'église ou bien l'école,
L'autre, selon ses appétits,
Aux arts qu'il a jadis appris,
Aux plaisirs, à sa marchandise,

La luxure ou la gourmandise.
D'autres sur leurs grands destriers[10]
Et sur leurs dorés étriers
Montent, croyant ainsi plus vite
De Mort éviter la poursuite;
Sur un ais l'autre se blottit,[11]
En naviguant la mer franchit,
Et mène à l'aspect des étoiles
Sa nef, ses avirons,[12] ses voiles.
L'autre par vœux s'humiliant,
D'hypocrisie un manteau prend
Où tous ses pensers se tapissent[13]
Tant que[14] ses actes le trahissent.
Ainsi vont trétous[15] les humains
Fuyant la Mort par cent chemins.
Mort qui de noir se teint la face
Les suit et leur donne la chasse
Jusqu'à ce que les ait atteints,
Car Mort pourchasse les humains
Dix ans ou vingt, trente ou quarante,
Cinquante, ou soixante, ou septante,
Voire octante, nonante ou cent,
Et s'en va tous les dépeçant;[16]
Et si quelques-uns elle en passe,
Vite revient et ne se lasse
Tant que les tiennent en ses liens,
Malgré tous les chirurgiens.
Les médecins même ont beau faire,
Nul ne peut à Mort se soustraire
Par Hypocrate[17] ou Gallien,
Qui pourtant s'y connaissaient bien.
Razis, Constantin, Avicène
Y ont trétous laissé leur couenne.[18]
Rien ne sert, hélas! de courir;
Personne ne peut la Mort fuir.
Ainsi Mort, qui n'est oncques soûle,[19]
Gloutement les pièces engoule[20]

---

1. *espèces:* "species," exactly in the scientific sense.
2. *parfait:* she perfects.
3. *masse:* club.
4. *Qu'elle...redevables:* Which Death thinks due to himself.
5. *corrompables:* corruptible; (*i.e.,* living creatures).
6. *ensemble:* all together.
7. *si...happe:* if Death seizes one.
8. *De fuir* (hist. inf.): flee.
9. *karole:* dance.
10. *destriers:* chargers.
11. *Sur...blottit:* Another huddles on a plank.
12. *avirons:* oars.
13. *se tapissent* (from *tapir*): are hidden.
14. *Tant que:* Until.
15. *trétous:* all.
16. *dépeçant:* dismembering.
17. *Hypocrate, etc.:* celebrated physicians of antiquity and Middle Ages.
18. *laissé leur couenne:* were stumped (*lit.,* left their hide there).
19. *soûle:* sated.
20. *Gloutement...engoule:* Ravenously swallows the pieces (*or* separate units).

Tant par terre et mer les poursuit
Qu'en la fin toutes les saisit.
Mais chacune si bien l'esquive
Qu'à nulle heure la Mort n'arrive
Toutes ensemble à les saisir
Et d'un coup les anéantir.
Car encor n'en restât-il qu'une,[21]
Resterait la forme commune;
Par le Phénix la preuve en est
Qui toujours seul vit et renaît.
Il n'est qu'un seul Phénix sur terre
Qui jusqu'à son heure dernière
Vit cinq cents ans. En dernier lieu
Il fait d'épices un grand feu
Et s'y jette, sans plus attendre,
Pour réduire son corps en cendre;
Mais l'espèce ne périt pas.
De sa cendre, après son trépas,
Un autre Phénix prend naissance,
Ou le même, par l'ordonnance
De Dieu; Nature ainsi refait
L'espèce que Mort menaçait.
Phénix, c'est la commune forme
Que Nature toujours reforme
Et qui bientôt disparaîtrait
Si vif un autre ne restait.
L'espèce perdrait tout son être
S'elle ne le faisait renaître,
Si bien que quand Phénix est mort,
Phénix vivant demeure encor.
Mille la Mort dévorât-elle,
L'espèce est toujours éternelle.
Ce privilège de même ont
Trétoutes les choses qui sont
Dessous le cercle de la lune;
Pourvu que seule en demeure une,
L'espèce se perpétûra,
Et jamais Mort ne l'éteindra.
Mais Nature douce et piteuse,
Quand elle voit Mort l'envieuse,
Qu'accompagne corruption
Vouloir mettre à destruction
Les pièces qu'elle a dans sa forge,
Alors elle martelle[22] et forge

Toujours sans interruption
Nouvelle génération.
Ne pouvant du reste mieux faire,
En son empreinte elle les serre,
Comme en ses coins[23] le monnayeur,[24]
Et leur donne forme et couleur
Propres, dont Art fait ses modèles
Qui ne fait pas choses si belles.
Car toujours, comme mendiant
Devant Nature suppliant,
De l'imiter moult[25] il s'efforce,
Ignorant qu'il est sans force,
Toujours, avec un soin jaloux,
L'implore et prie à deux genoux
Qu'elle lui veuille bien apprendre
Ses secrets et faire comprendre,
Pour reproduire en ses travaux
Les objets qu'elle a faits si beaux.
Il regarde comme elle opère,
Car il voudrait telle œuvre faire,
Mais en singe le contrefait.
Tant simple et faible et vain il est
Qu'il ne peut faire créature
Vivante à l'égal de Nature.
Car l'Art en un travail sans fin
Se peine et s'étudie en vain
A faire mainte et mainte chose,
Quelque figure qu'il compose.
Sur beaux destriers tout couverts
D'ornements bleus, jaunes ou verts,
Chevaliers armés en bataille
Qu'il peigne, teigne,[26] forge ou taille,
Ou de tous sens bariolés[27]
Si plus colorés les voulez:
Herbes verdoyantes, fleurettes
Que varlets et que pucelettes[28]
Vont au printemps ès[29] bois cueillir
Quand elles viennent à fleurir:
Oiseaux et bêtes domestiques,
Jeux et plaisirs, danses rustiques,
Beaux oiselets[30] en verts buissons,
En l'onde pure vifs poissons
Et toutes les bêtes sauvages
Qui pâturent par les bocages;[31]

---

21. *n'en restât-il qu'une:* if only one should remain.
22. *martelle:* hammers out.
23. *coins:* stamps, dies.
24. *monnayeur:* coiner.
25. *moult:* much.
26. *teigne:* color.

27. *bariolés:* varicolored.
28. *varlets et pucelettes:* lads and lasses.
29. *ès = en les.*
30. *oiselets:* little birds.
31. *bocages:* groves.

Ou jouvenceaux[32] beaux et courtois
Et gracieux, tenant aux doigts
Gentilles dames bien parées,
Bien pourtraites,[33] bien figurées:
A nos yeux en vain, trait pour trait,
Sur table ou mur il les pourtrait
En métal, en bois, cire[34] ou pierre,
Soit même en toute autre matière;
Il ne les fait d'eux-même aller,
Vivre, mouvoir, sentir, parler.
Qu'il apprenne tant d'alchimie
Que tous métaux colore, allie,
Il se pourrait avant tuer
Que les espèces transmuer.
S'il ne fait tant qu'il les ramène
A leur nature primeraine,[35]
Qu'il travaille tant qu'il vivra,
Jamais Nature il n'atteindra.
Du reste, pour le pouvoir faire,
Pour dans leur pureté première
Ces métaux divers ramener,
Il faudrait d'abord deviner
Des proportions la science
Pour obtenir la tempérance,[36]
Quand il fera son élixir,
Dont le métal pur doit jaillir,
Qui désagrège[37] les substances
Par spéciales différences,
Comme à la fin bien il paraît
A qui le mieux opérer sait.
Et pourtant c'est chose notable,
Alchimie est art véritable;
Qui sagement l'étudierait
Grand'merveilles y trouverait.[38]
Donc, quelles que soient les espèces,
Isolément prises, les pièces
Dont tous les corps sont composés
Dans la Nature déposés,
S'elles sont de nos sens palpables,

En tant de façons sont muables,
Qu'elles peuvent leurs unions,
Par maintes transformations,
Changer entre elles, et ces pièces
Deviennent nouvelles espèces
Perdant leur primitif aspect.[39]
Voyez du reste ce que fait
Le verrier.[40] De simple fougère,[41]
De la cendre il tire du verre
Par légère épuration;
Verre pourtant n'est pas buisson,
Pas plus que fougère n'est verre.
Et quand d'un éclair le tonnerre
Éclate, souvent on peut voir
Les pierres des nuages choir
Qui pourtant ne sont pas de pierre.
La cause qui telle matière
Engendre aux nuages volants
Seuls peuvent dire les savants.
Ce sont espèces très changées
Ou bien substances dégagées
De certains corps, soit par notre art,
Soit par Nature d'autre part.
Ainsi pourrait des métaux faire
Qui des corps les saurait extraire,
Puis leur ordure aux ors tirer,
Les réduire et les apurer
Par affinités régulières
A divers corps particulières.[42]
De matière une les ors sont,
N'importe où Nature les fond,
Et tous par diverses manières
Dedans les terrestres minières
Naissent de soufre et vif argent;[43]
La science ainsi nous l'apprend.
Tel donc qui saurait, il me semble,
Combiner les esprits ensemble
Et les contraindre à se mêler,
Sans pouvoir après s'envoler,

---

32. *jouvenceaux:* youths.
33. *pourtraites:* portrayed.
34. *cire:* wax.
35. *primeraine:* primitive.
36. *tempérance:* correct proportions.
37. *désagrège:* breaks down, disintegrates.
38. Now that chemists and physicists have realized some of the dreams of medieval alchemists, even of transmuting elements, alchemy may no longer seem to us so ridiculous.
39. A clear statement of the mutation of species.
40. *verrier:* glassmaker.

41. *fougère:* Ferns, or bracken, were burned to recover potash. This was fused with a silica, such as sand, to make glass, called *verre de fougère.* (Information supplied by Corning Museum of Glass.)
42. *Ainsi...particulières:* Thus one could make metals, if one could take from the various golds their impurities and give them pure forms, which are alike in composition and attracted to each other. (The modernizer has complicated the Old French.)
43. *soufre et vif argent:* sulfur and quick-silver.

Jusqu'à ce qu'aux corps ils entrassent,
Pourvu qu'apurés les trouvassent,
Et, du soufre l'ardeur domptant,
Les colorer en rouge ou blanc,
Aurait par telle connaissance
Tous les métaux en sa puissance.
Ainsi fin or de vif argent
Font naître moult subtilement
Par art, sans plus, nul ne le nie,
Ceux qui sont Maîtres d'alchimie,
Puis lui donnant poids et couleur
Par choses de mince valeur,
Et d'or fin pierres précieuses
Refont claires et lumineuses;
Puis tous les métaux dépouillant[44]
De leurs formes, en vif argent
Ils les changent par médecines
Blanches, pénétrantes et fines.
Ce ne peuvent les faux savants,
Les imposteurs, les charlatans;
Qu'ils travaillent toute leur vie,
Ils n'atteindront Nature mie…
Moi-même je n'ai pu, sans feindre,
Jusqu'à la[45] concevoir atteindre,
Et Nature vous décrirais
Si je pouvais ou je savais.
A cette tâche surhumaine
J'ai cent fois plus perdu de peine
Comme un sot, comme un insensé,
Que jamais ne l'eussiez pensé;
Car c'était trop d'outrecuidance[46]

Que d'avoir conçu l'espérance
De si très-haute œuvre achever.
Avant le cœur m'eût pu crever
Qu'en mon penser même comprisse,
Pour nulle peine que je prisse,
La très grand'beauté que je vis,
Tant noble était et de grand prix,
Ni que seulement en osasse
Un mot tinter, tant y pensasse,[47]
C'est pourquoi mon esprit vaincu,
De guerre lasse,[48] enfin s'est tu.
Plus j'y pensais, tant était belle,
Plus j'étais impuissant près d'elle;
Car Dieu, la suprême beauté,
Quand Nature il eut enfanté,
En elle fit une fontaine
Toujours courante et toujours pleine
D'où découle toute beauté,
Et son lit, c'est l'immensité.
Comment vouloir que conte fasse[49]
Ni de son corps, ni de sa face,
Qui plus belle est, je vous le dis,
Qu'en mai nouvelle fleur de lys?
Rose ni neige sur la branche
N'est si vermeille ni si blanche,
Et c'est un crime que d'oser
A Nature chose opposer,
Sa beauté puisqu'en[50] nulle guise
Ne peut être d'homme comprise.

[ll. 16,553–16,954]

---

44. *dépouillant:* robbing.
45. *la* refers to *beauté* (in omitted passage).
46. *outrecuidance:* presumption.
47. *Un mot…pensasse:* To venture a word, for all my thinking of it
48. *De guerre lasse:* Worn out.
49. *Comment…fasse:* How expect me to tell.
50. *Sa beauté puisqu'* = *Puisque sa beauté.*

5. Medieval Theater

A Christian Tradition

The serious drama of France developed by logical steps from the Church ritual. The Mass itself is a drama, in substance and form. Early in the Middle Ages dramatic dialogues were inserted in the Mass in celebration of the great festivals, Christmas and Easter. Then Biblical mysteries were represented by clerics and choirboys. With time, the scene was transported from the church's interior to the entrance, where the actors found a readymade raised stage, a setting of splendid stone with carved figures of God and the saints, and two or three doors for their entrances and exits. Theater became an outdoor phenomenon, especially during what climatologists call the Medieval Optimum (1130-1180), when the number of rainy days was exceptionally low and plays could be presented outside with great regularity.

Liturgy and Theater

The texts of some few of these *liturgical dramas* of the twelfth and thirteenth centuries have been preserved. They are frequently humorous and always instructive. They were accompanied by music and may be compared to a modern oratorio. French gradually took the place of Latin, and laymen and laywomen replaced the clergy as the actors. When action in several places was required by the story, the stage was divided into sections, one representing, for instance, Jerusalem, another Damascus. Thus was born the *simultaneous stage setting,* which persisted for centuries, and which has been experimentally revived in our own time in various vanguard productions.

In the thirteenth and later centuries the liturgical drama had a great extension. Saints' lives and pious legends provided the subject matter for the *miracles,* edifying playlets displaying the mercy of heaven toward sinners.

LE JEU D'ADAM

[*Excerpts*]

[*The most remarkable of the early liturgical dramas was the* Jeu d'Adam, *by an unknown author of the twelfth century. The date of the first staging has been narrowed down to the period between 1146 and 1174. The text is in French, in the normal eight-syllable verse; the stage directions are in Latin, being intended for the cleric who was putting on the play. The first of its three parts is given here. The reader will be aware of the vigorous dramatic imagination of the writer, expressing itself in forms charming to our times, so cordial toward primitivism, toward the sympathetic representation of the naïve. The characters are sharply drawn: honest, simple Adam; self-willed, greedy, unfaithful Eve; and a very French Satan, delineated as a suave and polished seducer, like the Mephistopheles of later periods.*

Observe that opportunity is given for comedy, both delicate (Eve and Satan) and broad (the pantomime of the little demons). Modern comedy probably had its origin in such interludes. Today's readers are often shocked that a religious production would feature gross humor, but the Medieval Church was so unchallenged that it could afford to

Portal of Chartres Cathedral where Le Jeu d'Adam *has been enacted. Courtesy of Bibliothèque nationale de France.*

make itself the object of crude jokes in the interest of appealing to an uncultured populace. At least some of the uncouth viewers were bound to convert.

In modern times, Professor Gustave Cohen of the Sorbonne University brilliantly produced a number of the medieval plays, with his students for actors. The Jeu d'Adam has been effectively presented in such natural settings as the portal of Chartres cathedral. The modernization of the Jeu d' Adam here used is by Professor Henri Chamard of the Sorbonne.[1]

Since this is a play, it should be read dramatically. Imagine the vitality of actors putting into the performance all the expression possible. Better yet, read the text aloud yourself, being majestic as the Figure de Dieu, earnest and gruff as Adam, coy as Eve, oily and cajoling—Mephistophelean—as the Devil.]

❖ ❖ ❖

PERSONNAGES

LE LECTEUR
LE CHŒUR
LA FIGURE DE DIEU
ADAM
ÈVE
LE DIABLE
UN ANGE, rôle muet
DÉMONS, rôles muets

MISE EN SCÈNE

Le Paradis terrestre, établi sur une éminence. Il est entouré de courtines et de tentures de soie, à telle hauteur que les personnages placés dans le Paradis ne sont visibles que par le haut jusqu'aux épaules. Des feuillages et des fleurs odoriférantes, divers arbres chargés de fruits donnent l'impression d'un lieu de délices.[2]

Le Sauveur entre, revêtu d'une dalmatique.[3] Devant lui se placent ADAM

---

1. Reprinted by permission of Librairie Armand Colin from *Le Mystère d'Adam.*
2. Henri Chamard thus reconstructs the scene: "At the rear, the porch of a Romanesque or Gothic church, symbolizing Heaven. Several steps give access to it. The church door is wide open. Before the door is a small pulpit, *or ambo,* where an ecclesiastic, *le Lecteur,* remains throughout the play, reading in a missal. On the right side of the church entrance (the spectators' left), the Earthly Paradise as described in the text. In the middle of the garden a tree taller than the others represents the Tree of Knowledge. Paradise stands a few feet above ground level: one mounts to it by steps. To the left of the church project Hell and its dragon's mouth. Between Hell and Paradise, an open space where piles of earth signify the land which Adam and Eve must till. This space, between the stage proper and the audience, permits the demons to circulate and to invade the audience. This is the Earth."

3. *dalmatique:* dalmatic, a long, wide-sleeved ecclesiastical vestment.

et ÈVE, ADAM *vêtu d'une tunique rouge,* ÈVE *d'un blanc vêtement de femme et d'un blanc manteau de soie. Tous les deux se tiennent debout devant* LA FIGURE *de Dieu:* ADAM *plus près, le visage au repos;* ÈVE *plus bas, et l'air un peu plus humble.*

ADAM *doit être bien instruit à répondre quand il le doit, sans trop de hâte ou de lenteur. Et cette remarque ne s'applique pas à lui seulement, mais à tous les personnages. Il faut qu'ils soient instruits à parler posément,[4] à mettre d'accord gestes et paroles, à bien garder le rythme, sans ajouter ni retrancher aucune syllabe, mais en les prononçant toutes fermement, et toujours en parlant selon l'ordre indiqué. Aucun d'eux ne nommera le Paradis sans le regarder et le montrer de la main.[5]*

Scène première: la défense

Le drame commence par la leçon:[6]

In principio creavit Deus caelum et terram, et fecit in ea hominem, ad imaginem et similitudinem suam.[7]

Puis LE CHŒUR *chante:[8]*

Formavit igitur Dominus hominem de limo terrae, et inspiravit in faciem ejus spiraculum vitae, et factus est homo in animam viventem.[9]

(Le chant fini, LA FIGURE *parle:)*

FIGURE. Adam !

ADAM. Sire !

FIGURE. Écoute; je t'ai
    Formé du limon.[10]

ADAM. Je le sai.[11]
    Toujours j'en aurai souvenance.

FIGURE. Je t'ai fait à ma ressemblance,
    A mon image, de la terre.
    Avec moi n'entre pas en guerre.

ADAM. Non ferai-je.[12] En toi je croirai:

Au Créateur j'obéirai.

FIGURE. Pour compagne, je t'ai fait don
    De cette femme. Ève est son nom.
    C'est ta femme et c'est ta moitié:
    Tu lui dois fidèle amitié.
    Aime-la bien, et qu'elle t'aime,
    Et je vous aimerai de même.
    Qu'elle soit soumise à ta loi,
    Et soyez-le tous deux à moi.
    De ta côte Ève originaire
    Pour toi n'est pas une étrangère.
    De ton corps je l'ai façonnée:
    De toi, non d'ailleurs, elle est née.
    Gouverne-la donc par raison.
    Vivez tous deux à l'unisson,
    En grand amour et bon ménage;
    Telle est la loi de mariage.

*(*LA FIGURE *se tourne vers* ÈVE*:)*

    Je te parle, Ève, maintenant.
    Garde et tiens mon commandement:
    Si tu fais bien ma volonté,
    Tu conserveras ta bonté.
    Honore en moi ton créateur,
    Et me reconnais pour seigneur.
    A me servir mets, empressée,
    Toute ta force et ta pensée.
    Aime Adam de toute ton âme;
    C'est ton mari, tu es sa femme:
    Montre-toi donc toujours encline
    A vivre sous sa discipline;
    Aime et sers-le de bon courage:[13]
    Car c'est le droit de mariage.
    Si tu l'aides bien, tu peux croire
    Qu'avec lui tu auras ma gloire.

ÈVE. Je ferai, Sire, à ton plaisir,
    Et pour rien ne voudrai faillir.
    Je veux pour seigneur te connaître,
    Et lui pour mon époux et maître.
    Je lui serai toujours fidèle;
    De bons conseils diront mon zèle.

---

4. *posément:* deliberately.
5. "These minute, precise recommendations are an interesting testimony to the importance attached even in the twelfth century to correctness of speech, propriety of gesture, and, in general, to dramatic truth." (Chamard.)
6. All the texts recited by the Reader or sung by the Choir are taken from the prescribed lessons for Matins of Septuagesima Sunday.
7. "In the beginning God created heaven and earth, and in it he made man in his own image and similitude." Genesis 1:1.
8. The Choir symbolizes the spirits of the blest, the host of heaven, the angel choir. It stands directly in front of the church, which symbolizes Heaven.
9. "Therefore the Lord formed man of the dust of the ground, and breathed into his nostrils the breath of life; and man became a living soul." Genesis 2:7.
10. *limon:* clay.
11. *sai = sais.*
12. *non ferai-je = je ne le ferai pas.*
13. *courage = cœur.*

Oui, Seigneur, en tout je ferai
Ton service et ta volonté.

(LA FIGURE appelle ADAM plus près et lui dit
en insistant:)

FIGURE. Écoute, Adam, entends bien mon
sermon.[14]
Je t'ai formé, je vais te faire un don;
Toujours tu peux, si tu tiens ma leçon,
Vivre en santé, ignorant du frisson.[15]
Tu n'auras faim, par besoin ne boiras,
Tu n'auras froid, du chaud ne souffriras.
Dans ton plaisir point ne te lasseras:
Et la douleur, tu ne la connaîtras.
Jamais pour toi la joie n'aura de trêve;
Ta vie sera sans terme, et non pas brève.
Je te le dis, et je le dis pour Ève:
Contre ma loi bien fol est qui se lève!
De cette terre, à vous la seigneurie!
Bêtes, oiseaux, et tous êtres en vie,
Dominez-les, sans souci de l'envie.
Le monde entier soit en votre baillie.[16]
Je vous remets le choix du bien, du mal.
Avoir ce don ne vous lie pas au pal.[17]
Pesez bien tout d'un poids toujours égal,
Et ne prenez que le parti loyal.
Laissez le mal pour vous tenir au bien.
Dans le Seigneur aimez votre soutien.
Pour nul conseil n'abandonnez le mien;
Et, ce faisant, ne pécherez en rien.

ADAM. Oui, je te rends grâces de ta bonté,
Qui, me donnant la vie, a décrété
Que, bien ou mal, j'agisse en liberté.
A te servir je mets ma volonté.
O mon Seigneur, je suis ta créature.
Tu m'as formé, je te dois ma nature.
Ma volonté n'aura souci ni cure
Que te servir toujours d'une âme pure.

(LA FIGURE montre de la main à ADAM le
Paradis, en disant:)

FIGURE. Adam!

ADAM. Seigneur!

FIGURE. Écoute mon avis.
Vois ce jardin.

ADAM. Il a nom?

FIGURE. Paradis.

ADAM. Comme il est beau!

FIGURE. Oui, c'est moi qui le fis.
Qui le tiendra sera de mes amis.
Je te le donne à tenir et garder.

(LA FIGURE les met dans le Paradis,[18] en
disant:)
Qu'il soit à vous!

ADAM. Nous pourrons y rester?

FIGURE. Toujours y vivre et toujours
l'habiter.
Vous n'aurez mal ni mort à redouter.

LE CHŒUR. *Tulit ergo Dominus hominem,
et posuit eum in paradiso voluptatis, ut
operaretur et custodiret illum.*[19]

(LA FIGURE étend la main vers le Paradis, en
disant:)

FIGURE. De ce jardin tu sauras la nature;
Tous les plaisirs, en foule il les procure:
Il n'est nul bien que chaque créature
Ne puisse là trouver à sa mesure.
Femme n'a pas à craindre homme en
fureur,
Homme n'a pas, de femme, honte ou
peur.
Pour engendrer homme n'y est pécheur,
Pour enfanter femme n'y sent douleur.
Dans ce jardin, au si plaisant ombrage,
Toujours vivras, sans jamais changer
d'âge,
Et sans jamais souffrir mort ni
dommage.
Ne sors d'ici, fonde ici ton ménage.

CHŒUR. *Dixit Dominus ad Adam: De
ligno quod est in medio paradisi, ne
comedas: in quacunque die comederis
ex eo, morte morieris. Praecepitque ei
Dominus dicens: Ex omni ligno paradisi*

---

14. Note the change in the verse form. The body of
     the dialogue is in eight-syllable rhymed couplets;
     the more solemn, lyrical passages are in ten-
     syllable quatrains, each with a single rhyme.
     Define the author's artistic purpose.
15. *frisson:* shiver (of cold or fever).
16. *baillie:* control.
17. *pal:* stake (*i.e.,* by having choice of good and evil
     you are not bound by predestination.)

18. The Figure of God descends the church steps
     with Adam and Eve, and leads them to the stairs
     mounting to Paradise. He gestures to them to
     enter Paradise. They do so, while the Figure
     remains below.
19. "And the Lord God took the man, and put him
     into the garden of Eden to dress it and to keep
     it." Genesis 2:15.

comede, de ligno autem scientiae boni et mali ne comedas.[20]

(LA FIGURE *montre à* ADAM *les arbres du Paradis, en disant:*)

FIGURE. Mange ces fruits, tu le peux sans danger.

(*Elle lui montre l'arbre défendu et son fruit, en disant:*)

Celui-là seul te doit être étranger.

Tu sentirais la mort, à le manger:

Mon abandon ferait ton sort changer.

ADAM. Je garderai tout ton commandement;

Ève ni moi n'y faudrons nullement.

Pour un seul fruit perdre tel bien!

Vraiment,

Sois-je en ce cas jeté dehors au vent!

Pour une pomme oublier ta faveur!

Très justement je paierais mon erreur.

On doit juger traître et perdu d'honneur

Qui se parjure et trahit son seigneur.[21]

(LA FIGURE *s'en va vers l'église,* ADAM *et* ÈVE *se promènent, se délectant honnêtement dans le Paradis.*)

Scène II: la séduction

Cependant, les DÉMONS[22] *courent en tous sens à travers la place, faisant les gestes qui conviennent. Tour à tour ils s'approchent du Paradis, montrant à* ÈVE *le fruit défendu, comme pour l'inciter à le manger.*

(*Enfin* LE DIABLE *vient vers* ADAM *et lui parle.*[23])

DIABLE. Eh bien! Adam?

ADAM. Je vis en grand déduit.[24]

DIABLE. Tu es content?

ADAM. Je ne sens nul ennui.

DIABLE. Il se peut mieux.

ADAM. Je ne sais pas comment.

DIABLE. Veux-tu savoir?

ADAM. Je n'y tiens nullement.

DIABLE. Je sais comment, moi.

ADAM. Que m'en chaut?[25]

DIABLE. Vraiment?

ADAM. Pour moi, cela ne vaut.

DIABLE. Cela vaudra.

ADAM. Je ne sais quand.

DIABLE. Je ne dirai rien en courant.

ADAM. Dis-le-moi sur l'heure.[26]

DIABLE. Non pas,

Que[27] d'implorer tu ne sois las.

ADAM. Je n'ai besoin de le savoir.

DIABLE. Oui, tu n'en dois nul bien avoir.[28]

De ton bien tu ne sais jouir.

ADAM. Comment cela?

DIABLE. Tu veux l'ouïr?

Je te le dirai privément.

ADAM. Tu me le diras? sûrement?

DIABLE. Écoute, Adam, écoute-moi…

Pour ton profit!

ADAM. Explique-toi.

DIABLE. Me croiras-tu?

ADAM. Certainement.

DIABLE. En tout point?

ADAM. Sauf un, seulement.

DIABLE. Et lequel?

ADAM. Je te le dirai:

A mon Dieu pas ne manquerai.

DIABLE. Le crains-tu tant?

ADAM. Oui, par ma foi,

Je l'aime et le crains.

DIABLE. Envers toi

Que peut-il faire?

ADAM. Et bien et mal.

DIABLE. Tu es fou de croire, vassal,

Qu'aucun mal te puisse advenir.

Glorieux, tu ne peux mourir.

ADAM. Dieu me l'a dit que je mourrai,

Quand à sa loi je manquerai.

DIABLE. Quel est donc ce grand manquement?

---

20. "And the Lord God said to Adam: 'Of the tree which is in the middle of Paradise thou shalt not eat; for in the day that thou eatest thereof thou shalt surely die.' And the Lord commanded him, saying: 'Of every tree of the garden thou mayest freely eat; but of the tree of the knowledge of good and evil, thou shalt not eat of it.'" Genesis 2:16–17.

21. Notice, here and elsewhere, the statement of feudal principles, which applied to heavenly as well as earthly relationships.

22. The demons were costumed with skins, horns, and tails and wore grotesque masks.

23. The scene of the temptation of Adam is apparently the dramatist's invention. Notice the dramatic rapidity of the whole scene to follow.

24. *déduit:* pleasure.

25. *Que m'en chaut?* What do I care?

26. *sur l'heure:* right away.

27. *Que:* Unless, until.

28. *Oui…avoir:* Yes, you are sure not to get anything out of it (*ironic*).

Je veux l'ouïr incessamment.[29]

ADAM. Je te le dirai franchement.

Il m'a fait un commandement:
De tous les fruits de Paradis
Je puis manger, ce m'a-t-il dit,
Hors d'un seul. Puisqu'il est sacré,
Celui-là, je n'y toucherai.

DIABLE. Lequel est-ce?

(ADAM *lève la main et montre le fruit
défendu.*)

ADAM. Là, le vois-tu?
C'est celui qu'il m'a défendu.

DIABLE. Et sais-tu pourquoi?

ADAM. Certes non.

DIABLE. Je vais t'en dire la raison.
Des autres fruits point ne lui chaut,[30]
(*montrant de la main le fruit défendu*)
Sauf de celui qui pend là-haut:
Car c'est le fruit de sapience,
Qui de tout donne la science.
Si tu le manges, tu feras
Très bien.

ADAM. En quoi?

DIABLE. Tu le verras.
Tes yeux seront de suite ouverts,
L'avenir entier découvert,
Et tu pourras tout accomplir.
Il fait bon pour toi le cueillir.
Mange-le, va, tu feras bien:
De ton Dieu, ne craignant plus rien,
Seras l'égal en toute chose.
Sa défense n'a d'autre cause.
Me croiras-tu? Goûte du fruit!

ADAM. Je n'en ferai rien.

DIABLE. Pauvre esprit!
Tu n'en feras rien?

ADAM. Non.

DIABLE. Le sot!
Il te souviendra de ce mot.
(*LE DIABLE se retire, il rejoint les autres
DÉMONS et circule par la place. Au bout
de quelques instants, il revient tout
joyeux et tout gai, pour tenter ADAM.*)

DIABLE. Eh bien! Adam? as-tu changé?
Es-tu toujours si peu sensé?
Je croyais t'avoir dit que Dieu

T'a donné provende[31] en ce lieu,
T'ayant mis pour manger ce fruit.
As-tu donc un autre déduit?

ADAM. Oui certes, rien ne me défaut.

DIABLE. Ne monteras-tu pas plus haut?
Iras-tu te glorifier
Que Dieu t'ait fait son jardinier?
Dieu t'a fait gardien d'un jardin:
Ne rêves-tu d'autre destin?
Te forma-t-il pour ventre faire?[32]
Un autre honneur voudra t'attraire.
Écoute, Adam, écoute-moi:
Je te conseille en bonne foi.
Tu pourras être sans seigneur,
Être l'égal du Créateur.
Pour te dire le tout en somme,
Si tu manges de cette pomme,
(*Il étend la main vers le Paradis*)
Tu régneras en majesté,
Ayant de Dieu l'autorité.

ADAM. Fuis loin d'ici!

DIABLE. Que dit Adam?

ADAM. Fuis loin d'ici! Tu es Satan,
Un mauvais conseiller!

DIABLE. Comment?

ADAM. Tu veux me livrer au tourment,
Me brouiller avec mon seigneur,
M'ôter la joie pour la douleur.
Je ne te croirai. Loin d'ici!
Ne sois plus jamais tant hardi
Que de revenir devant moi!
Tu es traître, tu es sans foi!
(*Triste et la mine basse, LE DIABLE quitte
ADAM et va jusqu'aux portes de l'Enfer,
où il a un colloque avec les autres
DÉMONS. Ensuite il circule à travers le
peuple. Finalement, il s'approche du
Paradis du côté d'ÈVE, à laquelle il
s'adresse d'un air joyeux et caressant.*)

DIABLE. Ève, je viens ici vers toi.

ÈVE. Et pourquoi, Satan? Dis-le-moi.

DIABLE. Je cherche ton bien, ton honneur.

ÈVE. Dieu le veuille!

DIABLE. Va, n'aie pas peur.
J'ai depuis un long temps appris
Tous les secrets de Paradis:

---

29. *incessamment:* immediately.
30. *Des autres...chaut:* He cares nothing for the other fruits.
31. *provende:* food.
32. *pour ventre faire:* to serve your belly only. (The symbolism of the Tree of Knowledge, the menace of man's curiosity to his happiness, is here clearly brought out.)

Une partie je t'en dirai.

ÈVE. Commence, et je t'écouterai.

DIABLE. Tu m'écouteras, vrai?

ÈVE. Oui bien,
Je ne te fâcherai en rien.

DIABLE. Tu tairas la chose?

ÈVE. Oui, ma foi.

DIABLE. Rien n'en sera su?

ÈVE. Rien par moi.

DIABLE. Je mets en toi ma confiance,
Et je ne veux d'autre assurance.

ÈVE. Tu peux bien croire à ma parole.

DIABLE. Tu as été à bonne école.
J'ai vu Adam: il est bien fou.

ÈVE. Un peu dur.

DIABLE. Il deviendra mou.
Il est plus dur que n'est le fer.

ÈVE. Il est très noble.

DIABLE. Il est très serf.
S'il veut n'avoir cure de soi,
Qu'il prenne au moins souci de toi
Tu es faiblette et tendre chose,
Tu es plus fraîche que la rose,
Tu es plus blanche que cristal
Ou que neige sur glace en val.
Couple mal assorti,[33] pour sûr:
Tu es trop tendre et lui trop dur;
Et néanmoins tu es plus sage,
Et plein de sens est ton courage.[34]
Il fait bon s'en venir à toi.
Je veux te parler.[35]

ÈVE. Parle-moi.

DIABLE. Que nul ne sache…

ÈVE. Qui saurait?

DIABLE. Pas même Adam.

ÈVE. Eh! non, de vrai.

DIABLE. Je vais m'ouvrir à toi, d'autant
Qu'il n'y a que nous deux: Adam,
Là, n'entend pas notre entretien.

ÈVE. Parle haut, il n'en saura rien.

DIABLE. Je vous préviens d'un grand
engin[36]
Qui vous est fait en ce jardin.
Le fruit que Dieu vous a donné
N'a guères[37] en soi de bonté;

Celui qu'il vous a défendu
Possède en soi grande vertu:
Par lui—qui est source de vie,
De puissance, de seigneurie—
Bien et mal, on sait tout de reste.[38]

ÈVE. Quelle saveur a-t-il?

DIABLE. Céleste.
A ton beau corps, à ta figure,
Conviendrait bien cette aventure,
De voir l'avenir sans mystère,
Et d'être toujours de la terre,
Du ciel et de l'enfer la reine,
De tout maîtresse souveraine.

ÈVE. Le fruit est-il donc tel?

DIABLE. Oui bien.

(ÈVE *regarde attentivement le fruit
défendu, et, l'ayant regardé longtemps,
elle dit:*)

ÈVE. Rien que sa vue me fait du bien.

DIABLE. Si tu le manges, que sera-ce?

ÈVE. Qu'en sais-je?

DIABLE. Ève, crois-moi, de grâce,
Prends-le, puis à Adam le donne.
Du ciel vous aurez la couronne,
Et lors, au Créateur pareils,
Vous saurez tout de ses conseils.
Dès que du fruit aurez mangé,
Tôt vous sera le cœur changé;
Vous serez sans faute en ce lieu
Aussi bons et puissants que Dieu.
Goûte du fruit!

ÈVE. J'ai bien envie.

DIABLE. En Adam, surtout, ne te fie!

ÈVE. J'en goûterai.

DIABLE. Quand?

ÈVE. Aussitôt
Qu'Adam aura pris son repos.

DIABLE. Mange-le donc en assurance:
Tarder encor serait enfance.

(LE DIABLE *s'éloigne d'*ÈVE *et retourne en
Enfer.* ADAM *vient vers* ÈVE, *mécontent
d'avoir vu* LE DIABLE *lui parler.*)

ADAM. Dis-moi, femme, que désirait
Satan? qu'est-ce qu'il te voulait?

ÈVE. Il m'a parlé de notre honneur.

---

33. *mal assorti:* ill-matched.
34. *courage = cœur.*
35. Read this speech of the Devil's aloud, giving to it the utmost of sympathetic cajolery.
36. *engin:* trick.
37. *guères = guère.*
38. *de reste:* and to spare.

ADAM. Ne va croire ce
    suborneur!
    Car c'est un traître.
ÈVE. Je le sai.
ADAM. Toi? comment?
ÈVE. J'en ai fait l'essai.
    Qu'importe donc que je le
    voie?
ADAM. Il te fera changer de
    voie.
ÈVE. Non pas, je ne croirai en
    lui
    Sans bonnes preuves à
    l'appui.
ADAM. Ne souffre plus qu'il
    vienne à toi,
    Car il est de mauvaise foi.
    Il voulut, traître à son
    seigneur,
    S'asseoir à la table
    d'honneur.
    Je ne veux qu'un tel
    misérable
    Te trouve jamais abordable.[39]

Adam, Eve, and Satan in the Garden of Eden. Courtesy of Bibliothèque nationale de France.

    (*Un serpent machiné avec art*[40] *monte le long du tronc de l'arbre défendu.* ÈVE *approche de lui l'oreille, comme pour écouter son conseil. Puis elle prend la pomme et la tend à* ADAM; *mais lui ne la prend pas encore.*)
ÈVE. Mange, tu ne sais ce que c'est:
    Prenons ce bien qui nous est prêt.
ADAM. Est-il si bon?
ÈVE. Tu le sauras;
    Mais non, si tu n'y goûtes pas.
ADAM. J'ai peur. Je ne le ferai point.
ÈVE. Peux-tu bien trembler à ce point!
ADAM. Je le prendrai donc.
ÈVE. Mange, tien:[41]
    Tu sauras le mal et le bien.
    J'en mangerai d'abord.
ADAM. Et moi
    Après.
ÈVE. Tu le peux sans émoi.
    (*Elle mange une partie de la pomme et dit à* ADAM:)

    J'en ai goûté. Quelle saveur!
    Onc ne sentis telle douceur,
    Tant de saveur a cette pomme!
ADAM. Qu'est-ce?
ÈVE. Un plaisir inconnu d'homme.
    Mes yeux voient si clair maintenant,
    Que je ressemble au Tout-Puissant.
    Je sais ce qui fut et doit être,
    Et de tout, mon esprit est maître.
    Allons, Adam, ne tarde pas;
    Prends, tu t'en féliciteras.
    (ADAM *prend la pomme de la main* D'ÈVE *en disant:*)
ADAM. Je t'en croirai, tu es ma femme.
ÈVE. Tu n'as rien à craindre en ton âme,
    Mange.
    (ADAM *mange en partie la pomme et, l'ayant mangée, il connaît aussitôt son péché. Il se baisse, de façon à n'être pas vu du peuple, et dépouille*[42] *ses habits de fête pour revêtir de pauvres vêtements cousus de feuilles de figuier. Puis, simulant la plus grande douleur, il*

---

39. *abordable:* approachable.
40. Notice this indication of medieval mechanical ingenuity.
41. *tien = tiens.*
42. *dépouille:* takes off. (Presumably Eve changes her clothes at the same time.)

commence sa lamentation:)

ADAM. Hélas! pécheur, qu'ai-je fait?
Je suis mort pour avoir forfait.[43]
Sans nul remède je suis mort,
Tant je suis déchu de mon sort!
Comme a changé ma destinée,
Naguère encor si fortunée!
Une femme au conseil menteur
M'a fait trahir mon créateur.
Las! hélas! pécheur, que ferai-je?
Mon seigneur, comment l'attendrai-je?
Comment attendre mon seigneur,
Que j'ai trahi par folle erreur?
Onc ne fis si mauvais marché:
Je sais ce que c'est que péché.
O mort, pourquoi me laisser vivre?
Ah! que l'univers se délivre
De moi, qui souille l'univers!
Il me faut sombrer[44] en Enfer.
En Enfer sera ma demeure,
Tant que d'un sauveur vienne l'heure.[45]
En Enfer couleront mes jours.
Là, d'où me viendra le secours?
Là, d'où me viendra l'assistance?
Qui me tirera de souffrance?
Vers mon seigneur j'ai mal agi:
Je ne dois plus avoir d'ami,
Personne qui me vienne en aide.
Oui, je suis perdu sans remède.
Vers mon seigneur j'ai tant méfait,
Que je ne puis entrer en plaid[46]
Avec lui. J'ai tort, il a droit.
O Dieu! je suis maudit! De moi
Qui désormais aura mémoire?
Car j'ai méfait au Roi de gloire;
Au Roi du ciel j'ai tant méfait,
Que sans excuse est mon forfait.
Je n'ai pas d'ami, de voisin,

Qui me soustraie à mon destin.
Qui[47] prier de me soutenir,
Quand ma femme m'a pu trahir,
Que Dieu me donna pour moitié?
Elle m'a si mal conseillé!
Ah! Ève!
(*Il regarde* ÈVE, *sa femme, et dit:*)
Ève! femme insensée,
De moi si funestement née!
Que n'a-t-elle brûlé, la côte
Qui m'a fait commettre ma faute!
Pourquoi le feu n'a-t-il détruit
Celle qui me vaut tant d'ennui?
Lorsque Dieu me la vint ravir,
Pourquoi ne m'a-t-il fait périr?
La côte a trahi tout le corps,
N'ayant eu vers lui que des torts.
Je ne sais que dire et que faire.
Sans grâce du ciel qui m'éclaire,
Je ne puis sortir de détresse,
Tant est grand le mal qui m'oppresse!
Ah! Ève! Quel fut mon malheur,
Comme il me vint de la douleur,
Le jour qui te fit mon égale!
Par ton conseil tu fus fatale.
Par ton conseil je suis, hélas!
Tombé des hauteurs au plus bas.
Je n'en serai par nul tiré
Que par le Dieu de majesté.
Mais, las! pourquoi l'ai-je nommé?
Lui, m'aider? Je l'ai courroucé.
Je n'ai plus d'espoir, en ma vie,
Qu'au Fils qui naîtra de Marie.
Nul autre ne peut rien pour moi,
Puisque à Dieu j'ai manqué de foi.
Qu'il soit fait selon son plaisir!
Il ne me reste qu'à mourir.

Drama's Fall and Rebirth

Following the success of the Church comedies such as the *Jeu d'Adam* in the late twelfth century, French and other European theater nearly disappeared. Only six French plays are known to survive from the thirteenth century. And the fourteenth century was nearly as devoid of theater. No one is certain of the reason. But this era of diminished theater coincided exactly with a great Medieval cold era. Cathedrals cracked and plagues became rampant, in part from this climate change, and the agricultural society of the time became increasingly impoverished from crop failures. There was, in general, a lack of funds with which to finance theater. Moreover, this climatic period was the rainiest time ever to occur in Europe until the nineteenth century. Incessant rains presumably made outdoor theatricals difficult to perform with any regularity; and indoor theater, before adequate lighting technology existed, was about as unpopular as indoor baseball is today.

Then, after two centuries of theatrical doldrums, in the early 1400s (coinciding with a sharp new global warming), outdoor theater returned. Bumper crops year after year meant surplus money for dramatics and festivals; funding quickly flowed anew from both clerical and municipal sources. Religious plays were again performed regularly at church portals. Secular plays were staged in marketplaces and public squares, often atop wagons, and sometimes in the courtyards of inns.

Theater's New Genres

Throughout the fifteenth century we find seven types of drama flourishing in France: Miracle Plays, Mystery Plays, Passion Plays, Morality Plays, the *Pas d'Armes*, the *soties*, and the farces.

The liturgical drama had a great revival with the appearance of the *miracles*, or Miracle Plays; approximately forty of these early fifteenth century *miracles* survive in manuscript form. Saints' lives and pious legends provided the subject matter for the *miracles*, edifying playlets displaying the mercy of heaven toward sinners. Miracle plays popularized many a saint's remarkable abilities, including, in some cases, healing incurable ailments or flying like an angel during moments of religious ecstasy.

The most striking development of the liturgical drama was the *mystère*, the representation of a whole cycle of Biblical stories. By the fifteenth century the *mystère* became a gigantic affair, a great community enterprise. One of them, the *Actes des Apôtres*, took forty days for a single performance, and employed 500 actors, all of them amateurs, of course. The vast stage contained as many as twelve *mansions*, or sections, with Paradise overtopping the others, with Hell's mouth represented by a monster's flame-spouting maw. The stage machinery was remarkably developed, capable of producing meteors, phantasms, and other illusions. The devils fired real cannon at their enemies, and there are records of their careless annihilation of real spectators.

The excesses of these devils, the realistic grossness of their language, and perhaps the criticisms of Protestant reformers brought about the abolition of the *mystères* in France in the mid-sixteenth century. But at Oberammergau and Tegelen their German and Dutch counterparts have survived. Oberammergau's Passion Play, begun in the seventeenth century, is still performed every ten years. Such *passions* were already an annual event in Paris as early as the fourteenth century. Technically a type of *mystère*, the *passion* relates the story of the suffering, crucifixion, and resurrection of Jesus Christ. In 2004, a filmed passion became among the highest grossing movie of the year, proving the continued popularity of the genre.

The *moralités*, or Morality Plays, are allegorical and didactic stories designed to improve public ethics. Although these plays were secularly produced, they exhibited a strong churchly influence.

The *soties*, broad political and social satires, were produced by clubs centering in the law courts.

The *farces* are humorous plays generally performed with broad physicality. Farces tend to arise from the universal desire of people to mitigate their own troubles by laughing at the worse troubles of others. Few that remain from these early times have much literary merit beyond a rude verve and gaiety. Their humor is often cruel and ugly. The clever and unscrupulous put the simple and stupid to rout, usually with a shower of blows. But the stupid spectator identifies himself with the clever protagonist and thus enjoys a brief vicarious sense of superiority, within which is found the sadistic jolt of pleasure central to virtually all humor.

The two best known French farces of the fifteenth century are *La Farce du cuvier* and *La Farce de Maître Pathelin*. As you will see from reading them, the form of the farce has remained essentially unchanged, though softened and purified, right up to our times. The medieval structure may still be perceived today in most television situation comedies.

LA FARCE DU CUVIER[1]

[Abridged]

[*This little farce dates from the fifteenth century; its author is unknown. The plot is of the simplest. The characters are types: husband, wife, mother-in-law. They have hardly any individuality; they are formalized according to an already established tradition. The spectators recognized them and knew just what to expect, as we recognize them in a comic strip. But they amuse us still by the novelty of their misadventures, just as comic strips amuse us.*

The playlet was rediscovered by Gassies des Brulies in 1888. Since then it has been very often produced, with great success, for it possesses the essential qualities of true humor. On the stage, it should be played in an exaggerated, stylized manner, with the free introduction of broadly comic stage business. In reading it, you should endeavour to picture the action in the same manner.

Our translation, by Gassies des Brulies, keeps the eight-syllable rhymed verse of the original.]

PERSONNAGES

JAQUINOT, le mari
JEANNETTE, la femme
JAQUETTE, la belle-mère

SCÈNE PREMIÈRE: JAQUINOT, SEUL

JAQUINOT. Le diable me conseilla bien,
　Le jour où, ne pensant à rien,
　Je me mêlai de mariage!
　Depuis que je suis en ménage,
　Ce n'est que tempête et souci.
　Ma femme là, sa mère ici,
　Comme des démons, me tracassent; [2]
　Et moi, pendant qu'elles jacassent, [3]

Je n'ai repos ni loisir,
Pas de bonheur, pas de plaisir!
On me bouscule, et l'on martelle[4]
De cent coups ma pauvre cervelle!
Quand ma femme va s'amender,
Sa mère commence à gronder.
L'une maudit, l'autre tempête!
Jour ouvrier[5] ou jour de fête,
Je n'ai pas d'autre passe-temps
Que ces cris de tous les instants.
Parbleu![6] Cette existence est dure!
Voilà trop longtemps qu'elle dure!
Si je m'y mets, j'aurai raison!
Je serai maître en ma maison.

---

1. *cuvier:* vat, large washtub.
2. *tracassent:* pester.
3. *jacassent:* chatter.
4. *martelle:* hammer.
5. *Jour ouvrier:* Working day.

6. *Parbleu!* is a euphemism for "Par Dieu!" It was employed because swearing was not allowed in plays. Similarly, "Sacré Bleu!" is stage French for "Sacré Dieu!"

SCÈNE II: JAQUINOT,
JEANNETTE, *PUIS* JAQUETTE

JEANNETTE (*entrant*). Quoi! Vous
  restez à ne rien faire!
  Vous feriez bien mieux de vous
  taire
  Et de vous occuper…
JAQUINOT. De quoi?
JEANNETTE. La demande est
  bonne, ma foi!
  De quoi devez-vous avoir
  cure?[7]
  Vous laissez tout à l'aventure! [8]
  Qui doit soigner votre maison?
JAQUETTE (*entrant à son tour*).
  Sachez que ma fille a raison!
  Vous devez l'écouter, pauvre
  âme!
  Il faut obéir à sa femme:
  C'est le devoir des bons maris.
  Peut-être on vous verrait
  surpris
  Si, quelque jour, comme
  réplique,
  Elle se servait d'une trique! [9]
  Et pourtant n'est-ce pas son droit?
JAQUINOT. Me donner du bâton, à moi!
  Vous me prenez pour un autre homme.
JAQUETTE. Et pourquoi non? Veut-elle en
  somme
  Autre chose que votre bien?
  Vous ne la comprenez en rien!
  Ne le dit-on pas? Qui bien aime
  Pour le prouver frappe de même.
JAQUINOT. Il vaut mieux me le prouver
  moins;
  Je vous fais grâce de ces soins, [10]
  Entendez-vous, ma bonne dame?
JEANNETTE. Il faut faire au gré[11] de sa
  femme,
  Jaquinot, ne l'oubliez pas!
JAQUETTE. En aurez-vous moindre repas,
  Et sera-ce une peine grande
  D'obéir quand elle commande?

Medieval washtub. Courtesy of Bibliothèque nationale de France.

JAQUINOT. Oui! Mais elle commande tant,
  Que, pour qu'elle ait le cœur content,
  Je ne sais, ma foi, comment faire!
JAQUETTE. Eh bien, si vous voulez lui plaire,
  Afin de vous en souvenir,
  Un registre il faudra tenir,
  Où vous mettrez à chaque feuille
  Tous ses ordres, quoi qu'elle veuille!
JAQUINOT. Pour avoir la paix, j'y consens,
  Vous êtes femme de bon sens,
  Maman Jaquette, et, somme toute,
  Vous pouvez me dicter: j'écoute.
JEANNETTE. Allez quérir un parchemin[12]
  Et de votre plus belle main
  Vous écrirez, qu'on puisse lire.
  (JAQUINOT *va prendre sur la cheminée[13]*
  un rouleau de parchemin, un encrier
  et une grande plume d'oie.[14] Il dispose
  le tout sur la table, et s'assied sur
  l'escabeau.[15])

---

7. *avoir cure:* concern yourself.
8. *à l'aventure:* at random.
9. *trique:* club.
10. *fais grâce de:* spare.
11. *gré:* pleasure.

12. *parchemin:* parchment.
13. *cheminée:* chimney piece, mantle.
14. *plume d'oie:* goose quill.
15. *escabeau:* stool.

JAQUINOT. Me voici prêt. Je vais écrire.

JEANNETTE. Mettez que vous m'obéirez
  Toujours, et que toujours ferez
  Ce que je vous dirai de faire!

JAQUINOT (*se levant et jetant sa plume*).
  Mais non! Mais non! Dame très chère!
  Je n'agirai que par raison!

JEANNETTE. Quoi! C'est encore même
  chanson?
  Déjà vous voulez contredire?

JAQUINOT. (*se rasseyant*). Mais non! Mais
  non!
  Je vais écrire.

JEANNETTE. Écrivez donc et taisez-vous.

JAQUINOT (*ramassant sa plume*). Parbleu! Je
  suis un bon époux.

JEANNETTE. Taisez-vous!

JAQUINOT. Dût-on vous déplaire,
  Si je veux, je prétends[16] me taire,
  Madame, et je me tais. Dictez.

JEANNETTE. En première clause, mettez
  Qu'il faut chaque jour, à l'aurore,
  Vous lever le premier…
  (JAQUINOT *fait mine de n'y pas consentir.*)
  Encore!…
  Qu'ensuite il faut préparer tout,
  Faire le feu, voir si l'eau bout…
  Bref, qu'au lever, avec courage,
  Pour tous les deux ferez l'ouvrage.
  Vous cuirez le premier repas.

JAQUINOT. (*se levant et jetant sa plume*).
  Oui-dà![17]
  Mais je n'y consens pas!
  A cet article je m'oppose!
  Faire le feu? Pour quelle cause?

JEANNETTE. (*tranquillement*). Pour tenir ma
  chemise au chaud.
  Entendez-vous bien? Il le faut.

JAQUINOT. (*se rasseyant et ramassant sa
  plume, se met à écrire avec ardeur*).
  Puisqu'il faut faire à votre guise,
  Je ferai chauffer la chemise!
  (*Il continue à écrire, et s'arrête tout à
  coup.*)

JAQUETTE. Écrivez donc! Qu'attendez-vous?

JEANNETTE. Vous allez me mettre en
  courroux!
  Vous êtes aussi vif qu'un cancre.[18]

JAQUINOT. Attendez donc! Je n'ai plus
  d'encre!
  J'en suis encore au premier mot.

JEANNETTE. Vous bercerez notre marmot,[19]
  Lorsque la nuit il se réveille,
  Et vous attendrez qu'il sommeille
  Avant de retourner au lit.
  [*Les deux femmes dictent à* JAQUINOT
  *une longue liste de devoirs humiliants,
  qu'il doit écrire en protestant. Il signe
  finalement le parchemin.*]

JAQUINOT. Désormais, aujourd'hui, demain,
  Je n'obéis qu'au parchemin.
  C'est convenu, j'en ai pris acte, [20]
  Et j'ai dûment signé le pacte.

JEANNETTE. Oui, c'est convenu, Jaquinot.

JAQUINOT. Songez que je vous prends au
  mot.

JAQUETTE. C'est bien, je puis partir
  tranquille.

JEANNETTE. Adieu, ma mère!

JAQUETTE. Adieu, ma fille!
  (*Elle sort.*)

Scène III: Jaquinot et Jeannette

JEANNETTE. (*s'approchant du cuvier qui
  est dressé à droite du théâtre[21]*). Allons,
  Jaquinot, aidez-moi!

JAQUINOT. Mais voulez-vous me dire à
  quoi?

JEANNETTE. A mettre le linge à la cuve[22]
  Où j'ai versé l'eau de l'étuve. [23]

JAQUINOT. (*déroulant son parchemin et
  cherchant attentivement*). Ce n'est pas
  sur mon parchemin.

JEANNETTE. Déjà vous quittez le chemin,
  Avant de connaître la route.
  (JAQUINOT *cherche toujours sur son
  parchemin.*)
  Dépêchez-vous! Le linge égoutte;[24]

---

16. *pretends:* assert, allege.
17. *Oui-dà!* Yes, indeed!
18. *cancre:* crab.
19. *bercerez notre marmot:* will rock our baby.
20. *pris acte:* taken formal notice.

21. *théâtre:* stage.
22. *cuve:* washtub.
23. *étuve:* boiler.
24. *égoutte:* is dripping.

Il faut le tordre!²⁵…Et vivement!
Cherchez dans le commencement;
C'est écrit: « Couler la lessive²⁶…»
Voulez-vous que je vous l'écrive
A coups de bâton sur le dos?

JAQUINOT. Non, si c'est écrit, tout dispos,
Je vais me mettre, sans vergogne,
A vous aider à la besogne.
C'est parbleu vrai que c'est écrit!
N'en ayez pas le cœur aigri! ²⁷
Puisque c'est dit en toute lettre,
Attendez-moi, je vais m'y mettre.
J'obéis…Vous avez dit vrai!
Une autre fois j'y penserai.
(*Ils montent chacun sur un escabeau de
chaque côté du cuvier.* JEANNETTE. *tend
à* JAQUINOT. *le bout d'un drap tandis
qu'elle tient l'autre.*)

JEANNETTE. Tirez de toute votre force!

JAQUINOT. (*tirant*). Je me donnerai quelque
entorse!²⁸
Ma foi! Ce métier me déplaît.
Je veux charger quelque valet
De vous aider dans le ménage.

JEANNETTE. (*impatientée*). Tirez donc, ou
sur le visage
Je vous lance le tout, vraiment!
(*Elle lui lance le linge à la figure.*)

JAQUINOT. Vous gâtez tout mon vêtement!
Je suis mouillé comme un caniche.²⁹
Et vous en trouvez-vous plus riche,
De m'avoir ainsi maltraité?

JEANNETTE. Allons! Prenez votre côté.
Faut-il donc que toujours il grogne!
Ferez-vous pas votre besogne?
(JAQUINOT *tire brusquement le drap et
fait perdre l'équilibre à* JEANNETTE, *qui
tombe dans le cuvier.*)

JEANNETTE (*en disparaissant dans la cuve*).
La peste soit du maladroit!
(*Elle sort la tête.*)
Seigneur, ayez pitié de moi!
Je me meurs! Je vais rendre l'âme!
Ayez pitié de votre femme,

Jaquinot, qui vous aima tant!
Elle va périr à l'instant,
Si vous ne lui venez en aide!
Je sens mon corps déjà tout raide!
Donnez-moi vite votre main.

JAQUINOT. (*après un moment*).
Ce n'est pas sur mon parchemin.

JEANNETTE (*sortant la tête*).
Las! ³⁰ Voyez quelle est ma détresse!
Le linge m'étouffe et m'oppresse!
Je meurs! Vite! Ne tardez pas!
Pour Dieu, tirez-moi de ce pas!

JAQUINOT (*chantant*). Allons, la commère,³¹
Remplis donc ton verre!
Il faut boire un coup!

JEANNETTE. Jaquinot, j'en ai jusqu'au cou!
Sauvez-moi, de grâce, la vie.
Retirez-moi, je vous en prie!
Jaquinot, tendez-moi la main.

JAQUINOT. Ce n'est pas sur mon parchemin.

JEANNETTE. Hélas! la mort me viendra
prendre
Avant qu'il ait voulu m'entendre!

JAQUINOT (*lisant son parchemin*). « De bon
matin préparer tout,
Faire le feu, voir si l'eau bout!… »

JEANNETTE. Le sang dans mes veines se
glace!

JAQUINOT. « Ranger les objets à leur place,
Aller, venir, trotter, courir… »

JEANNETTE. Je suis sur le point de mourir,
Tendez-moi de grâce, une perche. ³²

JAQUINOT J'ai beau relire, en vain je
cherche…
« Ranger, ³³ laver, sécher, fourbir³⁴… »

JEANNETTE. Songez donc à me secourir.

JAQUINOT. « Préparer pour le four³⁵ la pâte,³⁶
Cuire le pain, aller en hâte
Relever le linge étendu,
S'il pleut… »

JEANNETTE. M'avez-vous entendu?
Jaquinot, je vais rendre l'âme.

JAQUINOT. « Chauffer le linge de ma
femme… »

---

25. *tordre:* wring.
26. *couler la lessive:* Do the washing.
27. *aigri:* embittered.
28. *entorse:* sprain.
29. *caniche:* poodle.
30. *Las!* Alas!

31. *commère:* gossip, crony.
32. *perche:* pole.
33. *Ranger:* Arrange, put away.
34. *four-bir:* polish.
35. *four:* oven.
36. *pâte:* dough.

JEANNETTE. Songez que le baquet[37] est
plein!

JAQUINOT. « Mener la mouture[38] au moulin,
Donner à boire à la bourrique[39]… »

JEANNETTE. Je suis prise d'une colique
Qui m'achève…venez un peu!

JAQUINOT. « Et puis mettre le pot au feu… »

JEANNETTE. Appelez ma mère Jaquette!

JAQUINOT. « Tenir la maison propre et nette,
Laver, sans prendre de repos.
Les écuelles,[40] les plats, les pots! »

JEANNETTE. Si vous ne voulez pas le faire,
De grâce, allez chercher ma mère.
Qui pourra me tendre la main.

JAQUINOT. Ce n'est pas sur mon parchemin!

JEANNETTE. Eh bien, il fallait donc le
mettre!

JAQUINOT. J'ai tout écrit lettre pour lettre.

JEANNETTE. Retirez-moi, mon doux ami!

JAQUINOT. Moi, ton ami…Ton ennemi!
M'as-tu ménagé[41] la besogne
De ton vivant?—Va, sans vergogne,
Je vais te laisser trépasser.[42]
Inutile de te lasser,
Ma chère, en criant de la sorte.
(On entend frapper au dehors.)
Ah! Voici qu'on frappe à la porte!

JAQUETTE (entrant). Retirez-la! Dépêchez-
vous!

JAQUINOT. Oui, si vous voulez me promettre
Que chez moi je serai le maître.

JEANNETTE. Je vous le promets de bon
cœur!

JAQUINOT. Oui! Mais peut-être est-ce la peur
Qui vous rend d'humeur si facile!

JEANNETTE. Non! Je vous laisserai tranquille,
Sans jamais rien vous commander!
Toujours je saurai m'amender
Et me taire, j'en fais promesse!

JAQUINOT. Faut-il, ma femme, que je dresse
Une liste, ainsi que pour moi
Vous avez fait?

JEANNETTE. Non, sur ma foi
Reposez-vous-en, mon doux maître!

JAQUINOT. Enfin! Vous voulez reconnaître
Mon droit, madame, c'est fort bien!

JEANNETTE. Alors retirez-moi!

JAQUINOT. Le chien
Eût été plus heureux, madame,
Que votre mari!

JEANNETTE. Je rends l'âme!
Songez qu'au fond de ce baquet…

JAQUINOT. Voyons! Était-ce bien coquet[43]
De me donner tant de besogne?
N'en avais-tu pas de vergogne?

JEANNETTE. Hélas! Je demande pardon!
Mon mari, vous avez raison!
Je ferai toujours le ménage
Avec ardeur, avec courage.

JAQUINOT. C'est fort bien! Je vous prends
au mot.
Vous bercerez notre marmot?

JEANNETTE. Oui! Tirez-moi!

JAQUINOT. Ferez la pâte?
Cuirez le pain, en toute hâte?

JEANNETTE. De grâce! Je vous le promets!
C'est bien! Je serai désormais
De votre avis en toute chose,
Pourvu que ne soit plus en cause
Le parchemin que vous savez!
Brûlez-le, puisque vous l'avez!

JAQUINOT. Il ne faudra plus que j'écrive?
Je ne ferai plus la lessive?

JEANNETTE. Non, mon ami; ma mère et moi
Ne vous mettrons plus en émoi.

JAQUINOT. Vous ferez chauffer ma chemise?

JEANNETTE. Je ferai tout à votre guise!
Mais retirez-moi de ce pas![44]

JAQUINOT. Vous ne me contrarierez pas?

JEANNETTE. Je veux être votre servante!

JAQUINOT. Cette soumission m'enchante:
Vous ne m'avez jamais plu tant!
Et je vous retire à l'instant.
(Il retire sa femme du cuvier.)

TOUS TROIS (au public). Bonsoir, toute la
compagnie,
Notre comédie est finie.

---

37. *baquet:* vat.
38. *mouture:* wheat for grinding.
39. *bourrique:* donkey.
40. *écuelles:* bowls.
41. *ménagé:* spared.
42. *trépasser:* die.
43. *coquet:* nice.
44. *de ce pas:* immediately.

LA FARCE DE MAÎTRE PATHELIN

[This is the masterpiece of the medieval comic theater in France. It may be dated between 1460 and 1470; its authorship is uncertain. It is written in eight-syllable rhymed verse; our modernization, by Professor Pierre-François Giroud of Smith College, keeps the eight-syllable line but dispenses with rhyme.[1]

You will notice the artistic superiority of Pathelin *to the* Farce du cuvier. *In* Pathelin, *the characters are not mere traditional types; each is an individual, clearly conceived by the author, built up from his observation of human behavior. The theme is farcical, of course, but it is novel and unconventional, leading up to a surprise ending, which is even moral. The settings, in recognizable backgrounds of a medieval town, are entirely realistic. Remark also that this is a fully developed three-act play.* Pathelin *marks a step in the development of the comic theater from farce to comedy.*

Pathelin *is frequently produced today, and it is always good for a laugh. Such vitality is proof enough that the author created according to timeless principles of comedy.*

In reading the play, you should picture a permanent stage-setting, with the tailor's shop at one side, and Pathelin's house, with the bed visible through wide-open windows, at the other. Street scenes and the court scene take place in the middle, with the forward part of the stage in use.]

Actor J.-F.-P. Berthelier as Pathelin. Couresy of Bibliothèque nationale de France.

PERSONNAGES

MAÎTRE[2] PATHELIN, avocat
GUILLAUME JOSSEAUME, drapier[3]
THIBAUT L'AGNELET,[4] berger
GUILLEMETTE, femme de Pathelin
LE JUGE

ACTE PREMIER

SCÈNE PREMIÈRE: *CHEZ* PATHELIN

PATHELIN. Sainte Vierge! Ma Guillemette,
Quelque peine que je me donne
Pour chiper[5] ou gagner de l'or,
Nous ne pouvons rien amasser.
Et je plaidais si bien[6] jadis.
GUILLEMETTE. Par Notre-Dame, parlons-en,

---

1. This adaptation into modern French by Pierre-François Giroud was originally published by Harcourt in 1943.
2. *Maître:* Title given to lawyers.

3. *drapier:* cloth merchant.
4. *Agnelet:* i.e., lambkin.
5. *chiper:* lift, steal.
6. *Et je...bien:* I had such a good law practice.

De vos sornettes[7] d'avocat.
On ne vous croit plus si habile
Comme on le faisait autrefois,
Alors que chacun vous voulait
Avoir pour gagner sa querelle.
Maintenant chacun vous appelle:
L'avocat qui attend sous l'orme.[8]

PATHELIN. Pourtant je peux dire, sans me
Vanter qu'il n'est pas au pays
Où siège[9] notre tribunal
Homme plus savant, sauf le maire.

GUILLEMETTE. C'est qu'il a appris la
grammaire
Et longtemps fréquenté l'école.

PATHELIN. De qui ne puis-je faire perdre
La cause, si je veux m'y mettre?
Et je n'ai guère ouvert les livres
Qu'un peu; mais j'ose me vanter
Que je sais aussi bien chanter
Au lutrin[10] que notre curé,
Comme si j'avais étudié
Autant que notre Charlemagne.

GUILLEMETTE. Y gagnez-vous un rouge
liard?[11]
Nous allons mourir de famine.
Nos vêtements sont plus râpés[12]
Qu'étamine;[13] et puis-je savoir
Comment nous en procurer d'autres?
Ah! que nous vaut donc votre science?

PATHELIN. Taisez-vous. Je vous prends au
mot.
Si je veux me creuser l'esprit,[14]
Je saurai bien où en trouver,
Des robes et des chaperons.[15]
Dieu le veuille, on s'en tirera,
La fortune nous reviendra.
Certes, elle travaille vite.
S'il faut qu'en cela je m'applique
A bien user de mes talents,
Qui saura trouver mon pareil?

GUILLEMETTE. Par saint Jacques, oui, pour
tromper
Vous êtes un maître achevé.

PATHELIN. Par le bon Dieu qui me fit naître,
Comme avocat, je suis un maître.

GUILLEMETTE. Oui certes, maître en
tromperie;
C'est du moins ce qu'on dit partout.

PATHELIN. Il faudrait le dire de ceux
Qui s'en vont richement vêtus
Et prétendent être avocats,
Ce que vraiment ils ne sont pas.
Mais finissons ce bavardage.
Je m'en veux aller à la foire.

GUILLEMETTE. A la foire?

PATHELIN. Par saint Jean, oui.
(*Il chante.*)
« A la foire, douce acheteuse. »
(*Il parle.*)
Vous déplaît-il que j'y marchande[16]
Du drap ou bien quelque autre chose
Utile pour notre ménage?
Nous n'avons habit qui rien vaille.

GUILLEMETTE. Mais vous n'avez ni sou ni
maille.[17]
Qu'y ferez-vous?

PATHELIN. C'est mon secret.
Belle dame, si je n'apporte
Assez de drap pour vous et moi,
Alors, traitez-moi de[18] menteur.
Quelle couleur préférez-vous?
Le gris-vert, le drap de Bruxelles?
Ou bien? Il faut que je le sache.

GUILLEMETTE. Apportez ce que vous
pourrez.
Un emprunteur ne choisit pas.

PATHELIN (*comptant sur ses doigts*). Pour
vous, deux aunes[19] et demie,
Et pour moi, trois et même quatre.
C'est ça.

GUILLEMETTE. Vous comptez largement.
Qui diable vous les prêtera?

PATHELIN. Qui? Ne vous en souciez pas.
On me les prêtera vraiment
A rendre au jour du jugement.
Car ce ne sera pas plus tôt.

---

7. *sornettes:* nonsense.
8. *attend sous l'orme:* waits under the elm (*i.e.,*
    without clients).
9. *siège:* sits.
10. *lutrin:* lectern.
11. *rouge liard:* red cent.
12. *râpés:* threadbare.
13. *étamine:* cheesecloth.
14. *me creuser l'esprit:* rack my brains.
15. *chaperons:* hoods.
16. *marchande:* haggle.
17. *ni sou ni maille:* not a penny.
18. *traitez-moi de:* call me.
19. *aunes:* ells (old measure, 3 feet 11 inches).

GUILLEMETTE. Alors, mon ami, nous verrons
  Bien des gens vêtus avant nous.

PATHELIN. J'achèterai ou gris ou vert,
  Et pour un blanchet,[20] Guillemette,
  Il me faut trois quarts de brunette[21]
  Ou une aune.

GUILLEMETTE. Dieu me protège!
  Allez, n'oubliez pas de boire
  Si vous trouvez Martin Garant.[22]

PATHELIN. Soyez de garde.[23]

  (*Il sort.*)

GUILLEMETTE (*seule*). Dieu, quel homme!…

ACTE I<small>ER</small>, SCÈNE I<small>ÈRE</small>.

SCÈNE II: *A L'ÉTAL*[24] *DU* DRAPIER

PATHELIN (*devant l'étal, se parlant à lui-
  même*).
  N'est-ce pas lui? Assurons-nous.
  Oui, c'est lui, par sainte Marie.
  Le voilà bien dans sa boutique.
  (*Il entre.*)
  Dieu vous aide!

DRAPIER. Dieu vous le rende!

PATHELIN. Dieu m'est témoin que de vous
  voir
  J'avais désir et volonté.
  Dites, comment va la santé?
  Êtes-vous bien portant, Guillaume?

DRAPIER. Oui, vraiment.

PATHELIN. Donnez-moi la main.
  Vous allez bien?

DRAPIER. Oui, sûrement,
  A votre bon commandement.[25]
  Et vous?

PATHELIN. Par saint Pierre l'apôtre,
  Je vais très bien et je suis vôtre.
  Et ça marche?

DRAPIER. Oh! tout doucement.
  Vous savez bien que les marchands
  Ne font pas toujours à leur guise.

PATHELIN. Mais les affaires marchent bien
  Et sûrement donnent confort?

DRAPIER. Dieu le veuille, Dieu mon doux
maître!
  N'importe, on travaille toujours.

PATHELIN. Ah! c'était un brave marchand
  (Dieu le garde en son paradis!)
  Que votre père, je le jure.
  Il me fait grand plaisir de voir
  Que vous êtes la vraie image
  De cet homme si bon, si sage.
  Vous lui ressemblez de visage;
  Oui-dà, vous êtes son portrait.
  Que le Dieu de miséricorde
  Accueille parmi ses élus
  Son âme!

DRAPIER. Veuillez vous asseoir,
  Il est bien temps de vous le dire.
  Pardonnez-moi ma négligence.

PATHELIN. Je suis bien.[26] Par notre Sauveur,
  Il avait…

DRAPIER. Il faut vous asseoir.

PATHELIN. (*Il s'assied.*) Vrai, que ce soit par
  les oreilles,
  Par le nez, la bouche ou les yeux,
  Vit-on enfant ressembler mieux
  Au père? C'est lui tout craché.[27]
  Oui, vraiment, si l'on vous avait
  Faits tous deux dans le même moule[28]
  D'une seule pâte à la fois,
  Verrait-on une différence?
  Fut-il jamais en ce pays
  Lignage[29] qui mieux se ressemble?
  Plus je vous examine ici,
  Plus je crois revoir votre père.
  Deux gouttes d'eau ne sont pas plus
  Pareilles, je n'en fais nul doute.
  Quel délicieux garçon c'était,
  Quel honnête homme! qui savait,
  A l'occasion, vendre à crédit.
  Dieu ait son âme! Et, quant à rire,
  Il riait toujours de bon cœur.
  Plût à Jésus-Christ que le pire
  De ce monde lui ressemblât!
  On ne verrait pas tant de gens
  S'entretromper[30] comme ils le font.
  (*Il touche une pièce de drap.*)

---

20. *blanchet:* light waistcoat.
21. *brunette:* brown cloth.
22. *Martin Garant:* a simpleton to endorse you, a
     sucker.
23. *Soyez de garde:* Take care of things.
24. *étal:* stall, shop.

25. *commandement:* service.
26. *Je suis bien:* I am all right standing.
27. *lui tout craché:* the spit and image of him.
28. *moule:* mold.
29. *Lignage:* Lineage, family.
30. *S'entretromper:* Deceive one another.

Comme ce drap est bien tissé![31]
Comme il est doux, comme il est
souple!

DRAPIER. Je l'ai fait tisser tout exprès
Avec la laine de mes bêtes.

PATHELIN. Hein! quel habile homme vous
êtes!
Que vous êtes bien l'héritier
Du père! Cessez-vous jamais
De travailler comme il faisait?

DRAPIER. Ah! c'est qu'il faut besogner[32] fort
Si l'on veut vivre avec confort.

PATHELIN. (*Il touché une autre pièce de
drap.*)
Cette laine fut-elle teinte[33]?
Elle est forte comme du cuir.

DRAPIER. C'est un très bon gris de Rouen,
Je vous assure, et bien tissé.

PATHELIN. Vraiment, je ne puis résister.
Car je n'avais nulle intention
D'acheter rien, par la Passion
De Jésus-Christ, lorsque je vins.
J'avais mis à part quatre-vingts
Écus d'or à placer en rentes;[34]
Mais vous en aurez vingt ou trente,
Je le vois bien, car la couleur
De ce drap me fait grande envie.
Mais quel est ce drap-ci? Vraiment,
Plus je le vois et plus je l'aime.
Il m'en faut avoir une robe,
Pour moi, et pour ma femme aussi.

DRAPIER. Le drap est cher comme la crème.
Mais, ça, Monsieur, c'est votre affaire.
Il y faudra dix ou vingt francs,
Pas moins.

PATHELIN. Qu'importe, s'il est bon?
J'ai pour payer quelques gros sous
Bien cachés à tous les regards.

DRAPIER. Dieu en soit loué! Par saint Pierre,
Je voudrais en avoir aussi.

PATHELIN. Enfin, ce drap-ci me convient,
Je veux en acheter.

DRAPIER. Alors,
Vous n'avez qu'à dire combien
Vous en voulez pour vos habits.
Je suis tout à votre service.
Vous pouvez choisir dans la pile,
Même si votre poche est vide.

PATHELIN. Vous êtes trop gentil, merci.

DRAPIER. Ne préférez-vous pas ce pers?[35]

PATHELIN. Un instant. Combien coûtera
L'aune? Mais avant tout il faut
Songer à Dieu, c'est la coutume.
Voici donc le denier à Dieu.[36]
Mettons toujours Dieu avec nous.

DRAPIER. Ah! c'est agir en honnête homme.
Et je vous en suis obligé.
Vous voulez savoir mon prix?

PATHELIN. Oui.

DRAPIER Eh bien, l'aune vous coûtera
Vingt-quatre sous.[37]

PATHELIN. Vous plaisantez.
Vingt-quatre sous, sainte Marie!

DRAPIER. C'est juste ce qu'elle me coûte,
Puis-je vous la laisser à moins?

PATHELIN. C'est trop cher.

DRAPIER. Vous ne savez pas
Comment le drap est enchéri,[38]
Combien de troupeaux[39] ont péri
Cet hiver à cause du froid.

PATHELIN. Vingt sous, vingt sous.

DRAPIER. Eh! je vous jure
Que ce sera mon dernier prix.
Venez au marché samedi,
Voir ce que coûte la toison[40]
Qui devient tous les jours plus rare.
Sachez qu'à la dernière foire
On m'a vendu huit blancs[41] la laine
Que j'avais autrefois pour quatre.

PATHELIN. Soit! je ne veux plus discuter
Puisqu'il en est ainsi. J'achète,
Mesurez.

DRAPIER. Bien, mais dites-moi
Combien d'aunes vous désirez.

---

31. *tissé:* woven.
32. *besogner:* work.
33. *teinte:* dyed.
34. *Écus...rentes:* Gold crowns to invest in bonds.
35. *pers:* greenish blue.
36. *denier à Dieu:* God's penny (paid to bind and sanctify a bargain).
37. In *Aucassin et Nicolette* 20 sous was the price of an ox. Observe the inflation in 250 years.
38. *est enchéri:* has gone up.
39. *troupeaux:* flocks.
40. *toison:* sheep's fleece.
41. *blancs:* small silver coins.

PATHELIN. Ce n'est pas difficile à voir.
  La largeur?
DRAPIER. Largeur de Belgique.[42]
PATHELIN. Trois aunes pour moi, et pour
  elle,
  (Elle est grande), deux et demie.
  Cela fait six aunes en tout.
  Mais non, où donc ai-je l'esprit?
DRAPIER. Il ne s'en faut que demi-aune
  Pour faire les six justement.
PATHELIN. J'en prendrai six tout rondement,
  Car il me faut un chaperon.
DRAPIER. Tenez le bout, je vais auner.[43]
  Ce coupon[44] doit être assez long.
  Voyons: une aune, deux, trois, quatre,
  Et cinq et six.
PATHELIN. C'est merveilleux,
  Juste six.
DRAPIER. Recompterons-nous?
PATHELIN. A quoi bon? Pas tant de scrupule!
  Un peu plus, un peu moins, qu'importe
  Entre nous? Alors, à combien
  Monte le tout?
DRAPIER. Nous allons voir:
  A vingt-quatre sous l'aune, c'est
  Neuf francs les six.
PATHELIN. Très bien compté.
  Ça fait six écus d'or.[45]
DRAPIER. Oui bien.
PATHELIN. Alors, Monsieur, faites crédit
  En attendant que vous veniez
  Chez moi; sans faute, je paîrai,[46]
  A votre gré, or ou monnaie.[47]
DRAPIER. C'est que ça me dérangerait
  Beaucoup d'aller jusque chez vous.
PATHELIN. Hé, vous dites la vérité
  Comme parole d'Évangile:
  Oui, cela vous dérangerait.
  Mais pourquoi pas? trouverez-vous
  Jamais une telle occasion
  De venir boire en ma maison?

Car je veux trinquer[48] avec vous.
DRAPIER. Hé! par saint Jacques, je ne fais
  Guère autre chose que de boire.
  J'irai. Mais ça porte malheur
  De faire ainsi première vente.[49]
PATHELIN. Mais quelle chance de toucher[50]
  Des écus d'or, au lieu d'argent!
  Puis, vous mangerez de mon oie[51]
  Que ma femme à présent rôtit.
DRAPIER. (à part). Vraiment, cet homme me
  fascine.
  Allez devant, Monsieur. Je viens
  Avec le drap.
PATHELIN. Ah! non, Monsieur.
  C'est moi qui prendrai le paquet
  Sous mon bras.
DRAPIER. Vous n'en ferez rien.
  Il vaut mieux, pour être poli,
  Que ce soit moi.
PATHELIN. Maudit serai-je
  Par notre sainte Madeleine
  Si vous vous donnez cette peine.
  (Il met le paquet sous sa robe.)
  Comme nous allons boire et rire
  Chez moi, en votre compagnie!
DRAPIER. Merci, mais vous me donnerez
  Mon argent dès que j'y serai.
PATHELIN. Oui, ou plutôt non, pas avant
  Que vous ayez pris bon repas.
  Vraiment, c'est un bonheur qu'ici
  Je n'aie pas apporté d'argent,
  Car ça vous forcera de voir
  Quel vin je bois. Votre feu père
  M'appelait bien souvent: Compère,[52]
  Ou que dis-tu?[53] ou que fais-tu?
  Mais vous ne faites pas grand cas,
  Vous riches, de nous, pauvres gens.
DRAPIER. En vérité, Monsieur, nous
  sommes
  Plus pauvres que vous.
PATHELIN. Bien, adieu

---

42. *Largeur de Belgique:* Belgian width.
  (Belgium, great textile center, set the standard
  measurements.)
43. *auner:* measure.
44. *coupon:* remnant.
45. The *franc* is reckoned in this play at 16 *sous,* the
  écu at 1½ francs. It was normally 3 francs.
46. *paîrai = paierai:* will pay.
47. *monnaie:* silver.

48. *trinquer:* clink glasses.
49. *faire…vente:* i.e., to make a sale to a new
  customer on credit.
50. *toucher:* receive.
51. *oie:* goose.
52. *Compère:* Chum.
53. *que dis-tu:* i.e., he used the familiar form of
  address.

Venez tout à l'heure chez moi.
Nous allons boire, je m'en vante.
DRAPIER. Je n'y manquerai pas; allez
Et préparez mon or.
PATHELIN. Bien sûr.
Je n'ai jamais trompé personne,
Non.
(*Il sort et dit en s'en allant:*)
Puisse-t-il être pendu!
Le ladre,[54] il ne m'a pas vendu
A mon prix, mais vraiment au sien;
Aussi le payerai-je au mien.
Il veut de l'or, il en verra
S'il court après. Cours, mon bonhomme;
Pour l'attraper, il te faudra
Faire beaucoup plus de chemin
Que d'ici jusqu'à Pampelune.[55]
DRAPIER. (*devant son étal*). Ils ne verront
soleil ni lune,
Les écus qu'il me donnera,
Toujours cachés, loin des voleurs.
Faut-il que ce client[56] soit fou
Pour payer vingt-quatre sous l'aune
Ce beau drap qui n'en vaut pas vingt!

Scène III: *Chez* Pathelin

PATHELIN. (*cachant le drap derrière son
dos*).
En ai-je?
GUILLEMETTE. De quoi?
PATHELIN. Où est-il,
Votre vieux jupon tout râpé?[57]
GUILLEMETTE. Il est grand besoin d'en
parler.
Qu'en voulez-vous faire?
PATHELIN. Rien, rien.
J'en ai, du drap. Que vous disais-je?
N'est-il pas joli?
(*Il montre le drap.*)
GUILLEMETTE. Sainte Vierge,
Que le démon prenne mon âme
Si vous ne l'avez escroqué.[58]
Dieu, d'où nous vient cette aventure?

Hélas, hélas! qui le paiera?
PATHELIN. Demandez-vous qui ce sera?
Vraiment, il est déjà payé.
Le marchand serait-il un âne,
Pensez-vous, qui me l'a vendu?
(*a part*)
Que je sois pendu par le cou
Si je ne l'ai ensorcelé,[59]
Ce vilain matou[60] de drapier,
Fait pour être trompé.
GUILLEMETTE. Combien
Coûte ce drap?
PATHELIN. Je n'en dois rien,
Il est payé, je vous l'assure.
GUILLEMETTE. Mais vous n'aviez ni sou ni
maille;
Payé? mais avec quel argent?
PATHELIN. Détrompez-vous, car j'en avais.
Oui bien, j'avais un parisis.[61]
GUILLEMETTE. De mieux en mieux. Vous
avez dû
Signer quelque billet à ordre[62]
Pour vous procurer cette étoffe,
Et quand le billet écherra,[63]
On viendra, on nous saisira,[64]
On prendra tout ce qui nous reste.
PATHELIN. Je vous le dis, il n'a coûté
Qu'un seul denier, pour tout potage.[65]
GUILLEMETTE. La sainte Vierge soit bénie!
Qui est ce marchand?
PATHELIN. Un Guillaume
De la famille de Josseaume,
Puisque vous le voulez savoir.
GUILLEMETTE. Mais la manière de l'avoir
Pour un denier, et à quel jeu?
PATHELIN. Ce fut pour le denier à Dieu.
Et encor, si j'avais voulu
Prêter serment,[66] la main levée,
J'aurais pu garder mon denier.
En somme, est-ce bien travaillé?
Ah! Qu'il le partage avec Dieu,
Ce denier-là, si bon lui semble,
C'est bien tout ce qu'il en aura.

---

54. *ladre:* skinflint.
55. Pamplona, city in northern Spain.
56. *client:* customer.
57. *jupon tout râpé:* worn-out petticoat.
58. *escroqué:* got by cheating.
59. *ensorcelé:* bewitched.
60. *matou:* tomcat, curmudgeon.
61. *parisis:* small silver coin.
62. *billet à ordre:* promissory note.
63. *écherra:* will fall due.
64. *nous saisira:* will confiscate our property.
65. *pour tout potage:* all told.
66. *Prêter serment:* Take an oath.

Après cela il peut chanter,
Crier, tempêter à son aise.
GUILLEMETTE. Comment l'a-t-il voulu
prêter,
Ce drap, lui, homme si rapace?
PATHELIN. Par la belle sainte Marie,
Je l'ai tant loué, tant flatté
Qu'il me l'aurait laissé pour rien.
Je lui affirmais que son père
Fut si brave homme: « Frère, dis-je,
« De quel parentage vous êtes!
« Il n'est certes pas de famille
« Plus estimable aux environs. »
Au fait, je dois vous avouer
Qu'il est issu de la plus basse,
De la plus méprisable engeance[67]
Qui soit, je crois, en ce royaume.
« Ah! dis-je, mon ami Guillaume,
« Que vous ressemblez de visage
« Et de tout à votre bon père! »
Avec quel art j'entremêlais
Ces paroles de compliments
Au fameux drapier qu'il était!
« Et, disais-je, l'excellent homme
« Se plaisait à vendre à crédit
« Et si poliment, ses denrées.[68]
« Vous êtes son portrait vivant. »
Au fait, on aurait arraché
Les dents du vilain marsouin,[69]
Son feu père, et du babouin,[70]
Le fils, avant qu'ils ne prêtassent
Ça,[71] ou dissent un mot poli.
Enfin, je l'ai tant flagorné[72]
Et encensé[73] qu'il m'a prêté
Six aunes.
GUILLEMETTE. Qu'il vous faudra rendre?
PATHELIN. Ah! vous commencez à
comprendre.
Lui rendre? On lui rendra le diable.
GUILLEMETTE. Je vois. C'est comme dans la
fable
Du corbeau[74] qui était assis

Sur une croix de cinq à six
Toises[75] de haut, lequel tenait
Un fromage au bec. Alors vient
Un renard qui voit ce fromage.
Il se dit: voilà mon aubaine,[76]
Se met alors sous le corbeau
Et lui parle: « Que tu es beau!
« Que ton chant est mélodieux! »
Le sot corbeau est tout joyeux
D'entendre ainsi vanter sa voix;
Il ouvre son bec pour chanter,
Et son fromage tombe à terre.
Maître renard le prend, le croque
A belles dents[77] et puis détale.[78]
C'est l'histoire, j'en suis bien sûre,
De ce drap. Vous l'avez happé[79]
Par flatterie et attrapé
En usant de belles paroles,
Comme renard fit du fromage.
C'est le fruit de votre grimace.
PATHELIN. Il doit venir manger de l'oie.
Voici ce qu'il nous faudra faire:
Il va bientôt venir crier
Et réclamer ce qu'on lui doit.
Mais j'ai bien arrangé les choses.
Je me mets au lit à l'instant
Comme si j'étais très malade.
Il arrive et il me demande.
Ah! parlez bas et gémissez[80]
Et montrez bien triste visage
Et dites-lui: « Il est malade
« Depuis voilà bientôt deux mois. »
Et s'il prétend: « C'est un mensonge
« Car je viens de le voir chez moi. »
— « Hélas! ce n'est pas le moment
« De rigoler »,[81] répondrez-vous.
Et vous le laissez tempêter,
Car il n'en aura autre chose.
GUILLEMETTE. Par mon âme, comptez sur
moi:
Je saurai bien jouer mon rôle.
Mais, si vous manquez votre coup,

---

67. *engeance:* breed.
68. *denrées:* merchandise.
69. *marsouin:* porpoise.
70. *babouin:* baboon.
71. *Ça:* i.e., nothing; (said with a pluck of thumbnail against upper teeth).
72. *flagorné:* flattered, blarneyed.
73. *encensé:* praised, buttered up.
74. *corbeau:* raven, crow.
75. *toises:* fathoms (six feet).
76. *aubaine:* windfall.
77. *croque à belles dents:* gobbles it up.
78. *détale:* runs away.
79. *happé:* snapped up.
80. *gémissez:* groan.
81. *rigoler:* joke.

Que justice s'en prenne à vous,[82]
J'ai grand'peur qu'il ne vous en cuise[83]
Encor bien plus que l'autre fois.

PATHELIN. La paix![84] je sais ce que je fais.
Il faut faire comme je dis.

GUILLEMETTE. Souvenez-vous du samedi
Que l'on vous mit au pilori.
Vous savez que chacun cria
Sur vous pour votre tromperie.

PATHELIN. Ah! finissez ce bavardage.[85]
Il vient, nous perdons notre temps.
Il faut que ce drap reste ici.
Je m'en vais me coucher.

GUILLEMETTE. Allez.

PATHELIN. Ne riez pas.

GUILLEMETTE. Pas de danger,
Je pleurerai à chaudes larmes.

PATHELIN. Il nous faut être bien prudents
Pour qu'il ne se doute de rien.

ACTE II

SCÈNE PREMIÈRE: *L'ÉTAL DU* DRAPIER

DRAPIER. Il est temps de boire le coup
Du départ. Non, pas aujourd'hui,
Puisque je dois boire et manger
De l'oie, par le grand saint Mathieu,
Chez maître Pierre Pathelin
Et y recevoir mon argent.
Je vais m'en donner jusque-là[86]
Pour une fois sans dépenser.
Partons, je ne puis plus rien vendre.

SCENE II: *CHEZ* PATHELIN, *DEVANT LA PORTE*

DRAPIER. Ho, maître Pierre!

GUILLEMETTE. (*entr'ouvre la porte et parle bas*).
Hélas, Monsieur,
De grâce, veuillez ne rien dire
Ou parlez bas.

DRAPIER (*parle bas*). Bonjour, Madame.

GUILLEMETTE. Oh! plus bas!

DRAPIER (*plus bas encore*). Eh, quoi?
répondez.
Où est-il?

GUILLEMETTE. Hélas! où est-il?

DRAPIER. Le...qui?

GUILLEMETTE. Ah! c'est mal dit, Monsieur.
Où il est? Que Dieu nous bénisse!
Il ne quittera pas l'endroit
Où il est, le pauvre martyr,
Depuis déjà onze semaines.

DRAPIER. Mais quoi?

GUILLEMETTE. Pardonnez-moi, je n'ose
Parler haut; je crois qu'il repose
Il a tant besoin de dormir,
Hélas! il est si abattu,
Le pauvre homme!

DRAPIER. Qui?

GUILLEMETTE. Maître Pierre.

DRAPIER. Quoi? n'est-il pas venu chercher
Six aunes de drap à l'instant?

GUILLEMETTE. Qui? lui?

DRAPIER. Oui, il était chez moi
Il n'y a pas douze minutes.
Payez-moi. J'ai déjà perdu
Trop de temps. Assez de sornettes![87]
Mon argent!

GUILLEMETTE. Oui? sans plaisanter?[88]
C'est bien l'heure de plaisanter.

DRAPIER. Çà,[89] mon argent! Êtes-vous folle?
Il me faut neuf francs.

GUILLEMETTE. Ha! Guillaume,
Ne venez pas faire le fou
Ici et conter des histoires.
Allez les dire à de plus sots
Et ne vous moquez pas de nous.

DRAPIER. Juste Dieu, qui peut croire en vous
Si je n'ai mes neuf francs?

GUILLEMETTE. Monsieur,
Personne n'est d'humeur à rire
Comme vous ni à plaisanter.

DRAPIER. Madame, je vous en supplie,
Soyez bonne, faites venir
Maître Pierre.

GUILLEMETTE. Vous voulez donc
Notre malheur? Ah! finissez.

DRAPIER (*élève la voix*). Enfin, ne suis-je
pas ici
Chez maître Pierre Pathelin?

---

82. *Que...vous:* If the law gets after you.
83. *qu'il...cuise:* that you will smart for it.
84. *La paix!* Peace! Be silent!
85. *bavardage:* gabble.
86. *m'en donner jusque-là:* fill myself up to here

(with a gesture to the neck).
87. *sornettes:* absurd stories.
88. *sans plaisanter?* You aren't joking?
89. *Çà:* Here.

GUILLEMETTE. Oui-dà. Que le mal de folie
M'épargne et vous tienne à la tête!
Parlez bas.

DRAPIER. De par tous les diables,
Je prétends voir votre mari.

GUILLEMETTE. Oh! que le Seigneur me
protége!
Parlez bas, de peur qu'il s'éveille.

DRAPIER. Bas? vous parlerai-je à l'oreille,
Du fond du puits ou de la cave?[90]

GUILLEMETTE. Mon Dieu, que vous êtes
bavard![91]
Que vous aimez à crier fort!

DRAPIER. Je crois que le diable s'en mêle.
Vous voulez que je parle bas?
Soit. Les discussions de ce genre
Ne sont pas dans mes habitudes.
Le fait est que votre homme a pris
Six aunes de drap aujourd'hui.

GUILLEMETTE. Encore? cela vous reprend?
De par le diable, qu'a t-il pris?
Monsieur, je veux que l'on me pende
Si je mens. Il est si malade,
Le pauvre, qu'il n'a pu sortir
Du lit depuis onze semaines.
(*Elle élève la voix.*)
J'en ai assez de vos histoires.
Vraiment, vous perdez la raison.
Vous allez quitter ma maison,
Je suis lasse de vous entendre.

DRAPIER. Et vous disiez de parler bas,
Très bas, j'en atteste la Vierge!
Et vous criez.

GUILLEMETTE. Mais non, c'est vous
Qui ne faites que chercher noise.[92]

DRAPIER. Eh bien, s'il faut que je m'en aille,
Donnez-moi…

GUILLEMETTE. (*Elle crie.*) Mais parlez donc
bas!

DRAPIER. C'est vous qui allez l'éveiller.
Vous parlez quatre fois plus haut,
En vérité, que je ne fais.
Payez-moi et je partirai.

GUILLEMETTE. Décidément, vous êtes ivre
Ou vous avez perdu le sens.

DRAPIER. Ivre, moi? Par le grand saint
Pierre,
Voilà bien du nouveau. Moi, ivre?

GUILLEMETTE. Hélas! plus bas!

DRAPIER. Qu'on me rembourse,
Ou qu'on me rende mes six aunes
De drap.

GUILLEMETTE. Comptez dessus; à qui
Avez-vous donc donné ce drap?

DRAPIER. A lui-même.

GUILLEMETTE. Il a bien la mine[93]
D'avoir du drap, lui qui ne bouge.
A quoi bon un nouvel habit?
Le pauvre ne sera vêtu
Que de blanc lorsqu'il sortira
D'ici, hélas! les pieds devant.[94]

DRAPIER. Alors, son mal est bien récent,
Car je lui ai parlé, nul doute.

GUILLEMETTE. Dieu, que vous avez la voix
haute!
(*On entend la voix de* PATHELIN, *de
l'intérieur.*)

PATHELIN. Guillemette, de l'eau de rose![95]
Venez m'arranger dans mon lit.
Eh bien, qu'attendez-vous? La cruche[96]
A boire! Frottez-moi les pieds.

DRAPIER. Je l'entends.

GUILLEMETTE. Pour sûr.

PATHELIN. Ah! méchante,
Venez donc. Vous allez fermer
Ces fenêtres et me couvrir.
Chassez ces gens noirs.[97] *Marmara,
Carimari, carimara.*[98]
Chassez-les vite, chassez-les.

GUILLEMETTE (*au* DRAPIER). Hélas! venez le
voir, Monsieur.
C'est un malade difficile.

Scène III: *Dans la maison de* PATHELIN

DRAPIER (*entrant*). Est-il vraiment tombé
malade
Juste en revenant de la foire?

---

90. *Du fond…cave:* a play on the double meaning of *bas.*
91. *bavard:* talkative.
92. *chercher noise:* pick a quarrel.
93. *Il a…mine:* He certainly looks like.
94. *les pieds devant:* feet first (*i.e.,* in a coffin).
95. *eau de rose:* a soothing lotion.
96. *cruche:* pitcher.
97. *ces gens noirs:* i.e., Pathelin has delusions.
98. *Marmara…carimara:* meaningless words, used as exorcisms.

GUILLEMETTE. De la foire?

DRAPIER. Certainement.

Car je sais qu'il y a été.

(*à* PATHELIN)

Du drap que je vous ai vendu
Payez-moi le prix, maître Pierre.

PATHELIN (*faisant semblant de le prendre
pour son médecin*).

Ah! maître Jean, vos sales drogues
N'ont pas produit le grand effet
Que vous m'aviez promis. Faut-il
Que je prenne un autre clystère?[99]

DRAPIER. Que m'importent vos médecines?
Je veux neuf francs ou six écus.

PATHELIN. Ces trios morceaux noirs et
pointus,
Sont-ils bien vraiment des pilules?[100]
Ils m'ont démoli la mâchoire.[101]
Pour Dieu, ne m'en faites plus prendre.
Maître Jean, ils m'ont fait tout rendre.[102]
Je ne sais rien de plus amer.

DRAPIER. Plaise à Dieu qu'aussi aisément
Mes six écus me soient rendus![103]

GUILLEMETTE. (*au* DRAPIER). On devait
prendre par le cou
Tous les fâcheux[104] qui vous
ressemblent.
Allez-vous-en, par tous les diables,
Si ce n'est par le nom de Dieu.

DRAPIER. Par le Seigneur qui me fit naître,
Je ne sors sans avoir mon drap
Ou mes neuf francs.

PATHELIN. Et mon urine
N'annonce-t-elle pas ma mort?
Combien d'heures me reste-t-il
Avant que je fasse le pas?[105]

GUILLEMETTE (*au* DRAPIER). Allez-vous-en.
C'est un péché
De lui casser ainsi la tête.[106]

DRAPIER. Donnez mes neuf francs sans
tarder,
Par le grand saint Pierre de Rome.

GUILLEMETTE (*au* DRAPIER). Pourquoi
tourmenter ce pauvre homme?

Comment êtes-vous si cruel?
Vous voyez clairement qu'il pense
Que vous êtes son médecin.
Hélas! l'infortuné chrétien
N'a-t-il pas assez de malheur?
Onze semaines bien comptées
Depuis que le pauvre est au lit.

DRAPIER. Je ne puis m'expliquer comment
Cet accident est arrivé.
Il est bien venu aujourd'hui,
Nous avons marchandé ensemble,
A tout le moins comme il me semble;
Je ne sais ce que ce peut être.

GUILLEMETTE. Par Notre-Dame, mon doux
maître,
Vous n'avez pas bonne mémoire:
Sans faute,[107] si vous m'en croyez,
Vous irez prendre du repos.
Bien des gens pourraient supposer
Que vous venez ici pour moi.
Allez-vous-en. Les médecins
Vont arriver dans un instant.

DRAPIER. Je n'ai cure[108] que l'on en pense
Du mal, car je n'en pense point.
Eh! sacrebleu, en suis-je là?
Ventrebleu,[109] si je le croyais…!
D'ailleurs, n'avez-vous pas une oie
Au feu?

GUILLEMETTE. Oh! la belle question!
Monsieur, ce n'est pas une viande
Pour malades. Mangez vos oies
Sans venir faire des grimaces.
Vous en prenez trop à votre aise.

DRAPIER. Pardonnez-moi, ne vous déplaise,
Car je croyais sincèrement…
J'en jure par le Sacrement…
Adieu.
(*devant la maison de* PATHELIN, *seul*)
Enfin, nous allons voir.
Je sais bien mon compte de drap,
Six aunes d'une seule pièce.
Cette femme me déconcerte
Et me fait perdre la raison.
Certes, il a pris mes six aunes.

---

99. *clystère:* enema.
100. *pilules:* pills.
101. *démoli la mâchoire:* broken my jaw.
102. *rendre:* vomit.
103. *rendus:* returned; pun on double meaning of
   rendre.

104. *fâcheux:* bores.
105. *fasse le pas:* die.
106. *lui casser…tête:* bother him so.
107. *Sans faute:* Without fail.
108. *Je n'ai cure:* I don't care.
109. *Ventrebleu:* Zounds! (*Ventre de dieu.*)

…Et pourtant!…Je n'y comprends rien.
Je l'ai vu bien près de mourir.
Se peut-il qu'il singe[110] la mort?
…Mais enfin, il a pris mon drap
Et l'a emporté sous son bras.
…Je m'y perds,[111] par sainte Marie.
Suis-je la victime d'un songe?
Je ne sache pas que je donne
Mes draps, en dormant ou veillant,[112]
A personne, même aux amis.
Et jamais je ne fais crédit.
…Cependant, il a pris mes aunes.
…Les a-t-il prises? faut-il croire
Que non?…Je ne peux pas douter
De mes yeux. Faites, Notre Dame,
Que je me perde corps et âme
Si je sais qui pourrait me dire
Lequel a gardé sa raison
D'eux ou de moi! Je n'y vois goutte.[113]

SCÈNE IV: *CHEZ* PATHELIN

PATHELIN. Parti?
GUILLEMETTE. Silence! Je le vois
Qui s'en va, tout en radotant,[114]
En grommelant[115] je ne sais quoi.
Il m'a l'air d'un homme qui rêve.[116]
PATHELIN. Dans ce cas, je puis me lever.
Comme il est arrivé à point!
GUILLEMETTE. Mais peut-être reviendra-t-il.
Attendez. Ne bougez encore.
Notre affaire tournerait mal
S'il vous trouvait levé.
PATHELIN. Saint George!
Il est venu à bonne école,
Lui qui est toujours si serré.[117]
Ce qu'on lui a fait lui sied mieux
Qu'un crucifix dans un couvent.
GUILLEMETTE. Tromper un si vilain
matois[118]
C'est comme mettre lard[119] en pois.
Jamais aux pauvres il ne donne
Le dimanche.

(*Elle rit.*)
PATHELIN. Ne riez pas.
S'il venait, il pourrait trop nuire.
Car je crois fort qu'il reviendra.
GUILLEMETTE. Ma foi, se retienne de rire[120]
Qui voudra, il faut que j'éclate.[121]

SCÈNE V: *L'ÉTAL DU* DRAPIER

DRAPIER. (*Il compte son drap.*) Eh! par le
saint soleil qui luit,
Je retourne décidément
Chez cet avocat de misère.[122]

SCÈNE VI: *CHEZ* PATHELIN

GUILLEMETTE. Lorsque je pense à la grimace
Qu'il faisait en vous regardant,
Je ris. Il mettait tant d'ardeur
A demander son…
PATHELIN. Chut,[123] rieuse.
Veuille Dieu qu'il n'en fasse rien!
Car, s'il venait à vous entendre,
Nous n'aurions qu'à prendre la fuite:
C'est un marchand inexorable.
DRAPIER (*à la porte*). Et cet ivrogne
d'avocat,
De si piètre[124] réputation,
Prend-il les autres pour des dupes?
Il mérite d'être pendu
Comme le plus vil scélérat.
Il a mes aunes, sacrebleu!
M'a-t-il joué honteusement!
(*à* GUILLEMETTE)
Holà, ou êtes-vous cachée?
GUILLEMETTE (*à* PATHELIN). Ma parole, il m'a
entendue
Et cela le fait endêver.[125]
PATHELIN. Je ferai semblant de rêver.
Ouvrez.
GUILLEMETTE (*au* DRAPIER). Pourquoi crier
si fort?
DRAPIER. Dame,[126] je vous ai prise à rire.
Çà, mon argent!

---

110. *singe:* is aping.
111. *m'y perds:* get confused.
112. *veillant:* awake.
113. *n'y vois goutte:* can't make head or tail of it.
114. *radotant:* raving.
115. *grommelant:* grumbling.
116. *rêve:* is out of his right mind, raves.
117. *serré:* tightfisted.
118. *matois:* sharper.

119. *lard:* bacon.
120. *se retienne de rire:* let him keep from laughing.
121. *éclate:* burst out laughing.
122. *de misère:* wretched.
123. *Chut:* Hush.
124. *piètre:* wretched.
125. *le fait endêver:* drives him wild.
126. *Dame:* After all, Why.

GUILLEMETTE. Sainte Marie,
De quoi croyez-vous que je rie?
Qui donc peut souffrir plus que moi?
Il meurt et c'est une tempête,
Une terrible frénésie.
Vit-on jamais un tel délire?
Il rêve, il chante, il baragouine[127]
Et barbouille[128] en tant de jargons!
Vivra-t-il une demi-heure?
Je ne fais que rire et pleurer
En même temps.
DRAPIER. Rire de quoi?
Pleurer sur quoi? A parler net,
Il faut me donner mon argent.
GUILLEMETTE. Pour quoi? Êtes-vous insensé?
Recommencez-vous cette histoire?
DRAPIER. Ai-je coutume qu'on me serve
De tels mots quand je vends mon drap?
Prétendez-vous me faire croire
Que les vessies sont des lanternes?[129]
PATHELIN (faisant croire qu'il a le délire).
Voici la reine des guitares
Qui demande que je l'épouse.
Je sais bien qu'elle est accouchée[130]
D'au moins vingt-quatre guitaristes,
Enfants de l'abbé d'Iverneaux;
Il me faut être son compère.[131]
GUILLEMETTE. (à PATHELIN Hélas! pensez à
Dieu le Père,
Mon ami, et non aux guitares.
DRAPIER Vous me contez des balivernes,[132]
Des chansons.[133] Vite, que je sois
Payé en or ou en argent
Pour le drap que vous m'avez pris.
GUILLEMETTE (au DRAPIER). Vous nous avez
dit cette histoire
Une fois: n'est-ce pas assez?
DRAPIER. Une histoire, bonne Madame?
Mais c'est la pure vérité.

Rendez le drap, ou payez-le.
N'ai-je pas le droit de venir
Ici pour réclamer mon dû?
GUILLEMETTE. Je vois bien à votre visage
Certes que vous n'êtes pas sage.[134]
Pauvre pécheresse je suis;
Que ne puis-je vous garrotter?[135]
Vous êtes totalement fou.
DRAPIER. Ah! j'enrage de n'avoir pas
Mon argent.
GUILLEMETTE. Mais quelle folie!
Signez-vous. Benedicite.[136]
Faites le signe de la croix.
DRAPIER. Oh! si jamais je prête encore
Du drap, je serai bien malade.
PATHELIN. Mère de Dieu la coronade
Par ma fie, i m'en vuol anar...(etc.)[137]
Avez-vous compris, beau cousin?
GUILLEMETTE. Il a un oncle limousin,
Un frère de sa belle tante.[138]
C'est ce qui le fait, je suppose,
Jargonner en limousinois.
DRAPIER. Vrai, il partit en tapinois[139]
Emportant mon drap sous son bras.
PATHELIN (comme en délire). Avancez,
douce demoiselle.
Eh, que me veut cette racaille?[140]
Allez-vous-en, tas de fripouilles.[141]
Cha tôt, je veuil devenir prêtre,
Or cha, ... (etc.)[142]
GUILLEMETTE. Hélas! hélas! l'heure s'avance
De lui donner l'extrême onction.[143]
DRAPIER. Mais comment se fait-il qu'il
parle
Picard? Expliquez-moi cela.
GUILLEMETTE. Sa mère fut de Picardie.
Alors, il le parle aisément.
PATHELIN (comme en délire). D'où viens-tu,
carême-prenant?[144]

---

127. *baragouine:* babbles.
128. *barbouille:* gabbles.
129. *Prétendez-vous...lanternes?:* Do you think I'm an easy mark (*lit.,* that you can make me take bladders for lanterns)?
130. *est accouchée:* gave birth.
131. *compère:* godfather.
132. *balivernes:* nonsense.
133. *chansons:* foolishness.
134. *sage:* sane.
135. *garrotter:* tie up.
136. *Signez-vous. Benedicite:* Cross yourself (to drive out the devil who makes you mad). Bless the

Lord.
137. Pathelin speaks seven lines in Limousin, a Provençal dialect. (The use of dialect was, and is, a sure-fire comic device.)
138. *belle tante:* aunt by marriage.
139. *en tapinois:* slyly.
140. *racaille:* rabble.
141. *fripouilles:* rascals.
142. Pathelin speaks five lines in the Picard dialect of northern France.
143. *extrême onction:* last rites.
144. *carême-prenant:* masquerader.

Inacarme lieve go de mar
Ethelic bog . . . . . . (etc.)[145]
Appelez le curé Thoma
Pour qu'il vienne me confesser.

DRAPIER. Va-t-il nous ennuyer longtemps
A nous parler tous ces jargons?
S'il voulait me donner un gage[146]
Ou mon argent, je m'en irais.

GUILLEMETTE. Par la Passion de Jésus-
Christ,
Vous êtes un homme bizarre.
Que voulez-vous? vit-on jamais
Un être si fort obstiné?

PATHELIN (*comme en délire*). Or cha,
Renouard au tiné,
Bé da que . . . . . (etc.)[147]

DRAPIER. Comment trouve-t-il le moyen
De tant parler? Il se fatigue.

GUILLEMETTE. Il se rappelle son école,
Son maître normand; maintenant
Qu'il va mourir, ça lui revient.
C'est la fin.

DRAPIER. Ah! sainte Marie,
C'est bien la plus grande illusion
Qui m'ait jamais troublé l'esprit.
Ai-je rêvé? Je croyais bien
Lui avoir parlé à la foire.

GUILLEMETTE. Vous le croyiez?

DRAPIER. Ah! oui, vraiment,
Mais j'aperçois bien le contraire.

PATHELIN (*comme en délire*). Est-ce un âne
que j'entends braire?[148]
Hélas, hélas! mon cher cousin,
Il y aura un grand émoi
Quand je ne te reverrai plus.
Ne dois-je pas te détester?
Tu m'as fait grande tricherie;[149]
Chez toi, c'est toujours tromperie.
Ha oul danda oul ravezie
Corfa en euf.

GUILLEMETTE. Dieu vous bénisse!

PATHELIN (*comme en délire*). *Huis oz bez ou*
dronc badou

Digant cor . . . . . .(etc.)[150]

DRAPIER. Sainte Dame! Comme il barbote![151]
Pire qu'un canard![152] Il bredouille[153]
Ses mots tant qu'on n'y comprend rien.
Ce n'est pas là parler chrétien
Ni langage qu'on puisse entendre.

GUILLEMETTE. Ce fut la mère de son père
Qui venait tout droit de Bretagne.
Il va mourir, cela nous montre
Qu'il faut les derniers sacrements.

PATHELIN. Eh! Par saint Gigon tu te mens
Voit à Dieu . . . . . (etc.)[154]
Et bona dies sit vobis,
(Bonjour à vous,)
Magister amantissime,
(Maître très doux,)
Pater reverendissime,
(Très reverend Père,)
Quomodo brulis? quæ nova?
(Comment brûlez-vous? Quoi de
nouveau?)
Parisius non sunt ova.
(Il n'y a pas d'œufs à Paris.)
Quid petit ille mercator?
(Que veut ce marchand?)
Dixit nobis quod trufator,
(Il nous a dit que le trompeur,)
Ille qui in lecto jacet,
(Celui qui gît dans ce lit,)
Vult ei dare si placet
(Veut lui donner, s'il lui plaît,)
De oca ad comedendum.
(De l'oie à manger.)
Si sit bona ad edendum
(Si elle est bonne à manger,)
Detur sibi sine mora.
(Donnez-lui-en sans tarder.)

GUILLEMETTE. Je jurerais qu'il va mourir
En parlant—Oh! comme il écume![155]
Voyez-vous pas comme il s'agite?
O Dieu très haut, ô Dieu du ciel
Où s'en va mon pauvre mari,
Je resterai seule et dolente![156]

---

145. Pathelin speaks thirteen lines in Flemish.
146. *gage:* security.
147. Now fourteen meaningless lines in Norman dialect.
148. *braire:* bray.
149. *tricherie:* cheat.
150. Now twelve lines in Breton.

151. *barbote:* flounders around.
152. *canard:* duck.
153. *bredouille:* jabbers.
154. Here fourteen lines in Lorraine dialect. Pathelin then shifts to Latin.
155. *écume:* froths at the mouth.
156. *dolente:* grieving.

DRAPIER (*à part*). Je ferais bien de m'en
  aller
Avant qu'il n'ait rendu son âme.
  (*haut*)
Je crains qu'il ne consente pas
A vous dire, avant de mourir,
Moi présent, assez librement
Des secrets importants peut-être.
Pardonnez-moi, car je vous jure
Que je croyais bien, sur mon âme,
Qu'il avait mon drap. Adieu, dame.
Pour Dieu, qu'il me soit pardonné.

DRAPIER (*sortant*). Par la gente[157] sainte
  Marie,
Fus-je jamais plus ébaubi[158]
Qu'aujourd'hui? C'est vraiment le
  diable
Qui m'a volé pour me tenter.
Benedicite. Que du moins
Il me laisse en paix maintenant!
Ainsi donc, je donne mon drap,
Pour Dieu, à quiconque l'a pris.

SCÈNE VII: *CHEZ* PATHELIN

PATHELIN. (*Il sauté à bas du lit[159].*) Allons!
  Ma ruse a réussi.
Il s'en va donc, le beau Guillaume!
Dieu! qu'il a dessous son bonnet
De belles choses à penser!
A quoi ne va-t-il pas rêver
La nuit quand il sera couché?

GUILLEMETTE. Ah! comme nous l'avons
  roulé![160]
N'ai-je pas bien joué mon rôle?

PATHELIN. Ma foi, ma femme, à dire vrai,
Vous l'avez joué à merveille.
Nous avons sûrement gagné
Assez de drap pour nous vêtir.

ACTE III

SCÈNE PREMIÈRE: *DEVANT LA PORTE DU* DRAPIER

DRAPIER (*seul*). On me repaît[161] de duperies.
Chacun m'emporte mon avoir
Et prend ce qu'il en peut avoir.
Je suis le roi des malchanceux.[162]
Jusqu'aux bergers de nos moutons
Qui me volent; en voici un
A qui j'ai toujours fait du bien;
Je saurai me venger de lui
Et l'envoyer à confession,
J'en jure par la sainte Vierge.

BERGER. Dieu vous donne bonne journée
Et soirée aussi, mon cher maître.

DRAPIER. Ah! te voilà, sale vaurien,[163]
Bon serviteur, mais propre à rien.

BERGER. Permettez-moi de vous apprendre
Qu'un homme drôlement vêtu
Pas trop propre non plus, Monsieur,
Et portant un fouet sans corde,[164]
M'a dit…Je ne me souviens pas
Exactement de ses paroles.
Il m'a parlé de vous, mon maître,
D'une certaine assignation.[165]
Croyez-moi, par sainte Marie,
J'ai à peine compris deux mots.
Il m'a parlé tout pêle-mêle
De brebis[166] et de relevée,[167]
En me faisant grande menace
De châtiment de votre part.

DRAPIER. Si je ne te fais enchaîner
Aujourd'hui même par le juge,
Je demande que le déluge
M'emporte et me fasse périr.
Tu n'assommeras[168] plus mes bêtes,
Par ma foi, qu'il ne t'en souvienne.[169]
Tu me paieras, quoi qu'il advienne,[170]
Six aunes…je dis le trépas[171]
De mes brebis et le dommage
Que tu m'as fait depuis dix ans.

BERGER. Ne croyez pas ce qu'on raconte,
Mon bon maître, car par mon âme…

DRAPIER. Et par la Dame que l'on prie,
Tu les paieras au pilori.

---

157. *gente:* gentle.
158. *ébaubi:* bewildered.
159. *à bas lit:* out of bed.
160. *roulé:* cheated.

161. *me repaît:* give me my fill.
162. *malchanceux:* unlucky.
163. *vaurien:* blackguard.
164. *fouet sans corde:* whip without lash; wand of

office of *sergent,* who served summonses, etc.
165. *assignation:* summons.
166. *brebis:* sheep.
167. *relevée:* afternoon (time set for court hearing).
168. *assommeras:* you will beat to death.
169. *qu'il ne t'en souvienne:* without your
  remembering it.
170. *quoi qu'il advienne:* whatever may happen.
171. *trépas:* death.

Mes six aunes de…je veux dire
Ce que tu as pris sur mes bêtes.
BERGER. Six aunes? vous êtes fâché,
Il me semble, pour autre chose.
Par saint Leu, mon maître, je n'ose
Rien dire quand je vous regarde.
DRAPIER. Fiche-moi le camp[172] et va-t'en
Chez le juge, si bon te semble.
BERGER. N'est-il pas moyen d'arranger
Les choses sans aucun procès?
DRAPIER. Aucun. Ah! ton affaire est claire!
Va-t-en. Je ne veux rien céder.
Dieu me garde de retirer
Ma plainte! Elle est aux mains du juge.
Tout le monde me tromperait,
Corbleu![173] si je n'y prenais garde.
BERGER. Adieu, Monsieur. Portez-vous
bien.
(à part.)
Il faut donc que je me défende.

SCÈNE II: *CHEZ* PATHELIN

BERGER (*à la porte*). Holà! quelqu'un?
PATHELIN (*de la maison*). Là, qu'on me
pende
Si ce n'est pas notre drapier!
GUILLEMETTE. J'espère que non, par saint
George,
Car ce serait vraiment le comble.[174]
BERGER. Bonjour, Monsieur. Dieu vous
bénisse!
PATHELIN (*ouvrant la porte*). Toi ici, berger!
que veux-tu?
BERGER. On me condamne par défaut[175]
Si je ne parais chez le juge,
Monseigneur, cet après-midi.
Eh! s'il vous plaît, vous y viendrez,
Mon bon maître, et me défendrez,
Car, moi, je ne saurais le faire.
Et vous serez très bien payé
Quoique je sois mal habillé.
PATHELIN. Viens me conter cela.
(LE BERGER *entre.*)
Qu'es-tu,

Ou demandeur ou défendeur[176]?
BERGER. Je suis le berger d'un patron,
Comprenez bien cela, cher maître,
Dont, depuis dix ans, je fais paître[177]
Les brebis et les garde aux champs.
Et, ma foi, il me semblait bien
Qu'il me payait petitement.
Dirai-je tout?
PATHELIN. Dame, bien sûr.
A son conseil[178] on doit tout dire.
BERGER. Eh bien, je confesse, messire,
Que j'ai souvent frappé les bêtes
Si fort que plusieurs sont tombées
Et ne se sont pas relevées,
Bien qu'elles fussent déjà fortes.
Alors, je lui faisais entendre,
Afin qu'il ne m'en pût reprendre,[179]
Qu'elles mouraient de clavelée.[180]
« Ah! disait-il, sépare-les
« Du troupeau. Jette-les au diable.
« —Volontiers », disais-je. Cela
Se faisait d'une autre façon:
Car, par saint Jean, je les mangeais,
Moi qui savais la maladie.
Que voulez-vous que je vous dise?
J'ai continué si longtemps,
J'ai tant assommé de brebis
Qu'il a fini par voir le truc.[181]
Et, sachant que je le trompais,
Le méchant m'a fait épier:
Car on les entend bien crier,
Les bêtes, lorsqu'on les assomme.
Alors, on m'a pris sur le fait,[182]
Je ne le puis jamais nier.
Je voudrais donc vous supplier
(N'ayez peur, je puis vous payer)
De lui faire perdre sa cause.[183]
Je sais que la loi est pour lui,
Mais vous trouverez quelque tour
Pour la mettre de mon côté.
PATHELIN. Cela te rendrait bien service?
Que paieras-tu si je renverse
Le droit de ta partie adverse[184]

---

172. *Fiche-moi le camp:* Get out of here.
173. *Corbleu!* By gad!
174. *comble:* limit.
175. *par défaut:* by default (for nonappearance).
176. *demandeur ou défendeur:* plaintiff or defendant.
177. *paître:* graze.
178. *conseil:* counsel, lawyer.

179. *reprendre:* scold.
180. *clavelée:* sheep pox.
181. *truc:* trick.
182. *sur le fait:* in the act.
183. *cause:* case.
184. *partie adverse:* opponent.

Et si l'on te renvoie absous?[185]

BERGER. Je ne vous paierai pas en sous,
Mais en bel or à la couronne.[186]

PATHELIN. Alors, ta cause sera bonne,
Fût-elle moitié[187] plus mauvaise.
Les meilleures, je les fais perdre
Quand j'exerce tout mon talent.
Ah! tu m'entendras discourir
Quand il aura fini sa plainte!
Écoute bien. Je te demande,
Par tous les Saints du Paradis,
Tu es bien assez malicieux[188]
Pour comprendre ma plaidoirie?[189]
Comment est-ce que l'on t'appelle?

BERGER. Mon nom, c'est Thibaut l'Agnelet.

PATHELIN. L'Agnelet? Plus d'un agneau de
lait[190]
Tu as chipé à ton patron?

BERGER. En vérité, il est possible
Que j'en aie mangé plus de trente
En trois ans.

PATHELIN. Joli bénéfice[191]
Pour tes dés[192] et pour ta chandelle.
Comme je vais le tourmenter!
Penses-tu qu'il puisse trouver
Des témoins pour prouver son cas?
Grosse question dans un procès.

BERGER. Des témoins? Ah! oui, bonne
Vierge!
Par tous les Saints du Paradis,
Pour un il en trouvera dix
Qui vont témoigner contre moi.

PATHELIN. Oh! C'est une chose qui gâte
Ta cause. Mais écoute bien:
Je feindrai ne pas te connaître
Et ne t'avoir jamais parlé.

BERGER. Très bien.

PATHELIN. Rien de plus naturel.
Mais voici ce qu'il faudra faire:
Si tu parles, on te prendra
En défaut dans chaque réponse.
Rien de pire que les aveux;[193]

Ils sont toujours très dangereux
Et nuisent comme de vrais diables.
Voici donc ce que tu feras:
Sitôt que l'on t'appellera
Pour paraître devant le juge,
Tu ne répondras autre chose
Que bée,[194] quoi que l'on te demande;
Et, s'il arrive qu'on te blâme
En disant: « Sale vagabond,
« Truand,[195] Dieu vous donne la gale![196]
« Vous moquez-vous de la justice? »
Dis: bée. « Ah! quel idiot! dirai-je,
« Il pense parler à ses bêtes. »
Et, s'ils veulent crier plus fort,
Ne prononce pas d'autre mot,
Garde-t'en bien.

BERGER. Soyez tranquille.
Je m'en garderai avec soin
Et suivrai votre avis en tout.
Comptez-y, je vous le promets.

PATHELIN. C'est de la plus grande
importance.
A moi-même, pour quelque chose
Que je te dise ou te demande,
Tu ne répondras autrement.

BERGER. Je vous le jure sur mon âme.
Voyez en moi le roi des fous,
Si je dis une autre parole
A vous ou à d'autres personnes,
En réponse à n'importe quoi,
Que bée, ainsi que vous voulez.

PATHELIN. Alors, je plains ton adversaire,
Il sera pris dans nos filets.
Mais aie bien soin que je me loue,[197]
Quand ce sera fait, de la paie.

BERGER. Monseigneur, si je ne vous paie
A votre mot, ne me croyez
Jamais. Mais, de grâce, prenez
Le plus grand soin de mon affaire.

PATHELIN. Par Notre-Dame de Boulogne,
Je crois que le juge est assis,[198]
Car il vient toujours à midi

---

185. *absous:* acquitted.
186. *or à la couronne:* gold stamped with a crown.
187. *moitié:* half again.
188. *malicieux:* smart, sly.
189. *plaidoirie:* plea in defense.
190. *agneau de lait:* baby lamb.
191. *bénéfice:* profit.
192. *dés:* dice. (Taverns charged customers for the use

of dice [which players could trust] and candles.)
193. *aveux:* admissions.
194. *bée:* baa.
195. *Truand:* Vagabond.
196. *gale:* itch.
197. *que je me loue:* that I shall be well satisfied.
198. *assis:* seated (in court).

Ou à peu près ce moment-là.

Viens après moi. Il ne faut pas

Que l'on nous voie tous deux ensemble.

BERGER. Je comprends. Vous ne voulez pas

Qu'on vous sache mon avocat.

PATHELIN. Gare à toi, mauvais garnement,[199]

Si tu n'apportes mes écus.

BERGER. A votre mot, certainement.

Monseigneur, n'ayez aucun doute.

(*Il sort.*)

PATHELIN. Ah! la clientèle[200] revient.

Je vais enfin gagner un peu.

J'aurai de lui, si tout va bien,

Quelques écus d'or pour ma peine.

SCÈNE III: *AU TRIBUNAL*

PATHELIN (*au* JUGE). Sire, Dieu vous accorde en grâce

Tout ce que votre cœur désire!

JUGE. Soyez le bienvenu, Monsieur.

Couvrez-vous[201] et prenez ce siège.

PATHELIN (*qui reste au fond*). Merci. Si vous le permettez,

Je reste ici plus à mon aise.

JUGE (*au public*). Apportez vite vos procès

Ou bien je vais lever l'audience.[202]

DRAPIER. Mon avocat ne peut tarder,

Il a une petite affaire,

Monseigneur, et, s'il vous plaisait,

Vous seriez bien bon de l'attendre.

JUGE. J'ai d'autres chiens à fouetter.[203]

Si votre adversaire est ici,

Nous procéderons sans délai.

Vous êtes bien le demandeur?

DRAPIER. Oui, sire.

JUGE. Où est le défendeur?

Est-il devant nous en personne?

DRAPIER. Bien sûr, voyez-le qui ne dit

Mot, mais Dieu sait ce qu'il en pense.

JUGE. Puisque vous êtes en personne

Tous deux, présentez votre plainte.

DRAPIER. Voici donc ce que je demande.

Monseigneur, c'est la vérité

Que pour Dieu et par charité

Je l'ai nourri dans son enfance.

Et quand je le vis assez grand

Pour l'envoyer aux champs, alors

Je le fis être mon berger

Et le mis à garder mes bêtes.

Mais aussi vrai que je vous vois

Assis là, monseigneur le juge,

Il m'a fait un si grand massacre

De mes brebis, de mes moutons,

Que sans mentir…

JUGE. Je vous écoute.

Dites, vous l'aviez pris à gage?[204]

DRAPIER. Dame, s'il s'était avisé

De les garder sans être à moi…

(*Il aperçoit* PATHELIN.)

Que je puisse renier Dieu

Si ce n'est vous que je revois!

(PATHELIN *se cache le visage.*)

JUGE. Comme vous tenez la main haute!

Souffrez-vous des dents, maître Pierre?

PATHELIN. Oui, elles me font un tel mal!

Je n'eus jamais pareille rage,[205]

Je n'ose lever le visage

Ne vous occupez pas de moi.

JUGE (*au* DRAPIER). Allez, achevez votre plainte.

Surtout concluez clairement.

DRAPIER (*à lui-même*). Vraiment c'est lui et pas un autre,

J'en jure par la Sainte Croix.

(*à* PATHELIN)

C'est bien vous à qui j'ai vendu

Six aunes de drap, maître Pierre.

JUGE. Que veut-il dire?

PATHELIN. Oh! il divague.[206]

Il croit revenir à sa plainte

Et ne peut pas y arriver:

Il n'a pas appris sa leçon.

DRAPIER. Qu'on me pende s'il n'a pas pris

Mon drap, qu'on me coupe la gorge!

PATHELIN. Comme le méchant homme va

Chercher loin l'objet de sa plainte!

Il veut dire, le maladroit,

Que son berger avait vendu

La laine (si j'ai bien compris)

Dont fut fait le drap de ma robe.

Son berger le vole, dit-il;

Il lui a dérobé la laine

---

199. *garnement:* rascal.
200. *clientèle:* practice.
201. *Couvrez-vous:* Put on your hat.
202. *lever l'audience:* close the court.

203. *d'autres…fouetter:* i.e., other fish to fry.
204. *pris à gage:* hired.
205. *rage:* toothache.
206. *divague:* is rambling.

De ses brebis.

DRAPIER (*à* PATHELIN). Malédiction
Sur moi, si vous n'avez mon drap!

JUGE. Vous ne faites que bavarder.[207]
Ne pouvez-vous pas revenir
A la question sans fatiguer
La cour de stupides propos?

PATHELIN. J'ai mal aux dents, mais il faut
rire.
Cet homme est si pressé qu'il a
Perdu le fil de son discours.
C'est à nous de le retrouver.

JUGE. Mais revenons à ces moutons.[208]
Alors, quoi?

DRAPIER. Il a pris six aunes
De neuf francs.

JUGE. Sommes-nous des bêtes,
Des idiots? Où croyez-vous être?

PATHELIN. Parbleu! Il se moque de vous.
Jugez le bonhomme[209] à sa mine.[210]
Je suggère qu'on examine
Maintenant la partie adverse.

JUGE. Sage conseil. Il ne dit mot.
Il m'a l'air tout interloqué.[211]
(*au* BERGER)
Approche.

BERGER. Bée!

JUGE. Hein! quelle peste!
Bée! me prends-tu pour une chèvre?[212]
Parle-moi.

BERGER. Bée!

JUGE. Eh! que la fièvre
Te dévore, mauvais plaisant![213]

PATHELIN. Quel fou, quel petit entêté![214]
Pense-t-il être avec ses bêtes?

DRAPIER (*à* PATHELIN). Que je sois maudit si
vous n'êtes
L'homme qui est venu voler
Mes six aunes!
(*au* JUGE)
Vous ne savez,
Monseigneur, par quelle malice...

JUGE. Taisez-vous donc. Êtes-vous fou?

Laissez en paix cet accessoire
Et revenons au principal.

DRAPIER. L'accessoire me touche fort,
Monseigneur. Cependant ma bouche
N'en dira plus un mot ici.
J'y penserai une autre fois
Quand l'heure sera favorable.
Alors, j'avale la pilule
Sans mâcher[215]...Je vous disais donc
Sur ma plainte comment j'avais
Donné six aunes...Je veux dire
Mes brebis; de grâce, Messire,
Pardonnez-moi...Ce chenapan[216]
De berger, quand il devait être
Aux champs, il me dit que j'aurais
Six écus d'or quand je vendrais...
...Pardon...Voilà trois ans passés
Que mon berger s'est engagé
A me garder loyalement
Mes brebis et à ne commettre
Ni dommage ni vilenie.
Et maintenant il me refuse
L'argent, lui qui garde le drap...
Ah! maître Pierre, en vérité...
...Ce ribaud-ci tondait la laine[217]
De mes bêtes et, toutes saines,
Les mettait durement à mort,
En les assommant de grands coups
De bâton sur leur pauvre tête...
Emportant mon drap sous son bras,
Il décampa en toute hâte,
Me disant de venir chercher
Six écus d'or en sa maison.

JUGE. Je ne vois rime ni raison
En tout ce que vous marmottez.[218]
Qu'est-ce donc? Vous entrelardez
Ceci, puis cela. Somme toute,
A dire vrai, je n'y vois goutte...
Il parle de drap et ensuite
De brebis, tout à l'aventure.
Qui donc pourrait s'y reconnaître?

PATHELIN. Et je suis sûr qu'il ne paie pas
Au pauvre berger son salaire.

---

207. *bavarder:* run on.
208. *revenons à ces moutons:* let's get back to the
    subject (the phrase has become proverbial).
209. *bonhomme:* fellow.
210. *à sa mine:* by his looks.
211. *interloqué:* bewildered.
212. *chèvre:* goat.

213. *mauvais plaisant:* poor joker.
214. *entêté:* blockhead.
215. *mâcher:* chew.
216. *chenapan:* scoundrel.
217. *Ce...laine:* This rascal here would clip the wool.
218. *marmottez:* mumble.

DRAPIER. Vous, vous feriez mieux de vous
taire.
Mon drap, aussi vrai que la messe,
Je sais mieux où le bât m'en blesse[219]
Que vous ou n'importe quel autre.
Sur ma foi, c'est vous qui l'avez.
JUGE. Qu'est-ce qu'il a?
DRAPIER. Rien, monseigneur.
(*à lui-même*)
Ma parole, c'est le plus grand
Trompeur…
(*au* JUGE)
Eh bien, je me tairai
Si je puis et ne parlerai
Plus de ce drap, quoi qu'il advienne.
JUGE. Très bien, mais ne l'oubliez pas
Et concluez plus clairement.
PATHELIN. Ce berger ne peut nullement
Répondre aux faits qu'on lui reproche
Sans avocat; il n'ose pas
Ou il ne sait en demander.
Ne voulez-vous pas me confier
Sa cause? je veux bien la prendre,
JUGE. J'y consens. Mais rendez-vous compte
Que c'est un bien pauvre client,
Trop court d'argent.
PATHELIN. Moi, je vous jure
Que je veux bien plaider gratis,
Pour l'amour de Dieu. Je vais donc
Interroger ce malheureux,
Et lui demander ce qu'il faut
Répondre aux faits dont on l'accuse.
Il aurait peine à s'en tirer
Si l'on ne prenait sa défense.
(*au* BERGER)
Viens, mon ami. Si l'on pouvait…
…Tu m'entends bien?
BERGER. Bée.
PATHELIN. Bée! encore?
Par le saint sang que Dieu versa,
Es-tu fou? Dis-moi ton affaire.
BERGER. Bée.
PATHELIN. Bée! Parles-tu aux brebis?
C'est pour ton profit. Comprends donc.
BERGER. Bée.

PATHELIN. Voyons! dis-moi oui ou non.
(*tout bas, au* BERGER)
Bien joué.
(*parlant haut*)
Allons, parle-moi.
BERGER (*doucement*). Bée.
PATHELIN. Plus haut, ou tu vas courir
Un grand danger, j'en ai bien peur.
BERGER (*très haut*). Bée.
PATHELIN. Quel fou est celui qui traîne
Un pareil idiot en justice![220]
Sire, renvoyez-le à ses
Brebis. Il est fou de naissance.
DRAPIER. Ce berger est fou? quel
mensonge!
Il est plus sage que vous n'êtes.
PATHELIN (*au* JUGE). Envoyez-le garder ses
bêtes
Sans qu'il ait à recomparaître.[221]
Maudit soit celui qui assigne[222]
Tels fous ou les fait assigner!
DRAPIER. Et vous le laisserez partir
Avant de m'avoir entendu?
JUGE. Mon Dieu, oui. Il s'agit d'un fou.
Puis-je faire autrement?
DRAPIER. Eh! sire,
Au moins laissez-moi d'abord dire
Et présenter mes conclusions.
Car ce ne sont pas des mensonges
Que je dis ni des moqueries.
JUGE. C'est toujours un méli-mélo[223]
De plaider contre fous ou folles.
Alors, c'est assez de paroles;
La cour ne veut plus en entendre.
DRAPIER. N'auront-ils pas commandement
De revenir?
JUGE. Et pour quoi faire?
PATHELIN. Revenir! Vîtes-vous jamais
Plus fou que mon pauvre client?
Et l'autre vaut-il donc une once
Mieux? ont-ils un brin[224] de cervelle?
Par la belle sainte Marie,
Pas un seul fétu[225] entre eux deux!
DRAPIER. Vous l'avez emporté par ruse,
Mon drap, sans payer, maître Pierre.

---

219. *où le bât me blesse:* where the shoe (*lit.,* pack-
saddle) pinches.
220. *justice:* court.
221. *recomparaître:* reappear.
222. *assigne:* summons.
223. *méli-mélo:* mixup.
224. *brin:* tiny bit.
225. *fétu:* straw (*i.e.,* difference in weight).

Je ne suis qu'un pauvre pécheur,
Mais c'est l'action d'un malhonnête.
PATHELIN. Que le grand saint Pierre me
   damne
   S'il n'est fou ou ne le devient!
DRAPIER. Je reconnais bien votre voix,
   Votre robe et votre visage.
   Je ne suis pas fou, je suis sage
   Et je sais qui me fait du bien.
   (*au* JUGE)
   Je vous conterai tout le fait,
   Monseigneur, bien sincèrement…
PATHELIN. Ah! sire, imposez-lui silence.
   (*au* DRAPIER)
   C'est une honte d'ennuyer[226]
   Votre berger pour trois ou quatre
   Vieilles brebis ou vieux moutons
   Qui ne valent pas deux boutons.
   Vous en faites une montagne.
DRAPIER (*à* PATHELIN). Vieille chanson que
   mes moutons!
   C'est à vous-même que je parle,
   Et vous me rendrez mes six aunes,
   Par le Dieu qui vint à Noël.
JUGE. L'entendez-vous? j'ai bien raison;
   Il ne cessera pas de braire.
DRAPIER. Je demande…
PATHELIN. Faites-le taire.
   Vraiment, c'est trop de fariboles.[227]
   Admettons qu'il en ait occis[228]
   Six ou sept ou une douzaine
   Et les ait mangés, sacrebleu!
   Vous vous croyez bien malheureux.
   Vous avez gagné davantage
   Au temps qu'il vous les a gardés.
DRAPIER (*au* JUGE). Vous voyez, sire, vous
   voyez!
   Je lui parle de draperie,
   Il me parle de bergerie.
   (*à* PATHELIN)
   Où sont les six aunes de drap
   Que vous mîtes sous votre bras?
   Ne pensez-vous pas à les rendre?
PATHELIN. Ah! sire, le ferez-vous pendre
   Pour six ou sept bêtes à laine?
   Au moins, reprenez votre haleine.[229]

Ne soyez pas si rigoureux
Au pauvre berger malheureux
Qui est presque aussi nu qu'un ver.
DRAPIER. Comme il vous change de sujet!
   C'est le diable qui me fit vendre
   Mon drap à un pareil client.
   Là, monseigneur, je lui demande…
JUGE. Je l'absous de votre demande[230]
   Et vous défends de procéder.
   C'est un bel honneur de plaider
   Contre un fou.
   (*au* BERGER)
   Va-t'en à tes bêtes.
BERGER. Bée.
JUGE (*au* DRAPIER). Vous montrez bien qui
   vous êtes,
   Par le sang de Notre Seigneur.
DRAPIER. Là, là, monseigneur, sur mon
   âme,
   Je lui veux…
PATHELIN. Va-t-il pas se taire?
DRAPIER (*à* PATHELIN). Et c'est à vous que
   j'ai à faire.
   Vous m'avez trompé faussement
   Et emporté furtivement
   Mon drap par votre beau langage.
PATHELIN. Oh! quelle patience il me faut!
DRAPIER. Souffrez, monseigneur, que je
   dise…
JUGE. Quelles sottises vous contez
   Tous deux! je n'entends que du bruit.
   Vive Dieu, je vais m'en aller.
   (*au* BERGER)
   Va-t'en, mon garçon. Ne reviens
   Jamais, n'importe qui t'assigne.
   La cour t'acquitte, entends-tu bien?
PATHELIN. Dis grand merci.
BERGER. Bée.
JUGE. J'ai bien dit
   Va-t'en. C'est vraiment pour le mieux.
DRAPIER. Mais est-il juste qu'il s'en aille
   Ainsi?
JUGE. Eh! j'ai d'autres affaires.
   Vous êtes de trop grands bavards,
   Je ne veux plus vous écouter,
   Je m'en vais. Voulez-vous venir

---

226. *ennuyer:* bother, harass.
227. *fariboles:* crazy talk.
228. *occis:* killed.

229. *reprenez votre haleine:* get your breath, think it
   over.
230. *Je…demande:* I acquit him of your complaint.

Souper avec moi, maître Pierre?

PATHELIN. Je ne puis.

(LE JUGE *sort.*)

SCÈNE IV

DRAPIER (*à part*). Quel larron[231] j'ai là!

(*à* PATHELIN)

Dites, serai-je point payé?

PATHELIN. De quoi? Perdez-vous la raison?

Mais qui pensez-vous que je sois?

Enfin, je voudrais bien savoir

Pour quel autre vous me prenez.

DRAPIER. C'est vous, saint Pierre m'est
témoin,

Vous et nul autre, je le sais,

Je dis la vérité.

PATHELIN. Mais non.

Je ne suis pas ce que vous dites.

Jamais je ne vous pris une aune;

J'ai meilleure réputation.

DRAPIER. Donc, je vais voir en votre
hôtel,[232]

Corbleu! morbleu! si vous y êtes.

Inutile de discuter

Ici, si je vous trouve là.

PATHELIN. Par Notre-Dame, c'est cela.

C'est le moyen de tout savoir.

(LE DRAPIER *sort.*)

SCÈNE V

PATHELIN. Dis, Agnelet.

BERGER. Bée.

PATHELIN. Viens ici.

N'ai-je pas bien plaidé ta cause?

BERGER. Bée.

PATHELIN. Ton ennemi est parti.

Ne dis plus bée, c'est inutile.

Lui en ai-je fait des entorses?[233]

Ne t'ai-je pas bien conseillé?

BERGER. Bée.

PATHELIN. Va donc, on ne t'entend pas.

Parle hardiment, aucun danger.

BERGER. Bée.

PATHELIN. Il est temps que je m'en aille,

Paie-moi donc.

BERGER. Bée.

PATHELIN. A dire vrai.

Tu as très bien joué ton rôle,

Tu t'es parfaitement conduit.

Ce qui nous a le mieux servi,

C'est de t'être tenu[234] de rire.

BERGER. Bée.

PATHELIN. Bée? Il ne le faut plus dire.

Voyons, sois gentil et paie-moi.

BERGER. Bée.

PATHELIN. Encore? Tu perds la boule.[235]

Paie-moi, il faut que je m'en aille.

BERGER. Bée.

PATHELIN. Écoute-moi, mon ami.

De grâce, cesse de bêler,[236]

Pense plutôt à me payer.

Assez de tous ces bêlements!

Paie vite.

BERGER. Bée.

PATHELIN. Vrai, tu te moques.[237]

Ne feras-tu pas autre chose?

Je le jure, tu me paieras,

Entends-tu? si tu ne t'envoles.

Çà, mon argent!

BERGER. Bée.

PATHELIN. Tu rigoles…

Comment? c'est tout ce que j'aurai?

BERGER. Bée.

PATHELIN. Voilà, tu fais l'innocent,[238]

Mais qui penses-tu attraper?

Encore une fois, j'ai assez

De t'entendre bêler. Paie-moi.

BERGER. Bée.

PATHELIN. De singe c'est la monnaie.[239]

De qui crois-tu donc te jouer?

N'as-tu pas promis de payer

En beaux écus? Tiens ta parole.

BERGER. Bée.

PATHELIN. Me fais-tu manger de l'oie?

(*à lui-même*)

Sacrebleu! ai-je tant vécu

Qu'un berger, tête de mouton,

Un vaurien, me mette dedans?[240]

BERGER. Bée.

---

231. *larron:* thief.

232. *hôtel:* house.

233. *Lui…entorses?* Didn't I skin him alive?

234. *de t'être tenu:* that you kept from.

235. *boule:* head, mind.

236. *bêler:* bleat.

237. *tu te moques:* you're just being silly.

238. *tu fais l'innocent:* you are playing dumb.

239. *De singe…monnaie:* That's monkey money (a
jeer).

240. *me mette dedans:* should take me in.

PATHELIN. N'en aurai-je autre parole?
Si tu le fais pour t'amuser,
Dis-le. Ne me mets pas en rage.
Viens-t'en souper à ma maison.
BERGER. Bée.
PATHELIN. Par saint Jean, tu as raison.
Les jeunes attrapent les vieux.
(*à lui-même*)
Moi qui croyais être le maître
Des trompeurs d'ici et d'ailleurs,
Des escrocs,[241] de tous ceux qui donnent
Belles paroles en paiement

A faire au jour du Jugement,
Un simple berger me surpasse.
(*au* BERGER)
Par saint Jacques, si je trouvais
Un sergent, je te ferais prendre.
BERGER. Bée.
PATHELIN. Oh! ce bée! Que l'on me pende
Si je ne vais vite chercher
Un bon sergent. Malheur à lui,
Sacrebleu! s'il ne t'emprisonne!
BERGER. (*s'enfuyant*). S'il me trouve, je lui
pardonne.

6. Lyric Poetry

Music and Verse

In earliest times, music, ritual words, and the dance formed an indivisible unit. When first it was discovered that the words separated from the music might give pleasure, lyric poetry was born.

What is poetry and how may it be distinguished from prose? Let us avoid the dictionary and attempt a definition. Poetry's concern is emotion rather than fact; its method is esthetic rather than rational; its form is a rhythmical pattern.

The words of poetry determine and suggest music. They may do so in various ways. Latin poetry is based on *quantity,* or the rhythmical recurrence of long and short syllables, like long and short notes in music. English poetry is based on *stress,* on the arrangement of accented and unaccented, or loud and soft, syllables. French poetry is based on *syllabic grouping,* or the recurrence of lines, or word groups, of a fixed number of syllables. Poetry has other melodic devices, of which the commonest is rhyme, or the repetition at fixed intervals of a similar but not identical sound. The theory and organization of poetry vary, but all peoples seem to find beauty in verbal patterns subject to infinite variations.

One would think that humanity's preoccupation with poetry would make the phenomenon easy to record. But in fact, no one knows where French poetry came from. There is little visible connection between classical Latin poetry, quantitative and unrhymed, and the forms of the emerging French poetry. Perhaps the Latin hymns of the early Church, rhymed and accented, set the models. (But where did the Church find rhyme and accent?) Perhaps the new French forms arose from Celtic originals, or from German; or perhaps Arab forms were borne across the Mediterranean on wings of song. Perhaps, even, the French invented their own lyric, basing it on the popular dance or *carole,* in which a leader sang the verse and the whole group sang the chorus, as in a sea chantey. We can only guess. Indeed, the problem of origins is likely to remain a problem unless someone turns up some new evidence.

---

241. *escrocs:* crooks.

Popular Origins

There are always two general types of poetry: the folk poetry represented in popular songs, and the learned poetry written by sophisticated poets for a cultivated public.

The earliest surviving examples of the lyric in northern France are developments from popular or folk poetry. They are rhymed, often artfully; they have a fixed number of syllables to the line; they have a marked rhythm, and usually a refrain for chorus singing. Here is a *pastourelle*, a conventional type of poem which told of a knight encountering a shepherdess. It is here slightly modernized. You should read it rapidly for the sound. (The musically minded would be well occupied in making a tune for it.)

De Saint-Quentin à Cambrai
Je chevauchais l'autre jour.
Par un buisson regardai,
Fille y vis de bel atour:[1]
La colour
Fraîche comme rose en mai.
De cœur gai
Chantant la trouvai
Cette chansonnette:
« En nom Dieu, j'ai bel ami,
Cointe[2] et joli,
Bien que je sois brunette ».

Vers la pastoure[3] tournai,
Quand la vis en son détour,[4]
Hautement la saluai,
Et dis: « Dieu vous doint[5] bon jour
Et honour!
Celle qu'ici trouvé ai

Sans délai
Son ami serai. »
Dont dit la doucette:[6]
« En nom Dieu, j'ai bel ami,
Cointe et joli,
Bien que je sois brunette. »

Près d'elle m'asseoir j'allai,
La priai de son amour.
Elle dit: « Je n'aimerai
Vous ni autres par nul tour
Sauf pastour
Robin, que fiancé j'ai,
Joie en ai,
Et en chanterai
Cette chansonnette:
« En nom Dieu, j'ai bel ami,
Cointe et joli,
Bien que je sois brunette. »

There are many such popular songs, which demand music and the stamping of dancer's feet on turf. Here is the first stanza of a rousing one. The refrain is repeated at the end of each stanza.

A la folie[7] à Dammartin
A l'entrée du temps nouvel
S'assemblèrent par un matin
Pastourelles et pastourel.
Roi ont fait du plus bel.
Mantel eut de camelin[8]

Et cotte de burel.[9]
S'ont le museour mandé.[10]

Et Tieris son bourdon
A destoupé,[11]
Qui disait: « bon bon bon bon bon!
Sa de la rire dural dure lire dure. »

---

1. *Fille…atour:* I saw a comely lass there.
2. *Cointe:* Handsome.
3. *pastoure:* shepherdess.
4. *détour:* retreat.
5. *doint = donne.*
6. *Dont dit la doucette:* Whereat the sweet girl said.
7. *folie:* merrymaking.
8. *camelin:* wool.
9. *cotte de burel:* jacket of rough serge.
10. *S'ont…mandé:* And they summoned the bagpiper.
11. *Et Tieris…destoupé:* And Tieris got his bagpipe ready. In reading the last two lines (meaningless) imitate a bagpipe.

The *Chanson Courtoise*

Contemporaneous with the popular poetry, but entirely distinct from it, was the sophisticated poetry, or *chanson courtoise*. In much the same way, greeting card writers and modern-day authors of serious verse use the same materials to evoke the poetic state of mind, but they usually give no evidence of mutual contact.

The invariable *theme* of the *chanson courtoise* was love. The poets' conception of love was high and noble and was certainly influenced by the Church's language of mystic adoration. As in the *roman courtois* the knight proved himself worthy of a lady's favor by mighty deeds of valor, the lyric poet strove to merit love, but typically by trying to purify and beautify his spirit, his desire. Thus we have a body of medieval poetry which is elevated, refined, and subtle.

This poetry had its origin and development in the south, where *Provençal* was spoken. It had its great flowering there in the twelfth century. The Provençal poets despised the easy and obvious. They invented the *trobar clus,* closed poetry, which esteems obscurity as a merit in itself and requires devoted labor on the part of the reader. One may easily recognize the modern parallel.

The Provençal model deeply influenced the northern French poets, as it did those of Italy and the rest of Europe. But Provençal literature, which continues to our own time, is something separate from French and is not our business.

Fixed Forms

The poets of this tradition established *forms* as refined and subtle as their thought. These are called the *formes fixes.* They are mostly extremely difficult. The poet is obliged to work in a set, rigid scheme of rhythm and rhyme, and within his strict limitations to give an impression of ease. The *formes fixes* have always appealed to artists who are fascinated by verbal technique, who find their pleasure in the conquering of difficulty. They had a new popularity in English around 1900; however, the products are mostly to be classed under the head of light verse.

Here is a *rondel* of Eustache Deschamps, a court poet of the fourteenth century:

Venez à mon jubilé:
J'ai passé la cinquantaine.
Tout mon bon temps est allé:
Venez à mon jubilé,
Mon corps est tout affolé.
Adieu! De moi vous souvienne!
Venez à mon jubilé:
J'ai passé la cinquantaine.

Analyze carefully the form of this poem. See if you can turn it into an English *rondel,* keeping the rhythm, rhyme scheme, and repetitions.

The poetry of the high Middle Ages, which has for us the quaintness, richness of color, and formality of medieval graphic art, has always charmed modern poets and has tempted many a translator. Unfortunately the difficulties of the early language are so great that few undergraduate students appreciate the qualities of the poetry. Therefore no more early examples will be given here.

A Regal Captivity. Courtesy of Bibliothèque nationale de France.

Charles d'Orléans

[1394–1465]

Sensitivity and Violence

The first poet whose work is really accessible to the average non-French reader is Charles d'Orleans. His lyric poetry was born of tragedy and longing for idyllic happiness. A nobleman turned author, Charles is a classic example of the poet as the sensitive individual caught in an environment of violence and horror.

Prisoner of War

The Hundred Years War (1337-1453) was a 116-year-long struggle by the French against the English, who had dominated much of France since around 1200. The situation went from bad to worse with the outbreak of a civil war among the French, enabling the English to attain a huge victory in 1415 at Agincourt (the battle later immortalized by Shakespeare in his play *Henry V.*) The crisis had come about when French King Charles VI went insane. His widow Isabeau eventually acknowledged, in the Treaty of Troyes, England's King Henry V as successor to the French throne rather than her son (who nevertheless did eventually become King Charles VII.) However, the Duke of Burgundy had declared himself Regent (temporary ruler of France), which set off battles between his supporters, the Burgundians, and Isabeau's party, the Armagnacs. The Burgundians managed to assassinate the Duke's primary rival, Charles VI's brother; this victim was the father of Charles d'Orléans. The English profited from the chaos amidst the French to solidify and expand their hold over much of the country. But a teenager known as Jeanne d'Arc (originally Darc), who had heard religious voices that exhorted her to rally Charles VII's forces against the English, was burned at the stake in 1431. Her martyrdom inspired a massive uprising by the French people against the English, resulting in French independence from then on.

Caught like a pawn in these struggles was Charles d'Orléans. The nephew of mad King Charles VI and the father of future King Louis XII, Charles d'Orléans had his very privileged life shattered by misfortune early. Orphaned and widowed by the age of fifteen, he was twenty-one when he was taken prisoner by the English at Agincourt and spent nearly twenty-five years in captivity in England. Although his was a genteel sort of imprisonment, Charles despaired at not being able to tend to his lands and royal duties. He beguiled his interminable boredom by writing poetry, some of it in English. When he was at length ransomed and released, in 1440, he established a little court at the chateau of Blois in the lovely Loire Valley. There he made all poets welcome, among them François Villon. Poetry, his own solace, he imposed on his court, even forcing his physician to write his prescriptions in verse.

Agile Virtuosity

His poetry is marked by grace and charm, by gentle melancholy, by a dainty but not vigorous fancy. It is personal, in that it expresses his own character; it is universal, in that it communicates emotions and experiences common to all sensitive persons; and it is artistic, in that he makes his thought seem effortless and beautiful within the strict limitations of the fixed forms. Here are three *rondeaux*. The student should first read them through for the thought and music, and should then observe the structure of the rondeau. Notice the eight-syllable line, the use of only two rhymes, the repetition of lines 1 and 2. (There is no better exercise in verbal agility than the faithful translation of such rondeaux into English verse.)

✤ ✤ ✤

Rondeaux

I

[*This first rondeau, on the subject of springtime, opens with one of the most famous lines in all of French poetry.*]

Le temps a laissé son manteau
De vent, de froidure et de pluie,
Et s'est vêtu de broderie,
De soleil rayant,[1] clair et beau.

Il n'y a bête ni oiseau
Qu'en[2] son jargon ne chante ou crie;
« Le temps a laissé son manteau
De vent, de froidure et de pluie! »

Rivière, fontaine et ruisseau
Portent, en livrée jolie,
Gouttes d'argent, d'orfèvrerie:
Chacun s'habille de nouveau.
Le temps a laissé son manteau.

II

Les fourriers[3] d'Été sont venus
Pour appareiller[4] son logis,
Et ont fait tendre ses tapis
De fleurs et verdure tissus.[5]

En étendant tapis velus[6]
De verte herbe par le pays,
Les fourriers d'Été sont venus
Pour appareiller son logis.

Cœurs d'ennui piéçà morfondus,[7]
Dieu merci, sont sains et jolis;
Allez-vous-en, prenez pays,[8]
Hiver, vous ne demourrez[9] plus:
Les fourriers d'Été sont venus.

III

En regardant ces belles fleurs
Que le temps nouveau d'amours prie,
Chacune d'elles s'ajolie[10]
Et farde[11] de plaisans[12] couleurs.

---

1. *rayant:* shining.
2. *Qu'en = Qui en.*
3. *fourriers:* billeting officers, the King's agents, who would precede him on a royal journey to prepare his lodgings.
4. *appareiller:* make ready.
5. *tissus:* woven.
6. *velus:* shaggy.
7. *Cœurs...morfondus:* Hearts long oppressed by weariness.
8. *prenez pays:* be off!
9. *demourrez = demeu-rerez.*
10. *s'ajolie:* prettifies itself.
11. *farde:* paints its face.
12. *plaisans:* both masculine and feminine in Old French.

Christine de Pisan composing ballads. From a reproduction in L. Petit de Julleville's Histoire de la Langue et de la Littérature française, *volume II, 1922*

Tant embaumées sont d'odeurs
Qu'il n'est cœur qui ne rajeunie
En regardant ces belles fleurs
Que le temps nouveau d'amours prie.

Les oiseaux deviennent danseurs
Dessus mainte branche fleurie,
Et font joyeuse chanterie
De contres, déchants et teneurs,[13]
En regardant ces belles fleurs.

✣ ✣ ✣

 # Christine de Pisan

[1363-1431]

Rondeaux and the Women of the Time

In addition to the famous rondeaux of Charles d'Orléans, France produced many more all throughout the fifteenth century by numerous other poets, several of them women. Many of their rondeaux dealt with themes of love, separation, and romantic anguish. The women's names are largely unknown; a collection of anonymous rondeaux entitled *La Chasse et le depart d'amours* serves as the primary vehicle for our knowledge of them. The one well-known poet among these women was Christine de Pisan, who has enjoyed a revival in popularity in recent years after centuries of relative obscurity.

A Professional Pen

Christine de Pisan (or Pizan) is widely regarded as the first woman to have earned her living as a professional writer. She is also considered a proto-feminist for her courageous and energetic battles against the overwhelming discrimination faced by women in her era.

Although born in Italy, Christine de Pisan grew up in France in the most privileged of circumstances. Her father, Tommaso da Pizzano, was a medical doctor and professor of astrology who had the good fortune to procure a post in the court of France's King Charles V. Christine received a formidable education and had an apparently exquisite childhood. At fifteen, she married the king's secretary, who was a lawyer, and had three children in ten years. The happy existence came to an end when Charles V, Tommaso, and husband Étienne all died, leaving Christine nearly destitute with a large extended family to support at the age of 25. Her manner of dealing with this adversity has made her greatly admired by feminists of later times. She resolved to become a professional writer, and promptly did

---

13. *contres...teneurs:* counters (voice parts in contrast with the air), descants (the upper parts in part music), and tenors (holds on the final notes).

so, scoring one success after another. Stunned that a woman would dare to earn a living with her pen, critics attacked her viciously. But she fought back, giving her detractors as good as she took. Most notably, she waged a war of words against Jean de Meung, whose *Roman de la Rose* she found uncommonly misogynistic. Becoming a great favorite first at the court of Jean de Berry, the Duc de Bourgogne, then at the royal court of Charles VI, she found herself in an excellent position to fight for the dignity of all women.

Prodigious Output, Fiery Battles

Beside her many rondeaux (including the popular *Deuil angoisseux*), she wrote a stupendous amount of poetry and prose in almost every imaginable genre known in her day. She composed hundreds of ballads (among them the well-known *Seulete suy*), "feminist" texts (*Le Livre de la Cité des dames*), allegories (*Le Livre du chemin de longue estude*), anti-war tracts (*Lamentations sur les maux de la guerre civile*), political theory (*Le Livre du corps de policie*), semi-autobiographical works (*Vision de Christine*), and her final poem (*Dictié en l'honneur de la Pucelle*) in support of Jeanne d'Arc. Although Christine wrote that she lived like a man, her poetry concentrates on the sorrow resulting from her widowhood, a topic which resonated with thousands of women during the Hundred Years' War. Admired for her adept style of writing as well as for her ideas, Christine de Pisan enjoyed a spectacularly controversial career before retiring to a convent where she spent the final dozen or so years of her life in the company of her daughter.

The following selection, which is untitled, ably expresses the feelings of a woman who has had to put on an appearance of gaiety for the sake of her family and acquaintances, masking a torment deep in her heart. Christine de Pisan knew such feelings from everyday personal experience.

❖ ❖ ❖

DE TRISTE CŒUR ...

De triste cœur chanter joyeusement
Et rire en deuil[1] c'est chose fort à faire,
De son penser[2] montrer tout le contraire,
N'issir doux ris de dolent sentiment,[3]

Ainsi me[4] faut faire communément,[5]
Et me[6] convient, pour celer[7] mon affaire,
De triste cœur chanter joyeusement.

Car en mon cœur porte couvertement[8]
Le deuil qui soit[9] qui plus me peut déplaire,
Et si me[10] faut, pour les gens faire taire,[11]
Rire en pleurant et très amèrement
De triste cœur chanter joyeusement.

---

1. *deuil:* sorrow, mourning.
2. *penser = pensée.*
3. *N'issir doux ris de dolent sentiment:* (nor) issue forth sweet laughs from painful feeling.
4. *me = il me*
5. *communément:* commonly, on a regular basis.
6. *me = il me.*
7. *celer = cacher*
8. *couvertement:* hidden away.
9. *qui soit:* which is the one.
10. *si me = s'il me.*
11. *pour les gens faire taire:* to silence people.

◦ François Villon

[1431– c.1465]

Poetry That Still Communicates

Villon is the first great lyric poet of France, and one of the great poets of world literature.

What entitles a poet to the adjective "great"? Perhaps this: that the poet has communicated and can still communicate to a large number of sensitive spirits his own experience of beauty or emotive power. Poetry requires communication; when it ceases to bear a message, or convey its essence, it dies. Its message is insight, fact, or truth, emotionally regarded. Its means of communication is language which by its artistic ordering works mysteriously as if a charm or spell.

The fact that Villon communicates is the self-revelation of a superior man who has chosen to go to the dogs. Many of us who have

Dungeon near Meung-sur-Loire. Courtesy of Bibliothèque nationale de France

chosen not to go to the dogs look with a kind of horrified admiration at the world rejector, who has refused all society's bargains. The defiant, sinful man thus commands from the moral man a sympathy he does not deserve. When, like Villon, he is a great poet, he puts his case in strangely vibrating words, and he communicates the sinner's brief reward of sensual delight, and his eventual suffering, terror, and despair.

The personality of Villon has captured the imagination of many moderns, among them Rossetti, Swinburne, and Stevenson. He has even become the hero of a musical comedy, and at least two Hollywood movies: *The Vagabond King* and *If I Were King*. His wildly contradictory passions make him an endlessly fascinating character. While Villon may appear hypocritical to some, he is at heart a remarkably sincere man, honestly admitting that he loves equally debauchery and religion.

A Sublime Criminal

Villon was born in Paris, and grew up in the desolation of the last years of the Hundred Years' War. The son of a man with a reputation for wickedness, Villon managed to receive an education thanks to the Church. He attended the University of Paris and received the degree of Master of Arts, which could have led to a life of great respectability. But he preferred the tavern to the lecture hall, the society of thieves and prostitutes to that of professors and earnest students. He lived apparently by petty thievery. In 1455 he killed a shameful priest in a brawl. He was sentenced to banishment, but, no doubt by the intercession of respectable friends, he obtained a pardon. Then, with five companions, one of them another sorry priest, he burglarized the Faculty of Theology, and made off with 500 gold crowns (a handsome sum for any Faculty of Theology). He fled from Paris and led a vagabond life, necessarily obscure. At one time he turns up in the poetic household of Charles d'Orléans. In 1461 we find him jailed at Meung-sur-Loire, at the behest of the Bishop, Thibault d'Aussigny. He was tortured, and was no doubt headed for the gallows, when by a great piece of good luck the new King Louis XI passed through the town, and to show his royal mercy set free all the prisoners. Villon returned to Paris. In 1463 he was involved in another drunken brawl, was condemned to be hanged, and had his sentence commuted to banishment. He then disappears from history's ken. Villon was a wastrel, debauchee, drunkard, swindler, pimp, thief, burglar, and murderer. But he was also a poet.

A Last Will

Most of Villon's best work is contained in *Le Grand Testament*. This was apparently written on his return to Paris after his imprisonment in Meung. It is a mock will, in which he makes a series of bequests to his friends and enemies. It consists of 173 eight-line eight-syllable stanzas, with sixteen inserted *ballades* and a few shorter lyrics. Much of the poem consists of facetious references incomprehensible to anyone except Villon's disreputable companions.

Within this unpromising frame he manages to prove himself a great poet. He pictures with lurid *realism* the background of his own life: the foul dark streets of medieval Paris, the evil taverns where criminals and their doxies (gangster girlfriends) resorted, the cemetery with the Dance of Death (skeletons prancing around, often in celebration of the plague) painted large on its walls. This stark, ugly realism was new to French literature; it anticipated even the relentless realism of writers of our own time.

By the power of his *lyricism* he makes a series of transformations. Sensual pleasure becomes tragic, haunting despair. Death becomes the great equalizer of all men. The death of the body becomes more than death, it becomes the world's destiny, man's submergence in mankind; it becomes life. His phrases have the evocative power of music, and their power is as indefinable as music. They have the lifting and releasing quality which is the true mark of great poetry. This quality is always the product of conscious art.

Note particularly the interpolated *ballades*, the favorite *forme fixe* of medieval poets. Typically they are built on only three rhymes, in a prescribed arrangement. No rhyme word may be repeated in the same sense. The *ballade* concludes with a four-line *envoi,* in which it is addressed to a princely patron.

The text of this version[1] is modernized (to some extent) by Jules de Marthold.

✤ ✤ ✤

1.　Modernization originally published by the Librairie des bibliophiles parisiens, 1921.

Cy[2] commence

LE GRAND TESTAMENT

de François Villon

Fait en 1461

I

En l'an trentième de mon âge,
Que toutes mes hontes j'eus bues,[3]
Ni du tout[4] fol, ni du tout sage,
Nonobstant maintes peines eues,
Lesquelles j'ai toutes reçues
Sous la main Thibault d'Aussigny.[5]
S'évêque il est, signant les rues,[6]
Qu'il soit le mien, je le regny![7]

II

Mon seigneur n'est,[8] ni mon évêque;
Sous lui n'ai bien, s'il n'est en friche;[9]
Foi ne lui dois, n'hommage avecque;[10]
Je ne suis son serf ni sa biche.[11]
Peu m'a donné, petite miche[12]
Et bien froide eau, tout un été.
Large ou étroit, moult me fut chiche.[13]
Tel lui soit Dieu qu'il m'a été![14]

X

Pour ce que[15] faible je me sens,
Trop plus[16] de biens que de santé,
Tant que je suis en mon plein sens,[17]
Si peu que Dieu m'en a prêté,
Car d'autre ne l'ai emprunté,
J'ai ce Testament très estable[18]
Fait, de dernière volonté,

Seul pour tout et irrévocable;

XI

Et écrit l'an soixante et un,
Que le bon Roi me délivra
De dure prison de Mehung,
Et que vie me recouvra,[19]
Dont[20] suis, tant que mon cœur vivra
Tenu vers lui m'humilier,
Ce que ferai jusqu'il mourra:
Bienfait ne se doit oublier.

XIV

Je suis pécheur, je le sais bien;
Pourtant ne veut pas Dieu ma mort,
Mais convertisse[21] et vive en bien:
Mieux que tout autre péché mord.[22]
Soit vraie volonté ou exhort,[23]
Dieu voit, et sa miséricorde,
Si conscience me remord,
Par sa grâce pardon m'accorde.[24]

XXII

Je plains[25] le temps de ma jeunesse,
Auquel j'ai plus qu'autre gallé,[26]
Jusqu'à l'entrée de vieillesse,
Qui son partement m'a celé.[27]

---

2. *Cy = Ici.*
3. The great twentieth-century poet T. S. Eliot regarded this couplet as extraordinarily fine. Do you agree?
4. *du tout:* entirely.
5. *Thibault d'Aussigny:* the Bishop of Orléans, who had imprisoned Villon.
6. *signant les rues:* blessing the streets.
7. *regny = renie.*
8. *Mon seigneur n'est = Il n'est pas mon seigneur.*
9. *Sous lui…friche:* I have no lands under his control, unless they lie untilled (unknown to me).
10. *n'hommage avecque = ni hommage avec.*
11. *son serf ni sa biche:* a play on words (*serf,* slave; *cerf,* stag; *biche,* hind).
12. *miche:* small loaf of bread.
13. *Large…chiche:* Whether generous or close, he

was certainly stingy to me.
14. *Tel…été:* May God treat him as he did me.
15. *Pour ce que = Parce que.*
16. *Trop plus:* Much more.
17. *Tant que…sens:* Being of sound mind and understanding (legal formula).
18. *estable:* stable.
19. *vie me recouvra:* restored me to life.
20. *Dont = D'où.*
21. *convertisse = que je me convertisse.*
22. *Mieux…mord:* Sin bites deeper than all else.
23. *exhort:* exhortation.
24. *m'accorde:* notice the subjunctive.
25. *plains;* regret.
26. *gallé:* frolicked.
27. *Qui…celé:* Which has hidden youth's departure from me.

Il[28] ne s'en est à pied allé,
N'à cheval; las![29] et comment donc?
Soudainement s'en est volé,
Et ne m'a laissé quelque don.

XXIII

Allé s'en est, et je demeure,
Pauvre de sens et de savoir,
Triste, failli,[30] plus noir que meure.[31]
Je n'ai cens, rente ni avoir;[32]
Des miens le moindre, je dis voir,[33]
De me désavouer s'avance,
Oubliant naturel devoir,
Par faute d'un peu de chevance.[34]

XXVI

Hé Dieu! si j'eusse étudié
Au temps de ma jeunesse folle,
Et à bonnes mœurs dédié,
J'eusse maison et couche molle!
Mais quoi? je fuyoye[35] l'école
Comme fait le mauvais enfant…
En écrivant cette parole,
A peu que le cœur ne me fend.[36]

XXIX

Où sont les gracieux galants
Que je suivais au temps jadis,
Si bien chantants, si bien parlants,
Si plaisants en faits et en dits?
Les aucuns[37] sont morts et roidis;[38]
D'eux n'est-il plus rien maintenant.
Repos ils aient en paradis,
Et Dieu sauve le remenant![39]

XXX

Et les aucuns sont devenus,
Dieu merci! grands seigneurs et maîtres;
Les autres mendient tout nus,
Et pain ne voyent qu'aux fenêtres;
Les autres sont entrés en cloîtres
De Célestins et de Chartreux,[40]
Bottés, housés, com pêcheurs d'oystres;[41]
Voilà l'état divers d'entre eux.

XXXIX

Je connais que[42] pauvres et riches,
Sages et fols, prêtres et lais,[43]
Noble et vilain, larges et chiches,
Petits et grands, et beaux et laids,
Dames à rebrassés collets,[44]
De quelconque condition,
Portant atours et bourrelets,[45]
Mort saisit sans exception.

XL

Et mourut Pâris et Hélène,
Quiconque meurt, meurt à douleur.
Celui qui perd vent et haleine,
Son fiel se crève sur son cœur,[46]
Puis sue,[47] Dieu sait quel sueur!
Et n'est qui[48] de ses maux l'allège;
Car enfants n'a, frère ni sœur
Qui lors voulût être son pleige.[49]

XLI

La mort le fait frémir, pâlir,
Le nez courber, les veines tendre,
Le col enfler, la chair mollir,
Jointes et nerfs croître et étendre.
Corps féminin, qui tant est tendre,

---

28. *Il = le temps de ma jeunesse.*
29. *las! = hélas!*
30. *failli:* worn out.
31. *meure = mûre;* mulberry, blackberry.
32. *cens…avoir:* rent, income, nor money.
33. *Des miens…voir:* The least of my kinsmen, I tell you truly.
34. *chevance:* property.
35. *fuyoye = fuyais.*
36. *A peu…fend:* My heart almost breaks.
37. *Les aucuns = Les uns.*
38. *roidis:* stiffened (in death).
39. *le remenant:* the rest.
40. *Célestins, Chartreux:* monastic orders.
41. *Bottés…d'oystres:* Wearing high boots like oyster

fishermen. (The Celestines and Carthusians were supposed to go barefoot, but they had become rich and had yielded to the temptations of comfort.)
42. The subject of the subordinate clause is *Mort,* the verb is *saisit. Pauvres, riches, etc.,* are the objects.
43. *lais:* laymen.
44. *rebrassés collets:* high starched collars.
45. *atours et bourrelets:* hair ornaments and chignons.
46. *Son fiel…cœur:* His gall invades his heart.
47. *sue:* sweats.
48. *n'est qui = il n'y a personne qui.*
49. *pleige:* substitute.

Poli, souef,[50] si précieux,
Te faudra-t-il ces maux attendre?
Oui, ou tout vif aller ès[51] cieux.

BALLADE

DES DAMES DU TEMPS JADIS

[*The concluding line of every stanza,
"Mais où sont les neiges d'antan!", is
among the most famous in the history of
French poetry*]

Dites-moi où, n'en[52] quel pays
Est Flora,[53] la belle Romaine;
Archipiada,[54] ni Thaïs,[55]
Qui fut sa cousine germaine;
Écho, parlant quand bruit on mène[56]
Dessus rivière ou sus étang,
Qui beauté eut trop plus qu'humaine?…
Mais où sont les neiges d'antan![57]

Où est la très sage Héloïs,[58]
Pour qui fut châtré[59] et puis moine
Pierre Abailard à Saint-Denis?
Pour son amour eut cette essoyne![60]
Semblablement, où est la reine
Qui commanda que Buridan
Fût jeté en un sac en Seine?[61]…
Mais où sont les neiges d'antan!

La reine Blanche[62] comme un lys,
Qui chantait à voix de sirène;
Berthe au grand pied, Biétrix, Alyx;[63]

Haremburges qui tint le Maine,[64]
Et Jeanne,[65] la bonne Lorraine,
Qu'Anglais brûlèrent à Rouen;
Où sont-ils,[66] Vierge souveraine?…
Mais où sont les neiges d'antan!

ENVOI

Prince, n'enquérez de semaine[67]
Où elles sont, ni de cet an,
Que ce refrain ne vous remaine:[68]
Mais où sont les neiges d'antan!

[*Ici commence Villon à tester:*[69]]

LXXV

Premier, je donne ma pauvre âme
A glorieuse Trinité,
Et la commande[70] à Notre Dame,
Chambre de la divinité,
Priant toute la charité
Des dignes neuf Ordres des cieux,[71]
Que par eux soit ce don porté,
Devant le Trône précieux.

LXXVI

Item, mon corps je donne et laisse
A notre grand'mère la terre;
Les vers n'y trouveront grand graisse,[72]
Trop lui a fait faim dure guerre.
Or lui soit délivré grand erre:[73]
De terre vint, en terre tourne.
Toute chose, si par trop n'erre,[74]
Volontiers en son lieu retourne.

---

50. *souef:* soft.
51. *ès = aux.*
52. *n'en = et en.*
53. *Flora:* Roman courtesan.
54. *Archipiada:* Alcibiades, supposed to be a woman.
55. *Thaïs:* Greek courtesan.
56. *quand bruit on mène:* when one makes a noise.
57. *antan:* last year.
58. Héloïse loved her tutor, Pierre Abelard, who was a great twelfth-century philosopher and churchman. After his punishment, he retired to the monastery of St-Denis and she to a nunnery.
59. *châtré:* castrated.
60. *essoyne:* pain.
61. The philosopher Buridan was thus treated, according to legend, by Queen Margaret of Burgundy, to hide their liaison.
62. Blanche de Castille, mother of Louis IX.

63. *Berthe:* mother of Charlemagne; *Biétrix, Alyx:* characters in *chanson de geste.*
64. *Haremburges:* Arembons, heiress to province of Maine, western France.
65. *Jeanne:* Joan of Arc, of Domremy in Lorraine.
66. *ils* (old feminine form) = *elles.*
67. *n'enquérez de semaine:* don't ask this week.
68. *Que…remaine:* Without my repeating this refrain to you.
69. *tester:* make bequests
70. *commande:* commend.
71. *neuf Ordres des cieux:* the heavenly hierarchy: angels, archangels, etc.
72. *grand graisse:* much fat. (*Grand* was either masculine or feminine in the French of Villon's time.)
73. *grand erre:* in haste.
74. *si par trop n'erre:* if I don't much err.

LXXIX

Item, donne à ma bonne mère
Pour saluer notre Maîtresse,
Qui pour moi eut douleur amère,
Dieu le sait! et mainte tristesse;
Autre châtel ou forteresse
N'ai, où retraire corps et âme,
Quand sur moi court male[75] détresse,
Ni ma mère, la pauvre femme!

BALLADE[76]

QUE VILLON FIT A LA REQUÊTE DE SA MÈRE POUR PRIER NOTRE-DAME

Dame des cieux, régente terrienne,
Emperière[77] des infernaux palus,[78]
Recevez-moi, votre humble chrétienne,
Que comprise soye entre vos élus,
Ce nonobstant qu'oncques rien ne valus.[79]
Les biens de vous, ma dame et ma
    maîtresse,
Sont trop plus grands que ne suis
    pécheresse,
Sans lesquels biens âme ne peut mérir,[80]
N'entrer aux cieux, je n'en suis
    menteresse.
En cette foi je veuil[81] vivre et mourir.
A votre Fils, dites que je suis sienne;
De lui soyent mes péchés abolus.[82]
Pardonnez-moi comme à l'Égyptienne,[83]
Ou comme il fit au clerc Théophilus,[84]
Lequel par voús fut quitte et absolus[85]
Combien qu'il[86] eût au diable fait promesse.
Préservez-moi, que point ne fasse cesse,
Vierge portant,[87] sans rompure encourir,[88]

Le sacrement qu'on célèbre à la messe.
En cette foi je veuil vivre et mourir.
Femme je suis, pauvrette et ancienne,
Qui rien ne sais; oncques lettre ne lus;
Au moûtier[89] vois, dont suis paroissienne,
Paradis peint, où sont harpes et lus,[90]
Et un enfer où damnés sont boullus:[91]
L'un me fait peur, l'autre, joie et liesse.
La joie avoir fais-moi, haute déesse,
A qui pécheurs doivent tous recourir,
Comblés de foi, sans feinte ni paresse.
En cette foi je veuil vivre et mourir.

ENVOI

Vous portâtes, Vierge, digne princesse,
Iésus régnant, qui n'a ni fin ni cesse.
Le Tout-Puissant, prenant notre faiblesse,
Laissa les cieux et nous vint secourir,
Offrit à mort sa très chère jeunesse;
Notre Seigneur tel est, tel le confesse:
En cette foi je veuil vivre et mourir.

CLXIV

Item, veuil qu'autour de ma fosse,
Ce qui s'ensuit, sans autre histoire,
Soit écrit, en lettre assez grosse;
Et, qui n'aurait point d'écritoire,
De charbon ou de pierre noire,
Sans en rien entamer[92] le plâtre:
Au moins sera de moi mémoire,
Telle qu'elle est d'un bon folâtre.[93]

CLXV

CY GIT ET DORT EN CE SOLLIER,[94]
QU'AMOUR OCCIST[95] DE SON RAILLON,[96]
UN PAUVRE PETIT ESCOLLIER,[97]

---

75. *male: mauvaise.*
76. This is a *double ballade,* built on four rhymes. Analyze the form carefully. The naïveté of the poem has been much praised. It is in fact a false naïveté, for Villon makes a pretense of simplicity, employing all his literary cunning.
77. *Emperière:* Empress.
78. *palus:* marshes.
79. *Ce…valus:* Although I have never had any merit.
80. *mérir:* have merit.
81. *veuil = veux.*
82. *abolus:* pardoned.
83. *l'Égyptienne:* St. Mary of Egypt, who paid her way to Jerusalem by prostituting herself.
84. *Théophilus:* a cleric who sold his soul to the

devil; subject of a popular miracle play.
85. *absolus = absous.*
86. *Combien qu'il = Bien qu'il.*
87. *portant:* child bearing.
88. *sans rompure encourir:* without sacrificing your virginity.
89. *moûtier:* monastery.
90. *lus:* lutes.
91. *boullus = bouillis.*
92. *entamer:* cut into.
93. *folâtre:* jester.
94. *Cy gît…sollier:* Here lies and sleeps in this high room.
95. *occist:* killed.
96. *raillon:* shaft.
97. *escollier = écolier.*

QUI FUT NOMMÉ FRANÇOIS VILLON.
ONCQUES DE TERRE N'EUT SILLON.[98]
IL DONNA TOUT, CHACUN LE SAIT:
TABLE, TRÉTEAUX,[99] PAIN, CORBILLON,[100]
POUR DIEU, DITES-EN CE VERSET:

RONDEAU

Repos éternel donne à cil,[101]
Sire, et clarté perpétuelle,
Qui vaillant plat ni écuelle[102]
N'eut oncques, n'un brin de persil.[103]
Il fut ras,[104] chef, barbe, sourcil,
Comme un navet qu'on racle et pelle.[105]
Repos éternel donne à cil!
Rigueur le transmit en exil,
Et lui frappa au cul la pelle,[106]
Nonobstant qu'il dit; J'EN APPELLE!
Qui n'est pas terme très subtil.
Repos éternel donne à cil!

(Fin du Grand Testament)

L'ÉPITAPHE

**EN FORME DE BALLADE QUE FIT
VILLON POUR LUI ET SES COMPAGNONS
S'ATTENDANT A ÊTRE PENDU AVEC EUX**

Frères humains qui après nous vivez,
N'ayez les cœurs contre nous endurcis,
Car, si pitié de nous pauvres avez,
Dieu en aura plus tôt de vous mercis.[107]
Vous nous voyez ci attachés cinq, six:
Quant à la chair, que trop avons nourrie,
Elle est piéçà[108] dévorée et pourrie,
Et nous, les os, devenons cendre et poudre.

De notre mal personne ne s'en rie,[109]
Mais priez Dieu que tous nous veuille
absoudre!

Si vous clamons frères,[110] pas n'en devez
Avoir dédain, quoi que fûmes occis
Par justice. Toutefois vous savez
Que tous hommes n'ont pas bon sens
assis;[111]
Intercédez, puisque sommes transis,[112]
Envers le Fils de la Vierge Marie,
Que sa Grâce ne soit pour nous tarie,[113]
Nous préservant de l'infernale foudre.
Nous sommes morts, âme ne nous harie;[114]
Mais priez Dieu que tous nous veuille
absoudre!

La pluie nous a bués[115] et lavés
Et le soleil desséchés et noircis;
Pies,[116] corbeaux, nous ont les yeux cavés,[117]
Et arraché la barbe et les sourcils.
Jamais nul temps nous ne sommes rassis;[118]
Puis, çà, puis là, comme le vent varie,
A son plaisir sans cesser nous charie,[119]
Plus becquetés[120] d'oiseaux que dés à
coudre.[121]
Ne soyez donc de notre confrérie;
Mais priez Dieu que tous nous veuille
absoudre.

ENVOI

Prince Jésus, qui sur tous as maîtrie,[122]
Garde qu'Enfer n'ait de nous seigneurie:
A[123] lui n'ayons que faire ni que soudre.[124]
Hommes, ici n'usez de moquerie,
Mais priez Dieu que tous nous veuille
absoudre!

---

98. *Oncques…sillon:* He never owned a handbreadth of land.
99. *tréteaux:* trestles.
100. *corbillon:* breadbasket.
101. *cil = celui-ci.*
102. *vaillant…écuelle:* a sorry dish or bowl.
103. *brin de persil:* sprig of parsley.
104. *ras:* shaved clean.
105. *un navet…pelle:* a turnip which is scraped and peeled.
106. *lui frappa…pelle:* hit him on the behind with a shovel.
107. *mercis:* mercy.
108. *piéçà:* recently.
109. *rie:* (subjunctive).

110. *Si…frères:* If we call you brothers.
111. *assis:* sound.
112. *transis:* dead.
113. *tarie:* dried up.
114. *âme ne nous harie:* let no one torment us.
115. *bués:* soaked.
116. *Pies:* Magpies.
117. *cavés:* dug out.
118. *rassis:* at rest.
119. *charie:* swings.
120. *becquetés:* pecked.
121. *dés à coudre:* thimbles.
122. *maîtrie:* mastery.
123. *A = Avec.*
124. *soudre:* settle.

The Sixteenth Century

Time Line of the Sixteenth Century

1500	1525	1550	1575	1600

HISTORY

1498-1515. Louis XII

1515-47. François I

1517. Reformation (Luther's 95 Theses)

1536. Calvin: Institutes of the Christian Religion

1545-63. Council of Trent

1547-59. Henri II

1556. Emperor Charles V (King of Spain and Holy Roman Emperor) abdicates

1559-60. François II

1560-74. Charles IX

1562-94. Religious wars between Catholics and Protestants

1572. Massacre of St. Bartholomew Day (Catholic slaughter of the Protestants in Paris)

1574-89. Henri III

1588. Spanish Armada

1589-1610. Henri IV

1598. Edict of Nantes (Henri IV's decree establishing religious tolerance)

FRENCH LITERATURE

1532-62. Rabelais: *Gargantua et Pantagruel*

1539. Marot: *Oeuvres*

1547. Formation of Pléiade

1549. *Défense et illustration de la langue française*

1550. Ronsard: *Odes*

1552. Ronsard: *Amours*

1558. Du Bellay: *Regrets*

1566. Calvin: *Opuscules ou petits traités*

1578. Ronsard: *Sonnets pour Hélène*

1580. Montaigne: *Essais (I)*

1588. Montaigne: *Essais (II)*

1595. Montaigne: *Essais (III)*

OTHER LITERATURES

1501. Rojas: *Celestina*

1516. More: *Utopia*

1516-32. Ariosto: *Orlando Furioso*

1528. Castiglione: *Il Cortegiano (The Courtier)*

1532. Machiavelli: *Il Principe (The Prince)*

1543. Copernicus: *Revolutions of Heavenly Bodies*

1543. Vesalius: *Structure of Human Body*

1574. Tasso: *GerusalemmeLiberata*

1590. Spenser: *Faerie Queene*

1593. Sidney: *Defense of Poesy*

1593. Shakespeare: *Richard III*

1595. Shakespeare: *Romeo and Juliet*

The Age of the Renaissance in France

The immense phenomenon of the Renaissance can be described; it can hardly be explained. The description may occupy many volumes, or it may be reduced to a single phrase, like that of John Addington Symonds: ". . . the entrance of the European nations upon a fresh stage of vital energy." But *why* did Europe feel this surge of vital energy? We can answer the question how, when, and where; we cannot with any assurance answer why. The best we can do is to say that the composite spirit of nations seems to have its periods of flux and reflux, like that of individuals, of the physical world, of planets. The Renaissance was a great period of spiritual flux. Vital energy was released in most of men's activities, and especially in literature.

The literary Renaissance began in late fourteenth-century Italy. Its first manifestation was the rediscovery of the classic past, especially Greek and Roman. Although knowledge of the ancient world had never been totally lost, much had been at least temporarily forgotten or considered unusable. With the coming of the Renaissance, antiquity became a popular vogue, impelled by the rediscovery of ancient plays and ancient texts on philosophy. In Italy, in the fifteenth century, the Renaissance came into full bloom, showing itself in a new literature, art, and architecture, and in a new attitude toward life. Sharply warming temperatures spurred agricultural success, resulting in much commerce and trade of food products for artistic and luxury items. The booming economy produced surplus wealth to support the arts in general, and the universities too. All this enabled fifteenth-century Italy to experience a golden era of artistic and philosophical expression bursting with new ideas based on very old ones.

In France, the fifteenth century was the last of the Middle Ages. It was on the whole a period of exhaustion, physical and spiritual. Continual wars impoverished the people. Intellectual life was imitative and conservative. The scholastic philosophy of the schools consisted in endless interpretation of the accepted authorities. Art and architecture had become the search for artificial complexity on prescribed models. Literature, though it produced a few such masters as Villon, followed without question the medieval forms. Then, toward the very end of the century, the Italian influence started filtering into France, helped by the invasion of Italy by two French kings.

For France, it is the sixteenth century that is the time of the Renaissance, the Rebirth, the Reawakening. King François I brought the Italian Renaissance genius Leonardo da Vinci to live in Amboise, in France's Loire Valley. Later, Catherine de Medici brought numerous Italian artists, architects, landscape gardeners, chefs, and artisans to her courts in France. Although late arriving, the Renaissance had widespread effects on French life. Our concern must be with the literary rebirth only.

Characteristics of the Literary Renaissance

There is general agreement that the chief characteristics of the literary renaissance are these:

1. *Respect for classical antiquity.* To be sure, the Middle Ages had respected classical antiquity, but they knew relatively few Latin authors and still fewer Greek authors in garbled translations, and pagan teachings were to them always subordinated to the Church's revealed wisdom. The Renaissance rediscovered the Greeks and Romans, and elevated the ancient Roman orator Cicero and the Latin philosophers to almost divine authority. But this reverence for antiquity was not entirely humble. The new writers wished to learn the secrets of the great classics in order to rival them on their own ground, to make a new literature, wise and beautiful as the old one.

2. *Respect for man.* A philosophical outlook that emphasized the worth of the individual human being dominated the Renaissance. The Middle Ages had dwelt on man's wretchedness and insignificance before God. The Renaissance, taking its cue from the Greeks, emphasized man's greatness. The individual and his destiny on earth became a matter of immense importance. The man of the Renaissance therefore sought to make of his life a work of art, to be strong, beautiful, and accomplished, both outwardly and inwardly, to be wholly admirable. Thus he would give his character an immortality on earth. While the man of the Renaissance did not deny Christianity, his ideal was essentially un-Christian. Heroic individualism replaced the ideal of pious submission.

3. *Delight in life.* The Renaissance featured the revival of two ancient Greek philosophies: Hedonism, which regarded the pursuit of pleasure as the main goal in life, and Epicureanism, which promoted connoisseurship and enjoyment through refined taste. The medieval world had been obsessed with death and had seen life as a grim period of trial and preparation for eternity. The Renaissance found life on earth worth living, worthy to be an end in itself. The Renaissance regarded pleasure, whether physical, mental, or spiritual, as not only permissible but laudable.

4. *The cult of beauty.* Aesthetics became once more a major part of life. The Renaissance delighted in the beauty of nature, of art and thought. Never were works of art more generally and genuinely adored. The explanation of beauty was sought by speculative minds, especially in Italy. The explanation was found, naturally, in the theories of Aristotle and the ancients. These theories were much developed and commented; thus modern aesthetics was born.

5. *Adventurousness.* The man of the Renaissance, suspicious of tradition and orthodoxy, was ready to try anything. Explorers discovered new worlds; scientists (e.g., Galileo, Kepler, and Copernicus) revealed new universes; craftsmen invented new devices and methods. (Printing, Gutenberg's invention, was both the product and the agent of the Renaissance spirit.) The Renaissance man—but not woman, for women were still not considered by the men to merit participation in all this—felt himself strong, and he rejoiced in his strength. He was nobly self-confident. His new concept of forward-looking progress inspired great voyages, discoveries, and technologies, as if they were inevitable.

6. *Presumptuousness.* Man, trusting in his human reason, dared to take the measure of the Church, of his religion, of God. The Reformation came, and each great reformer proclaimed that he alone had found the true God. The Reformation is not the same as the Renaissance, but like the Renaissance it is a return to an idealized antiquity (biblical, in the case of the Reformers) interpreted anew by men's reason. In France the spirit of the Reformation was first manifested by *Evangelism*. This was an effort to reform the Church from within, without departing from it.

Such qualities—and anyone with a little historical knowledge is at liberty to lengthen the list—go to make up the Renaissance spirit which we know briefly as *humanism*. The word, baffling because it has been used in many different senses, has been best defined as "an exuberant enthusiasm for classical antiquity and secular concern with man and his conduct." [1]

Energy and Disillusionment

In France, the spirit of the Renaissance appears, with differing characteristics, in two periods.

The first period is roughly that of the reign of the abovementioned François I (1515-1547). The release of vital energy was evident externally in exploration, invention, the extension of commerce, and building. This was one of the great periods of French art and architecture. In the intellectual world, the new men attacked the medievalism of the schools and tried to diffuse their own enlightenment. This is the time of Rabelais and Marot.

The second period begins with the accession of Henri II in 1547, and comes to

Jean Calvin. Courtesy of Bibliothèque nationale de France

no clearly recognizable end. The humanist spirit deserts the questions of the faith, for the old orthodoxy of the Church is opposed by the new and equally intolerant orthodoxy of Calvin. Ronsard, Du Bellay, and the Pléiade apply the Renaissance spirit to poetry and to aesthetic problems. A gradual discouragement gains the intellectuals, as they realize that the high hopes of the Renaissance have not been fulfilled. They have not been able to remake the world into an earthly paradise. But they can still be free by retiring from the world and cultivating their spirits. This is the period of Montaigne.

7. Jean Calvin

[1509-1564]

Jean Calvin (or John Calvin), one of the foremost religious figures of the sixteenth century, wrote no poems, novels or plays; yet, the power of his religious treatises marked him as a writer of great ability and immense influence. His doctrine of Predestination, a pillar of Protestant theology, set into motion an intellectual debate that would run through French literature for centuries to come.

A Dogmatic Existence

Persecution was a key to his life, as he experienced what it was like to be both the persecuted and the persecutor. Born in the Picardie region of France in 1509, Calvin studied to become a lawyer but always intended to enter the clergy. Calvin broke with

---

1.   Donald M. Frame, from a book review in *The Romantic Review,* December 1950, p. 285.

Catholicism in 1531, some 14 years after the German priest Martin Luther had posted his *95 Theses*, launching the Protestant religious revolt. Considered a heretic, Calvin had to flee for his life and moved to Switzerland, a haven for Protestants. Although temporarily banned from Geneva for inflammatory teachings, he returned to become its most prominent citizen. Often called the "Pope of the Protestants," Calvin managed to establish in Geneva a religious dictatorship that he headed until his death. Authoritarianism and intolerance stand out as prime characteristics of his theocracy. He was not above having his opponents burned at the stake, especially for religious disagreements. Yet, he was much loved by his followers at home and in many other countries.

Predestination

Although a fully fleshed-out religious system, Calvinism has but one aspect with which we need be concerned: the doctrine of *Predestination*. Simply put, Predestination is Calvin's idea that our lives are part of a great novel scripted by God in advance, and that our eventual salvation or damnation is thus predetermined. The concept derives from Calvin's belief that Mankind (innately evil and soiled since Adam and Eve's time by Original Sin) cannot be saved by good works but only by the grace of God; and that since God knows all in advance, each individual's salvation or damnation must be predetermined by God even before the person's birth. This doctrine conflicts greatly with the traditional Catholic emphasis on good deeds and confession, which result in forgiveness of sin. Asked why a person should bother to be good if deeds have no bearing on salvation, Calvin replied that a Christian should be good because following the teachings of Jesus Christ results in the best possible life on earth.

Calvin often stated that he possessed "*droite certitude*." But how is the average person to have anything approaching this absolute certainty about his own salvation? Calvin asserted that there are what he called "signs" of God's favor. Most visible of these was success in human endeavors, especially the business world. This notion was eventually to evolve into what is known as the Puritan Ethic, an emphasis on work, self-denial, and material success that still influences life in the United States and parts of Europe, though not particularly France.

A Potent Style

Never one to worry about offending his opponents, Calvin writes with a direct impact. His style avoids all the usual flourishes of the pulpit and instead relies on simple ideas straightforwardly expressed. Although the clarity of his prose is somewhat diminished today by his use of expressions and syntactical turns that were standard in the sixteenth century but no longer widely employed, Calvin still strikes the reader with his strength and energy. Notice how Calvin strives to build a sense of religious community through his constant use of "*nous*," as though anyone who agrees with Calvin need never again feel alone.

Our selection, a famous one in which Calvin expresses his faith and explicitly speaks of Predestination, comes from his 1566 publication *Opuscules ou petits traités*.

❖ ❖ ❖

TRAITÉ SUR LA FOI

Nous tenons que le péché originel[1] est une corruption épandue par tous nos sens et affections, en sorte que la droite intelligence et raison est pervertie en nous, et nous sommes comme pauvres aveugles en ténèbres, et la volonté est sujette à toutes mauvaises cupidités, pleine de rébellion et adonnée à mal; bref, que nous sommes pauvres captifs détenus sous la tyrannie de péché. Non pas qu'en mal faisant nous ne soyons poussés par notre volonté propre,[2] tellement que nous ne saurions rejeter ailleurs la faute de tous nos vices, mais parce qu'étant issus de la race maudite d'Adam, nous n'avons pas une seule goutte de vertu à bien faire, et toutes nos facultés sont vicieuses.

De là nous concluons que la source et origine de notre salut est la pure miséricorde de Dieu, car il ne se trouvera en nous aucune dignité dont il soit induit[3] à nous aimer. Nous aussi étant mauvais arbres ne pouvons porter aucun bon fruit, et par ce moyen ne pouvons prévenir[4] Dieu pour acquérir ou mériter grâce envers lui, mais il nous regarde en pitié pour nous faire merci, et il n'a d'autre occasion d'exercer sa miséricorde en nous que nos misères. Même nous tenons que cette bonté, laquelle il déploie envers nous procède de ce qu'il nous a élus devant[5] la création du monde, ne cherchant point la cause de ce faire hors de soi-même et de son bon plaisir. Et voilà notre premier fondement, que nous sommes agréables à Dieu d'autant plus qu'il lui a plu nous adopter pour ses enfants devant que nous fussions nés;[6] et par ce moyen, il nous a retirés, par privilège singulier, de la malédiction générale en laquelle tous hommes sont plongés.

Mais parce que le conseil de Dieu est incompréhensible nous confessons que pour obtenir salut il nous faut venir au moyen que Dieu a ordonné. Car nous ne sommes point du nombre des fantastiques[7] qui, sous ombre de la prédestination éternelle de Dieu, ne tiennent compte de parvenir par le droit chemin à la vie qui nous est promise. Mais plutôt nous tenons que pour être avoués enfants de Dieu et en avoir droite certitude,[8] il nous faut croire en Jésus Christ d'autant que c'est en lui seul qu'il nous faut chercher toute la matière de notre salut.

---

1. *péché originel:* Original Sin.
2. *Non pas ... propre:* Not that we aren't pushed along by our own free will when doing evil.... In other words, Calvin wants to have it both ways in his argument: we are compelled to sin by what we today would probably call genetic programming, and we also choose to sin of our own volition. Thus, determinism and personal will coexist, both sending us straight into sin.
3. *induit:* induced
4. *prévenir:* to win over.
5. *devant = avant.*
6. *devant que nous fussions nés:* before we were born. Calvin thus asserts that we should be grateful that God chose to save us (or at least some of us) even before creating us.
7. *Car ... fantastiques:* For we are not among those persons prone to fantasies.
8. *droite certitude:* Total certainty. A favorite term in Calvinist thought.

8. François Rabelais

[c. 1494-1553]

A Giant of Humor

Rabelais is the first of the great fiction-writing French authors whose name is known even to the unlettered. As is usual in such cases, the popular impression of him is based on some truth and much falsity. What is evident to all, however, is that he ranks among the two or three greatest of all French comic geniuses.

Excellent Doctor, Terrible Monk

François Rabelais was born in or near Chinon, in Touraine. His father was a successful lawyer. For some mysterious reason Rabelais entered the Franciscan order, which typically prizes simple piety above learning. He succeeded in transferring to the more sympathetic rule of the Benedictines, and indulged in a debauch of study, particularly of

François Rabelais. From The Works of Rabelais Illustrated by Gustave Doré, n.d.

Greek. But there was never a worse monk than Rabelais. When about thirty he managed to escape from the cloister. Still a cleric, he studied law and medicine in various universities. He became a prominent physician, practicing in Lyon and elsewhere. His medical career was an indication of his interest in the physical body and material life. In his literary career, this interest would manifest itself in a scandalously scatological sense of humor. He made two trips to Rome as personal physician to a French cardinal. He published a number of medical studies and translations from the Greek, and was well known in free-thinking literary circles. He was once obliged to flee the country because of his outspokenness. When certain Church officials wanted him killed, King François I protected him. Toward the end of his life he made some influential contacts within the Church, and he was appointed Curé of Meudon, near Paris; by this appellation he is frequently known. It is unclear whether he really led a religious life at that point or was simply enjoying a well-paying job courtesy of the Church. Up until then, his life had been one of continuous battles, through which he exhibited boundless exuberance and energy. He was obviously a man of great physical and mental vigor. His learning was immense and universal, in a time when scholars tried to know everything that could be known. He loved life as much as letters, and according to all tradition was a tremendous joker, the life of every jolly party. We may picture him as one of those great, burly, dominating men who seem to have more blood in them than the rest.

A Humorist of Giants

In 1532 he published the first installment of his satirical novel, now known as *Gargantua et Pantagruel.* This was at the same time a continuation and a burlesque of a cheap popular comic book. It was written rapidly, with the purpose of making its author a little money. Since its purpose was well fulfilled, Rabelais later published at intervals three more installments. After his death a Fifth Book appeared, in which his share is certainly small.

Gargantua et Pantagruel tells the story of a family of giants already familiar in folklore. Within this loose scheme Rabelais let his exuberant fancy run wild, pouring forth anecdotes, dialogues, parodies, barroom stories, puns, erudite commentaries, educational theories, medical and legal lore, utopian dreams, pleas for religious liberalism, mockeries of all political and ecclesiastical restraints.

The book is medieval in its encyclopedic organization, its lack of form, its coarse, cruel humor, its disparagement of women, its acceptance of the occult; it is modern, or Renaissance, in its faith in nature's aims, its rationalism, its trust in classic wisdom rather than in Church tradition.

Its characteristics may be summarized as follows:

1. *Gusto.* Rabelais exhibits what the French call *joie de vivre.* Life is great fun; it is always interesting; it is good. Rabelais' love of life, all life, from the purest speculations of the sage to the brawling of drunkards, communicates itself to even the unwilling reader. As Rabelais loved life, he hated all the restraint which diminishes life. Hence he hated especially the monastic system and the confining, restricting education of the Middle Ages.

2. *Naturism.* Nature is good. Man is good; his instincts lead him to virtue. The evil in the world comes from the repression of man's natural goodness. Original sin is a calamitous invention of the Church. If, like the happy Greeks, we had no idea of sin, there would be no sin. If we legalized everything, there would be no crime. (These radical ideas would resurface 300 years later in the French Revolution.)

3. *Lust for learning.* Rabelais possessed the *libido sciendi,* the lust for knowing, which many theologians disapproved. His book is full of rare, recondite knowledge. Hence he, the hater of pedantry, seems to us often pedantic. But he is saved by the fact that he wished to know all of life as well as all the wisdom of books. Rabelais was enthused by the idea of encyclopedic knowledge, and, in fact, is believed to be the first person to ever use the word "*encyclopédie*" in the French language.

4. *Platonic Christianity.* (The term is Gustave Lanson's.) Rabelais was captured for a time by the evangelism of the moderate reformers within the Church; finding this too restrictive, he substituted for the specific Jehovah of Judaism and Christianity a vague, benevolent deity who dispenses justice here and hereafter. This uncritical faith is "la religion des honnêtes gens," who say: "God is love," and, content with the phrase, cease to trouble themselves.

Verbal Intoxication

In form, *Gargantua et Pantagruel* may be called an early example of the stream-of consciousness novel. Rabelais puts in apparently everything that occurs to him, without order or organization. To catalogue the literary qualities that mark his work would require pages. But one must at least note the *realism* with which he displays his characters, with which he describes food, drink, costume, behavior—and of course his *humor.* Nothing fades so fast as humor, and yet Rabelais can still rouse many a laugh by his wild, broad, joyous comedy. Much has been made in recent years of Rabelais' serious purposes, but certainly his first purpose was to amuse himself and his readers.

Rabelais' use of *language* is phenomenal. He was drunk with words; he loved to invent them, to play tricks with them, to indulge in every verbal buffoonery. One result of this linguistic intoxication is that in certain parts of his *oeuvre* he is very hard to read. However, the modernization by Raoul Mortier,* which is used here, happily eradicates the difficulty.

In one of Rabelais' prefaces he himself characterizes the spirit of his book as *pantagruelisme*. This he defines as "une certaine gaieté d'esprit confite en mépris des choses fortuites." How good a definition this is! "A certain gaiety of spirit, preserved in scorn of chance and change." We still have need of pantagruelism.

L'ABBAYE DE THÉLÈME

[Selections]

[To reward Frère Jean des Entomeures for his aid in war, Gargantua gives him an abbey on an entirely new model. It is the exact reverse of the traditional monastery. All rules are abolished. For restriction is substituted liberty; for asceticism, honest enjoyment of life; for the worship of God, the honor of humanity. Thélème is the dream of a monk who discovers that he is cloistered without vocation, without even faith.

The life one leads in Thélème is that of the cultured humanist nobles of the Renaissance. Every sort of sport and amusement is available, but books and music make existence harmonious. The setting is a triumph of the new architecture.

The motto of Thélème is "Do What You Will." Rabelais assumes that men and women released from all constraint, free to do what they will, will act according to principles of honor and decent behavior. Nature tends toward virtue; it is restraint, servitude, the lash, the law that corrupt man's nature and human society. This belief in the essential goodness of human nature goes counter to the Church's doctrines of original sin and innate depravity. Thus Rabelais is part of the chain which leads from Jean de Meung to Rousseau and to nineteenth-century liberalism.]

COMMENT GARGANTUA FIT BÂTIR POUR LE MOINE L'ABBAYE DE THÉLÈME[1]

Restait seulement le moine à pourvoir;[2] Gargantua voulait le faire abbé de Seuilly, mais il refusa. Il voulut lui donner l'abbaye de Bourgueil, ou de Saint-Florent, celle qui lui conviendrait le mieux, ou toutes deux si cela lui agréait. Mais le moine lui répondit péremptoirement, que de moines il ne voulait charge ni gouvernement. Car comment, disait-il, pourrais-je gouverner autrui, moi qui ne saurais me gouverner moi-même?[3] S'il vous semble que je vous ai rendu, et qu'à l'avenir je puisse vous rendre des services agréables, octroyez-moi de fonder une abbaye à mon idée. La demande plut à Gargantua, et il lui offrit tout son pays de Thélème, jusqu'à la rivière de Loire, à deux lieues de la grande forêt du Port-Huault.[4] Et il demanda à Gargantua qu'il instituât son couvent au contraire de tous les autres. « Premièrement donc, dit Gargantua, il ne faudra pas bâtir de murailles autour; car toutes les autres abbayes sont fièrement murées. »—« Voire,[5] dit le moine, et non sans cause; où il y a mur, et devant, et derrière, il y a force murmure,[6] envie et conspiration réciproques. » Bien plus, vu qu'en certains couvents de ce monde il est en usage, que si quelque femme y entre (j'entends des prudes et des pudiques), on nettoie la place

---

*   Raoul Mortier: *Rabelais: Sa vie et son œuvre.* Paris, Union Latine d'Éditions, 1933, 5 vols.
1.   *Thélème:* will, desire (*Greek*).
2.   *pourvoir:* provide for.
3.   *Car...moi-même:* This question has seldom con-

cerned administrators or politicians since then.
4.   *Port-Huault:* near Chinon.
5.   *Voire = Vrai:* True enough, indeed.
6.   *murmure:* an example of Rabelais' terrible puns.

par laquelle elle a passé, il fut ordonné que si un religieux ou une religieuse y entrait par cas fortuit, on nettoierait avec soin tous les lieux par lesquels ils auraient passé. Et parce que dans les religions de ce monde tout est compassé, limité et réglé par heures, il fut décrété que là il n'y aurait aucune horloge ni aucun cadran.[7] Mais, selon les occasions et opportunités, toutes les œuvres seraient réparties. Car, disait Gargantua, la plus vraie perte de temps qu'il sût était de compter les heures. Quel bien en vient-il? et la plus grande sottise du monde était de se gouverner au son d'une cloche, et non au dicté du bon sens et de l'entendement.

Item, parce qu'en ce temps-là on ne mettait pas en religion des femmes, sinon celles qui étaient borgnes, boiteuses, bossues,[8] laides, défaites,[9] folles, insensées, maléficieuses[10] et tarées;[11] et les hommes, sinon catarrheux, mal nés, niais, et autres embarras de maison. (« A propos, dit le moine, une femme qui n'est ni belle, ni bonne, à quoi vaut-elle? »—« A mettre en religion, dit Gargantua. »—« Voire, dit le moine, et à faire des chemises. »)[12] Il fut ordonné que là ne seraient reçues que les femmes belles, bien formées[13] et d'un bon naturel, et les hommes beaux, bien formés et d'un bon naturel.

Item, parce que dans les couvents de femmes les hommes n'entraient qu'à la dérobée[14] et clandestinement, il fut décrété que jamais ne seraient là les femmes au cas que n'y fussent les hommes.

Item, parce que tant hommes que femmes, une fois reçus en religion, après l'an de probation, étaient forcés et astreints d'y demeurer perpétuellement leur vie durant, il fut établi que tant hommes que femmes reçus là sortiraient quand bon leur semblerait, franchement et entièrement.

Item, parce que d'ordinaire les religieux faisaient trois vœux, à savoir de chasteté, pauvreté et obéissance, il fut décidé que là honorablement on pût être marié, que chacun fût riche et vécût en liberté. Pour ce qui est de l'âge légitime, les femmes y étaient reçues depuis dix jusqu'à quinze ans; les hommes depuis douze jusqu'à dix-huit.

COMMENT FUT BÂTIE ET DOTÉE L'ABBAYE DES THÉLÉMITES

Pour le bâtiment et assortiment[15] de l'abbaye, Gargantua fit livrer comptant[16] vingt-sept cent mille huit cent trente et un moutons à la grande laine,[17] et pour chaque année, jusqu'à ce que le tout fût achevé, assigna sur la recette de la Dive,[18] seize cent soixante neuf mille écus au soleil,[19] et autant à l'étoile poussinière.[20] Pour sa fondation et entretien, il donna à perpétuité vingt et trois cent soixante neuf mille cinq cent quatorze nobles à la rose,[21] de rente foncière,[22] garantis, amortis et solvables[23] chaque année à la porte de l'abbaye. Et de ceci leur passa de beaux contrats. Le bâtiment fut en forme d'hexagone, de telle façon qu'à chaque angle était bâtie une grosse tour ronde, ayant soixante pas de diamètre. Et elles étaient toutes pareilles en grosseur et en dessin. La rivière de Loire coulait le long de la propriété, du côté du septentrion.[24] Au bord de celle-ci se dressait une des tours, nommée Artique.[25] En tirant vers l'orient, il y en avait une autre nommée Calaer.[26]

---

7. *cadran:* clock face, clock.
8. *borgnes, boiteuses, bossues:* one-eyed, lame, hunchbacked.
9. *défaites:* bedraggled.
10. *maléficieuses:* spell-casting, witch-like.
11. *tarées:* blemished.
12. A difficult pun: *toile,* cloth, was pronounced *telle;* hence *à quoi vaut-elle* (line 6) had a double meaning.
13. *bien formées:* with good figures. Rabelais envisions a sort of Playboy Mansion for an abbey. Needless to say, such notions horrified the Church.
14. *à la dérobée:* secretly.
15. *assortiment:* equipment.

16. *fit...comptant:* paid in cash.
17. *moutons...laine:* gold coins.
18. *Dive:* river in western France. (The reference is to fishing and navigation rights.)
19. *écus au soleil:* gold coins (crowns) marked with a sun.
20. *l'étoile poussinière:* "chicken star." (A burlesque invention, paralleling *écus au soleil.*)
21. *nobles à la rose:* rose nobles (English coins).
22. *de rente foncière:* secured by ground rent.
23. *amortis et solvables:* amortized and payable.
24. *septentrion:* north.
25. *Artique:* Arctic.
26. *Calaer:* Fine-Air (*Greek*).

L'autre en suivant Anatole,[27] l'autre après Mésembrine,[28] l'autre après Hespérie,[29] la dernière, Cryère.[30]

Entre chaque tour était un espace de trois cent douze pas. Le tout bâti en six étages, en comptant les caves sous terre pour un. Le second était voûté en forme d'anse de panier.[31] Le reste était enduit de plâtre en forme de culs de lampes.[32] Le dessus recouvert d'ardoise[33] fine, avec l'endossure[34] de plomb en forme de petits mannequins, et des animaux bien assortis[35] et dorés, avec les gouttières[36] qui sortaient hors de la muraille entre les croisées,[37] peintes en figure diagonale d'or et d'azur, jusqu'en terre, où elles se terminaient dans de grands chéneaux[38] qui tous aboutissaient à la rivière par-dessous le logis.

Ledit bâtiment était cent fois plus magnifique que n'est Bonivet, Chambord, ou Chantilly; car on y trouvait neuf mille trois cent trente-deux chambres, chacune garnie d'une arrière-chambre, d'un cabinet, d'une garde-robe, d'une chapelle et d'une sortie sur la grande salle. Entre chaque tour, au milieu dudit corps de logis,[39] était un escalier à vis[40] contenu dans le corps de logis lui-même, dont les marches étaient partie de porphyre,[41] partie de pierre numidique,[42] partie de marbre de serpentin,[43] longues de vingt-deux pieds; l'épaisseur en était de trois doigts, on en comptait douze[44] entre chaque palier.[45] A chaque palier étaient deux beaux arceaux[46] antiques, par lesquels était reçue la clarté: et par ceux-ci on entrait en un cabinet fait à claire-voie[47] dans la largeur

de ladite vis; cet escalier montait jusqu'au-dessus du toit et là finissait en pavillon.[48] Par cette vis on entrait de chaque côté en une grande salle, et des salles dans les chambres. De la tour Artique jusqu'à Cryère étaient les belles grandes bibliothèques en Grec, Latin, Hébreu, Français, Toscan[49] et Espagnol, partagées entre les divers étages selon ces langues. Au milieu était une merveilleuse vis, dont l'entrée était au dehors du logis sous un arceau large de six toises.[50] Elle était faite en telle symétrie et capacité, que six hommes d'armes, la lance sur la cuisse, pouvaient de front monter ensemble jusqu'au-dessus de tout le bâtiment. Depuis la tour Anatole jusqu'à Mésembrine étaient de grandes et belles galeries, toutes peintes des antiques prouesses, histoires, et descriptions de la terre. Au milieu était une montée et une porte, pareille à celles que nous avons décrites du côté de la rivière. Sur cette porte était écrit en grosses lettres antiques ce qui suit.[51]

COMMENT ÉTAIT LE MANOIR DES THÉLÉMITES

Au milieu de la première cour était une fontaine magnifique, de bel albâtre.[52] Au-dessus les trois Grâces, avec des cornes d'abondance. Et elles jetaient l'eau par les mamelles,[53] bouche, oreilles, yeux, et autres ouvertures du corps.[54] Le dedans du logis donnant sur ladite cour était supporté par de gros piliers de calcédoine[55] et de porphyre, avec de beaux arcs antiques. Au dedans desquels étaient de belles galeries longues et larges, ornées de peintures, de

---

27. *Anatole:* Eastern.
28. *Mésembrine:* Southern.
29. *Hespérie:* Western.
30. *Cryère:* Icy.
31. *anse de panier:* basket handle.
32. *culs de lampes:* with decorative pendants.
33. *ardoise:* slate.
34. *endossure:* ridge sheathing.
35. *assortis:* matched.
36. *gouttières:* gutters.
37. *croisées:* windows.
38. *chéneaux:* channels.
39. *corps de logis:* main building block.
40. *escalier à vis:* spiral staircase.
41. *porphyre:* porphyry, crystalline rock.
42. *pierre numidique:* red marble from Numidia in Africa.

43. *marbre de serpentin:* serpentine or green marble.
44. *douze:* i.e., steps.
45. *palier:* landing.
46. *arceaux:* arches.
47. *à claire-voie:* with openwork.
48. *pavillon:* belvedere or ornamental structure.
49. *Toscan:* Tuscan, Italian.
50. *toises:* fathoms (six feet).
51. A long poem follows, here omitted.
52. *albâtre:* alabaster.
53. *mamelles:* breasts.
54. *autres ... corps.* This is a prime example of Rabelais' scatological humor, which he employed not just for enjoyment but also to scandalize prudes and appear rebellious.
55. *calcédoine:* chalcedony, crystalline quartz.

cornes de cerfs, licornes,[56] rhinocéros, hippopotames, dents d'éléphants et autres choses remarquables.[57] Le logis des dames était compris depuis la tour Artique jusqu'à la porte Mésembrine. Les hommes occupaient le reste. Devant ledit logis des dames, afin qu'elles eussent l'ébattement,[58] entre les deux premières tours au dehors, étaient des lices,[59] l'hippodrome, le théâtre, et les piscines,[60] avec les bains mirifiques à trois étages, bien garnis de tous assortiments et foison[61] d'eau de myrrhe. Le long de la rivière était le beau jardin de plaisance. Au milieu de celui-ci le beau labyrinthe.[62] Entre les deux autres tours étaient les jeux de paume[63] et de grosse balle. Du côté de la tour Cryère était le verger, plein de tous arbres fruitiers, tous ordonnés en quinconce.[64] Au bout était le grand parc foisonnant[65] en toutes bêtes sauvages. Entre les troisièmes tours étaient les buts[66] pour l'arquebuse,[67] l'arc et l'arbalète.[68] Les offices[69] hors de la tour Hespérie, avec un seul étage. L'écurie[70] au delà des offices. La fauconnerie devant, gouvernée par des fauconniers bien experts en l'art. Et elle était annuellement fournie par les Candiens,[71] Vénitiens, et Sarmates[72] de toutes sortes d'oiseaux rares, aigles, gerfauts, autours, sacres, laniers, faucons, éperviers, émerillons,[73] et autres si bien affaités[74] et domestiqués que, partant du château pour s'ébattre dans les champs, ils prenaient tout ce qu'ils rencontraient. La vénerie[75] était un peu plus loin tirant vers le parc.

Toutes les salles, chambres et cabinets étaient tapissés en diverses sortes, selon les saisons de l'année. Tout le pavé était couvert de drap vert. Les lits étaient de broderie.

En chaque arrière-chambre était un miroir de cristal, enchâssé d'or fin, garni de perles autour, et il était de telle grandeur qu'il pouvait véritablement représenter toute la personne. A la sortie des salles du logis des dames étaient les parfumeurs et les coiffeurs, par les mains desquels passaient les hommes quand ils visitaient les dames. Ceux-là fournissaient chaque matin les chambres des dames d'eau de rose, d'eau de fleurs d'oranger et d'eau de myrte; et à chacune la précieuse cassolette[76] exhalant des vapeurs de toutes drogues aromatiques.[77]

QUELLE ÉTAIT LA RÈGLE DES THÉLÉMITES EN LEUR MANIÈRE DE VIVRE

Toute leur vie était employée, non par des lois, statuts, ou règles, mais selon leur vouloir et franc arbitre. Ils se levaient du lit quand bon leur semblait: buvaient, mangeaient, travaillaient, dormaient quand le désir leur venait. Nul ne les éveillait, nul ne les forçait ni à boire, ni à manger, ni à faire quelque autre chose. Ainsi l'avait établi Gargantua. En leur règle n'était que cette clause:

FAIS CE QUE VOUDRAS

Parce que les gens de condition libre, bien nés, bien instruits, conversant en compagnies honnêtes, ont par nature un instinct et aiguillon[78] qui les pousse toujours à des faits vertueux, et les retire du vice; ils le nomment honneur. Quand ceux-ci, par

---

56. *licornes:* unicorns.
57. *Au dedans...remarquables.* The haphazard grouping together of mineral specimens, paintings, stuffed wild animals, and other remarkable items may seem bizarre today, but it was perfectly typical of museums and royal collections of the time. Not until the seventeenth century would scientific classification become standard.
58. *ébattement:* diversion.
59. *lices:* lists.
60. *piscines:* swimming pools.
61. *foison:* abundance.
62. *labyrinthe:* maze, formed of dense, high hedges.
63. *jeux de paume:* racquets courts (resembling tennis).
64. *ordonnés en quinconce:* staggered.
65. *foisonnant:* abounding.
66. *buts:* butts, targets.
67. *arquebuse:* arquebus, primitive musket.
68. *arbalète:* arbalest, crossbow.
69. *offices:* service buildings.
70. *écurie:* stables.
71. *Candiens:* Cretans.
72. *Sarmates:* Sarmatians, from present Prussia.
73. *gerfauts...émerillons:* gerfalcons, goshawks, sakers, lanners, falcons, sparrow-hawks, merlins.
74. *affaités:* trained.
75. *vénerie:* hunting stables.
76. *cassolette:* perfume burner.
77. *drogues aromatiques.* Rabelais has in mind something stronger than incense.
78. *aiguillon:* goad.

vile sujétion et contrainte, sont déprimés et asservis, ils détournent la noble affection, par laquelle franchement ils tendaient à la vertu, à déposer et enfreindre[79] ce joug de servitude. Car nous entreprenons toujours les choses défendues et convoitons[80] ce qui nous est dénié.[81]

Par cette liberté, ils entrèrent en louable émulation de faire tous ce qu'à un seul ils voyaient plaire. Si quelqu'un ou quelqu'une disait: « Buvons », tous buvaient. S'il disait: « Jouons », tous jouaient. S'il disait: « Allons à l'ébat[82] dans les champs », tous y allaient. Si c'était pour chasser au vol,[83] ou chasser, les dames, montées sur de belles haquenées,[84] avec leur palefroi[85] de parade, sur le poing mignonnement ganté chacune portait ou un épervier, ou un laneret, ou un émerillon; les hommes portaient les autres oiseaux.

Ils étaient si noblement instruits qu'il n'était entre eux un ou une qui ne sût lire, écrire, chanter, jouer d'instruments harmonieux, parler cinq à six langues, et en celles-ci composer tant en vers qu'en prose. Jamais ne furent vus chevaliers si preux, si galants, si adroits à pied et à cheval, plus verts,[86] mieux remuants, mieux maniant toutes armes, que ceux qui étaient là.

Jamais ne furent vues des dames si propres, si mignonnes, si gracieuses, plus doctes, à la main, à l'aiguille, à tout acte féminin honnête et libre, que celles qui étaient là.

Par cette raison quand le temps était venu que quelqu'un de cette abbaye, ou à la requête de ses parents, ou pour une autre cause, voulût en sortir, avec lui il emmenait une des dames, celle qui l'avait pris pour son dévot, et ils étaient mariés ensemble. Ils avaient si bien vécu à Thélème en dévotion et amitié, qu'ils continuaient mieux encore dans le mariage; autant s'entre-aimaient-ils à la fin de leurs jours qu'au premier jour de leurs noces.

9. Renaissance Poets: Marot; Labé; La Pléiade: Du Bellay and Ronsard

Early Refinements

At the end of the fifteenth century and at the beginning of the sixteenth the prevailing style of French poetry was that of the *Grands Rhétoriqueurs*. These took the difficult forms of the Middle Ages: ballade, rondeau, etc., and made them more difficult, with the invention of fantastic refinements. They wrote poems with one syllable to a line, and others which had one meaning if read in the ordinary way, and an opposite meaning if one read the first halves of each line and then returned to read the second halves. They pushed the rhyme forward from the line's beginning and back from its end until rhyme almost met in the middle. Their work is to medieval poetry what flamboyant architecture is to high Gothic. Their craftsmanship is still fascinating as ingenious verbal whimsy, but it is certainly not what most authorities would consider serious poetry.

79. *enfreindre:* infringe upon, cast off.
80. *convoitons:* we yearn for.
81. *Car ... dénié.* Rabelais imagines that if there is no forbidden fruit, then there is no temptation to commit sin. Consequently, the way to eliminate temptation is to allow everything. But notice that Rabelais is confining admission to the abbey to the well-born, well-mannered, well-heeled

elite. Would he so readily say "Fais ce que [tu] voudras" ("Do whatever you wish") to ordinary common people?
82. *Allons à l'ébat:* Let us go for a frolic.
83. *chasser au vol:* to hawk.
84. *haquenées:* hackneys.
85. *palefroi:* palfrey, riding horse.
86. *verts:* vigorous.

Clément Marot

[1496–1544]

A Taste for Danger

Clément Marot was the son of a well-known *rhétoriqueur*. After a haphazard education he entered the service of the sister of King François I, later famous as Marguerite de Navarre. She was a remarkable woman, a true humanist, a writer of fiction and poetry, a radical in religion, indeed on the edge of Protestantism, and a protector of religious freethinkers. Her heavily moralizing poems may not always suit modern tastes, but her ability to cultivate the talent around her was a lasting contribution. In the liberal atmosphere of her court, Marot developed views akin to the evangelism of Rabelais. Accused of eating bacon in Lent, he was imprisoned, and had to pull every string to gain his release. He succeeded his father in the honorable post of *valet de chambre* to King François I. He was on easy terms with his master, and wrote much of his delightful familiar verse to please him.

Clément Marot. From a reproduction in L. Petit de Julleville's Histoire de la Langue et de la Littérature française, *volume III, 1922*

But his near-Protestantism became suspect, and he fled to Navarre and to Italy, and returned to France only after formally abjuring all heresy. Then, in 1542, a final imprudence forced him to flee again. He went to Geneva, Protestantism's holy city, and was welcomed by Calvin. He published there his translation of the Psalms, still sung in French Protestant churches. But he found Calvinist Puritanism far too grim for his liking. He was caught playing backgammon in a tavern and fled once more, to Turin, where he died.

The Marotique Style

He was a skillful and witty poet, gay, spontaneous, charming. "Everyone knows that malicious grace," says Lanson, "that natural and far from artless simplicity, those unforeseen bursts of imagination or irony, that art of saying things with a trifling air, without emphasizing or underlining." He had more than this. The record of his life shows that he held serious convictions, that he spoke them and suffered for them. A mere court jester would never have undergone his misfortunes.

Yet his achievement is the establishment of a type of court poetry, still known as *marotique*. Court poetry is a servile thing, compounded of obsequiousness and snobbishness. It must please frivolous people, easily bored, contemptuous of serious or radical art. Marot, accepting such requirements, infused in his work grace, fancy, delicate charm, naturalness, and the disarming sincerity of his own character.

In his *art* we perceive the marks of both the Middle Ages and the new day. He keeps the medieval forms, and he often employs the verbal trickeries of the *rhétoriqueurs*. Poetry was for him a craft, not the noble gift of Apollo. But on the other hand he looked to the classics for inspiration and imitated their forms; he introduced the sonnet and other novelties from Italy.

He had the Renaissance love of life, and some of its boldness of enquiry. Under his rigidity of form he reveals an essential simplicity and genuineness of spirit. He has been called the last of the *rhétoriqueurs* and the first of modern poets. He is then an artist of transition.

His light poetry has always been popular in France. There is much of his influence in La Fontaine, in Voltaire. The fact is, as Saintsbury says, he displays the literary characteristics of the ordinary Frenchman.

À *UNE DEMOISELLE MALADE*

[*This is a rhétoriqueur-like virtuoso piece, except that it includes some sincere sentiment along with the linguistic gymnastics. Notice the light, tripping effect of the three-syllable line, which almost makes its own music.*]

Ma mignonne,
Je vous donne
Le bon jour:
Le séjour[1]
C'est prison.
Guérison
Recouvrez,
Puis ouvrez
Votre porte,
Et qu'on sorte
Vitement,
Car Clément
Vous le mande.[2]
Va, friande

De ta bouche,[3]
Qui se couche
En danger
Pour manger[4]
Confitures;
Si tu dures
Trop malade,
Couleur fade
Tu prendras
Et perdras
L'embonpoint.[5]
Dieu te doint[6]
Santé bonne,
Ma mignonne.

Louise Labé

[1524?-1566]

La Belle Cordière

Unlike most of the few women who beat the odds to become well-known authors in France, Louise Charlin Perrin Labé was not a noblewoman. The daughter of a ropemaker (a *cordier*, hence Louise's nickname *"la Belle Cordière"*), she was a member of the wealthy bourgeois class that was slowly on the rise in the sixteenth century. Renowned for beauty, musical talent, linguistic abilities, and daring, she represented in her day the model of the relatively liberated woman. It is said that she disguised herself as a man and fought in the Battle of Perpignan. Her marriage to a very rich ropemaker gave her the financial means to set up a salon in which many of the literary luminaries and intellectuals of her native Lyons and the rest of France regularly met to discuss issues and perform readings. Among her circle were Pernette du Guillet, Clémence de Bourges, Maurice Scève, Pontus de Tyard, Marot, and perhaps Rabelais. But the most influential upon her life was a poet named

---

1. *séjour:* confinement.
2. *mande = commande.*
3. *friande de ta bouche:* having a sweet tooth
4. *manger = avoir mangé.*
5. *embonpoint:* healthy looks.
6. *Dieu te doint:* God grant you.

Olivier de Magny, who made a visit to her salon on his way to a post in Italy. They fell madly in love, setting off a series of nasty scandals injurious to their reputations as well as those of her husband and her other suitor, Claude Rubys. After the death of her husband, Louise retired to the country, presumably in an effort to find peace.

Louise Labé. From title page of the 1555 edition of her works; reproduced in Arthur Tilley's Studies in the French Renaissance, *1922*

Uncontrollable Passion

Louise Labé is remembered primarily for some two dozen passionate poems. Mostly sonnets and elegies, her output was clearly inspired by her powerful love for the usually absent Magny. She expresses, in often the most agonizing terms, a burning, all-consuming desire for the lover whom she can seldom have at her side. In some of the poems, she exhibits a romantic ecstasy so extreme that she earned the derision of those of cooler temperament. (The nineteenth-century playwright Edmond Rostand satirized her mercilessly in his *Cyrano de Bergerac* in a scene in which a bad poet composes a terrible piece of verse called *Bouche*, embarrassingly reminiscent of Labé's poem *La Bouche*.) In other poems, Labé reveals a heart torn by the most wrenching torment. Feminists today may question whether the absent man was worth all the suffering. Yet others may choose to see Labé as a strong woman claiming the right to express her most violent passions.

The following poems were first published in 1555. Note that the sonnets' numbering varies from one edition to another.

SEPTIÈME SONNET

On voit mourir toute chose animée,
Lors que du corps l'âme subtile part.
Je suis le corps, toi la meilleure part:[1]
Où es-tu donc, ô âme bien-aimée?[2]

Ne me laissez par[3] si long temps pâmée,[4]
Pour me sauver après viendrais trop tard.
Las! Ne mets point ton corps[5] en ce hasard:

Rends-lui sa part et moitié estimée.

Mais fais, Ami, que ne soit dangereuse
Cette rencontre et revue amoureuse,
L'accompagnant,[6] non de sévérité,

Non de rigueur, mais de grâce amiable,
Qui doucement me rende ta beauté,
Jadis[7] cruelle, à présent favorable.

---

1. Labé can legitimately rhyme *part* with *part* because one is a verb and the other a noun.
2. This is the central metaphor of the poem, that the absent lover is the soul lacking to the poet's body.
3. *par = pas par.*
4. *pâmée:* swooned. (Her body loses consciousness when the soul is absent.)
5. When the poet speaks to her lover about *ton corps,* it is not actually his own body but hers to which

she is making reference. She is carrying on the idea that her body belongs to him in the sense that it is the body in which his soul rightly resides.

6. *L'accompagnant:* Accompanying it (their dangerous reunion). That is to say, she wants her lover to see to it that their next meeting is accompanied by amiable grace, as she says in the following line, rather than rancor.
7. *Jadis:* formerly.

[Perhaps her most successful work is her eighth sonnet, in which she combines both the ecstatic side and the depressed side of her nature into one insightful analysis of the effects of romantic love upon her existence.]

HUITIÈME SONNET

Je vis, je meurs: je me brûle et me noie,
J'ai chaud extrême en endurant froidure;
La vie m'est et trop molle et trop dure,
J'ai grands ennuis entremêlés de joie.

Tout en un coup je ris et je larmoie, [8]
Et en plaisir maint[9] grief[10] tourment
  j'endure,
Mon bien s'en va, et à jamais il dure,
Tout en un coup je sèche et je verdoie. [11]

Ainsi Amour inconstamment me mène
Et, quand je pense avoir plus[12] de douleur,
Sans y penser je me trouve hors de peine.

Puis, quand je crois ma joie être certaine,
Et être en haut de mon désiré heur, [13]
Il me remet en mon premier malheur.

[Sonnet 13 has a most unusual structure, the entire poem being made up of a single sentence. And this single sentence, in turn, has an interesting structure, being composed of a series of four if/then clauses all introduced by si *and leading up to the idea of "then I could die happy."]*

TREIZIÈME SONNET

Oh! si j'étais en ce beau sein ravie[14]
De[15] celui-là pour lequel vais mourant; [16]
Si avec lui vive[17] le demeurant[18]
De mes courts jours ne m'empêchait envie;

Si m'accolant, me disait: [19] Chère Amie,
Contentons-nous l'un l'autre, s'assurant
Que jà[20] tempête, Euripe, ni Courant[21]
Ne nous pourra déjoindre en[22] notre vie;

Si, de mes bras le tenant accolé, [23]
Comme du lierre[24] est l'arbre encercelé, [25]
La mort venait, de mon aise envieuse,

Lors que souef plus[26] il me baiserait,
Et mon esprit sur ses lèvres fuirait,
Bien je mourrais, plus que vivante,
  heureuse.

[The reader will be pleased to discover that, in contrast with the previous poems, Sonnet 23 is actually easy to read and understand. It expresses the

---

8. *larmoie = pleure.*
9. *maint = mainte*: many a.
10. *grief*: severe.
11. *je sèche et je verdoie* = I dry out and I green up (like a plant.)
12. *avoir plus = n'avoir plus*, or *ne plus avoir*: no longer have
13. *désiré heur = bonheur désiré.*
14. *ravie*: ravished (in both the physical sense and the emotional meaning of *transported*) .
15. *De*: by.
16. *vais mourant*: (I) go dying. (I.e., he's a lover to die for.)
17. *vive*: Some authorities replace *vive* with *vivre*, which makes the phrase more grammatically correct. It could thus mean *If living with him the remainder of my short days did not impede my desire.* On the other hand, the phrase could be a typically elliptical one of hers in which a number of words are omitted; if so, *vive* could properly be the present subjunctive and have *demeurant* as its subject. Then the phrase could mean *If [it were] with him [that] the remainder of my short days may live, [and it] did not impede my*

desire. Sixteenth century poetry is full of such convolutions imitative of examples in classical Latin poems. In any event, it may be an error to expect grammatical exactness in poems designed to project a feeling of ecstatic longing.
18. *demeurant*: remainder.
19. *Si m'accolant, me disait:* If, hugging me, [he] said to me.
20. *jà*: surely.
21. *tempête, Euripe, ni Courant*: [not] storm nor Euripus [*channel of water in which Aristotle supposedly drowned*] nor current.
22. *déjoindre en = disjoindre dans.* Here, *déjoindre* has the meaning of *séparer.*
23. *le tenant accolé*: holding him tightly, hugged close.
24. *lierre*: ivy.
25. *encercelé*: encircled.
26. *Lors que souef plus il me baiserait:* Then he would kiss me until [we were] satisfied. (The word *souef* is an old spelling of *soif.* Hence, *souef plus* can mean *to the point where we no longer had thirst for one another.*)

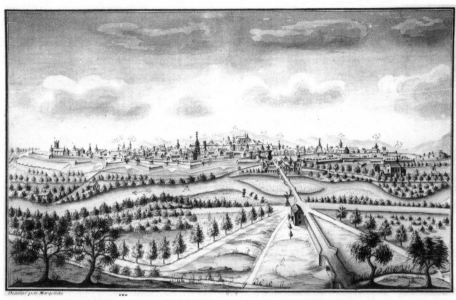

Site of the Siege of Perpignan where Labé fought. Courtesy of Bibliothèque nationale de France

*self-pity that overwhelms the poet when
she recalls the romantic words of praise
that she used to hear from her lover
when he was with her. She virtually
takes consolation in the thought that he
must surely be as miserable as herself.
But is he?]*

VINGT-TROISIÈME SONNET

Las! que me sert[27] que si parfaitement
Louas[28] jadis[29] et[30] ma tresse dorée,[31]
Et de mes yeux la beauté comparée
A deux Soleils, dont Amour finement

Tira les traits causes[32] de ton tourment?
Où êtes-vous,[33] pleurs de peu de durée?
Et mort par qui devait être honorée
Ta ferme[34] amour et itéré[35] serment?

Doncques,[36] c'était le but de ta malice
De m'asservir sous ombre de service?[37]
Pardonne-moi, Ami, à cette fois,

Etant outrée et de dépit et d'ire;
Mais je m'assur',[38] quelque part que tu
   sois,[39]
Qu'autant que moi tu souffres de martyre.

---

27. *que me sert:* what good does it do me.
28. *Louas = tu louas:* you praised.
29. *jadis:* in the past.
30. *et* = both.
31. *ma tresse dorée:* my golden tresses (braid of hair). The speaker is presumably quoting the romantic language that her lover had used to describe her hair.
32. *les traits causes = les traits qui étaient les causes.*
33. *Où êtes-vous:* Notice that she is no longer addressing the lover (*tu*) but a plural entity,

which turns out to be *pleurs*.
34. *ferme:* steadfast.
35. *itéré:* repeatedly expressed.
36. *Doncques = Donc.* (The old spelling of the word gives the line an extra syllable.)
37. *De m'asservir sous ombre de service:* to enslave me under the guise of (romantic) service (to me).
38. *assur' = assure.* (The abbreviated spelling saves a syllable.)
39. *quelque part que tu sois:* wherever you may be.

The Pléiade

French literary history is largely the history of groups or schools, united by a common faith, stimulated by mutual encouragement. Such a group was the band of poets who came to be called the *Pléiade* (a constellation of stars which astronomers refer to in English as The Seven Sisters.) Its first home was the Collège de Coqueret, in Paris. Its inspirer was a remarkable teacher, Jean Dorat. Its members were passionate lovers of poetry, of Greek learning, of music and the arts, of the newly revealed beauty of the human spirit and of nature. Given propitious circumstances and a great teacher, such groups have made literary history in our own country, and surely will again.

The group at the Collège de Coqueret was formed about 1547. Its common faith was scorn for the lingering medievalism of French poetry and a firm intention to make a new poetry on the model of the great Greeks. Its leader was Pierre de Ronsard; his first lieutenant was Joachim du Bellay.

The Glorification of French

The manifesto of the group, the *Défense et illustration de la langue française,* appeared in 1549 and was signed by Du Bellay. (Note that the word "*illustration*" here means "glorification," as in "rendered illustrious.") This manifesto attacked both the court poets of the medieval tradition and the scholars who, despising French, wrote in Latin. It defended the capacity of the French *language* to express the highest poetic thought; it proposed the further enrichment of the language. It demanded a *new poetic system,* to be based on classic and Italian themes and forms, not on the worn-out French tradition. It insisted finally on *the poet's high mission.* The poet must be a seer and sage, no mere amuser of the court. The poet is god-possessed, the vehicle of an inspiration greater than himself. He deals in the sublime; he confers fame and immortality even on the earth's monarchs. Thus the *Défense et illustration* proclaims a new aesthetic principle and calls for a new dignity for the poet and for poetry.

Rules for a New Poetry

At this point it would do well for us to dwell briefly on the fundamental rules of French poetry, both for its writing and its reading. Around the time of the Pléiade, we see French poetry become much more formalized and codified than ever before. Certain poetical forms, particularly the sonnet, become standard in French poetry, just as they had in Italy. And strict rules of versification become the norm. Although the sixteenth century precedes the Classical Era, the rules of classical French poetry are largely a product of the Renaissance. While the sophisticated reader will undoubtedly choose to pass over the following discourse on the rules and vocabulary of French verse, even the competent reader may benefit from a review.

The sonnet, probably the most popular poetical format created during the Renaissance, is a fourteen-line poem, generally with two stanzas (*strophes*) of four lines each, known as *quatrains*, followed by two stanzas of three lines each, known as *tercets*. The typical type of line (*vers*) in French sonnets is the *alexandrin*, comprised of twelve syllables. If you come across a line in a French sonnet that does not seem to have the right number of syllables, keep in mind that in French poems (as well as songs), a normally silent "e" *is* pronounced when found prior to a consonant. Also be sure to pronounce consonants preceding vowels (for example, when a word ends in a consonant and the next word begins with a vowel) unless there is punctuation preventing this. (There are exceptions, but they are rare.) These extra elisions and unexpected "e" sounds obviously change the rhythm of a line of verse from what would be the case in a normal prose sentence. This is very important because unlike English poetry, French has no real meter. That means that all syllables are stressed equally (or nearly so), without any "beat." Consequently, the main means by which an author can create a cadence (or break up a cadence) within a poem is through the use of devices such as: having usually silent "e's" occur before consonants so that they will be pronounced and essentially slow down the reader; alliteration; internal rhyme; and punctuation within a line, dividing it up into sections of sometimes equal and sometimes unequal length. Watch also for the use of the *rejet* (run-on), whereby a sentence continues into the following line, or even into the following stanza. A run-on line like this is known as an *enjambement*, and it can be used to connect lines or stanzas that would normally be separate. These and other poetic devices are used in most cases either to accentuate the idea contained in that part of the poem, or undermine it (such as in ironic or satiric passages). In the work of great poets, such occurrences and their effects are almost never an accident.

Rhymes have a whole set of rules and terminology as well. Notice first that rhymes ending in a silent "e" (known as "*rimes féminines*," a term having nothing to do with noun gender), are always in some sort of alternating pattern with rhymes ending in anything other than a silent "e" (known as "*rimes masculines*," again having nothing to do with gender.) Because of the lack of a beat in French poetry, rhymes are of paramount importance, serving as a glue that helps holds a classical poem together. (Be aware that while modern poetry often dispenses with rhyme, such a thing was virtually unthinkable during the Renaissance.) A rhyme having just one sound involved (such as rhyming "*vous*" with "*choux*") is known in French as a "*rime pauvre*," a term obviously connoting a certain disapproval. When lines end with two sounds rhyming (such as when the poet rhymes "*estime*" with "*crime*," this is known, more approvingly, as a "*rime suffisante*." And having three or more sounds rhyming (such as "*nature*" rhyming with "*peinture*,") constitutes the highly praised "*rime riche*." It will be noticed that a Renaissance poet the caliber of Joachim Du Bellay uses almost exclusively *rimes riches*, as if to show off his easy mastery of such a difficult task. However, other poets may reserve the *rime riche* for situations where the idea is specifically to convey a sense of richness for one reason or another. An equally important aspect of the use of rhyme is what is known as the *disposition des rimes*, or "rhyme scheme." In a *quatrain*, the three typical *dispositions* are the *rimes plates* (aabb), the *rimes embrassées* (abba), and the *rimes croisées* (abab). These schemes are another way in which the poem is structured and thus holds together.

The above has necessarily been a severe oversimplification of the rules, but hopefully it will serve our present purposes. When reading a French poem, it is always best to read it aloud, respecting the rules of poetical pronunciation so as to gain a full appreciation of the cadence, resonance, and techniques of versification that the poet has employed. You will gradually begin to see how well the form serves to convey the ideas and emotions that are the content of a serious poem. And you will marvel at how hard it is to be a French poet, even when the poem produced is simple to read. The typical French poet seeks clarity and a feeling of truth and purity of emotion in his verse. Upon first reading, try to feel what the poet conveys. Upon second reading, remark the techniques with which the poet has sought to move you, and appreciate his skill intellectually as well as emotionally. Do not neglect to perform the second reading. The more you comprehend the craft of the poet, the greater your enjoyment of his creation will be.

Joachim du Bellay

[1522-1560]

Life Among the Ruins

The first to publish a volume in accord with the new program was Joachim du Bellay. He was born at Liré in Anjou, in western France, of a poor branch of the high nobility. Early an orphan, partly deaf, neglected by his guardian, he had an unhappy childhood and youth. At the age of twenty-five he met Ronsard, fell under his masterful influence, and joined him at the College de Coqueret. In 1549 he published *L'Olive,* a sonnet sequence inspired by Petrarch and the Italians. The book is marked by a dreamy Platonic idealism.

In 1553 he went to Rome in the train of his uncle, the French ambassador, Cardinal du Bellay. He was fascinated by the remains of ancient Rome, by the melancholy grandeur of its ruins. In a sonnet series, *Les Antiquités de Rome,* he expressed the pathos of vanished greatness and created, in French, "the poetry of ruins."

He spent four years in Rome, disillusioned, homesick, and unhappy. His own duties as business manager for his uncle were uncongenial. He was disgusted with the cynical intriguing of the Papal court. He was ill; he longed to be back in his quiet country home in Anjou. He kept a kind of poetic diary in sonnet form, and this he published, under the title of *Les Regrets,* on his return to France.

Les Regrets, his most important book, contains poems in various moods. Some are intimate expressions of the author's disappointment, unhappiness, homesickness. Some are satires of Roman life, sharply realistic. Some are impressions of travel. In his three volumes Du Bellay naturalized the sonnet in France and rendered it fit to express the richest thought in beautiful form.

He published some other collections. He saw again his dear homeland. But his health worsened, and he died, evidently of tuberculosis, on January 1,1560, at the age of thirty-seven.

A Personal Poetry

"J'écris naïvement tout ce qu'au coeur me touche," he wrote *(Regrets, XXI).* This humility should not lead us to conclude that he was anything other than highly accomplished. It is not naïveté, but sincerity that imbues his work and reaches out to the reader. His sincerity, added to his poetic skill, gives him a charm which still imposes itself. We know his inner self; he draws our pity and our affection. He is a *personal* poet. Further, he is that special type of writer, sad, sensitive, consumptive, which represents The Poet in many minds. He has helped to create the foolish legend that the poet is a sweet incompetent, defeated by life.

Si notre vie est moins qu'une journée

[This is poem number 113 in his collection L'Olive. *In the first poem of the series, the olive leaves form the Greek laurel, the "laurier immortel" with which champions of ancient times were crowned. Du Bellay proclaims that in the modern day only a poet can attain the olive laurel, only a poet can create true glory. In this poem, the poet's soul yearns for the Absolute, the Beautiful, the Unobtainable.]*

Si notre vie est moins qu'une journée
En l'éternel, si l'an qui fait le tour
Chasse nos jours sans espoir de retour,
Si périssable est toute chose née,

Que[1] songes-tu, mon âme emprisonnée?
Pourquoi te plaît l'obscur de notre jour,
Si pour voler en un plus clair séjour,
Tu as au dos l'aile bien empennée?[2]

Là est le bien que tout esprit désire,
Là, le repos où tout le monde aspire,
Là est l'amour, là le plaisir encore.
Là, ô mon âme, au plus haut ciel guidée,
Tu y pourras reconnaître l'Idée
De la beauté, qu'en ce monde j'adore.[3]

Olive laurel. From Thomas Hope's Costume of the Ancients, *1841*

CES CHEVEUX D'OR SONT LES LIENS, MADAME

[*The power of love holds the poet captive, but not against his will, in this famous sonnet also from the* Olive *collection.*]

Ces cheveux d'or sont les liens,[4] Madame,
Dont fut premier[5] ma liberté surprise,
Amour la flamme autour du cœur éprise,[6]
Ces yeux le trait[7] qui me transperce[8] l'âme.

Forts sont les nœuds,[9] âpre et vive la
    flamme,
Le coup de main à tirer bien apprise,[10]
Et toutefois j'aime, j'adore et prise

Ce qui m'étreint, qui me brûle et entame.[11]

Pour briser donc, pour éteindre et guérir
Ce dur lien, cette ardeur, cette plaie,
Je ne quiers[12] fer, liqueur, ni médecine:

L'heur[13] et plaisir que ce m'est de périr[14]
De telle main ne permet que j'essaie
Glaive[15] tranchant, ni froideur, ni racine.[16]

---

1. *Que = Pourquoi.*
2. *empennée:* feathered.
3. The thought is both Platonic and Petrarchan, that one may rise by pure love from the world of appearances to that of essences, to the Idea which is the ultimate reality. "Avec sa ligne souple et noblement courbée, ses reprises, sa musique savante, ses interrogations, ses affirmations heureuses et répétées, le long retentissement des échos qu'il éveille, ce sonnet a tout pour satisfaire à la fois l'esprit et le cœur." (Edmond Jaloux.)
4. *liens:* the ties that bind.
5. *Dont fut premier:* with which was first.
6. *éprise:* smitten. (From the verb *éprendre*.) Note that contrary to one's first impression, *éprise* cannot possible refer to *cœur*, which is masculine and would have required *épris*. The phrase grammatically can only mean: love (is) the smitten flame around the heart. Yet, we know that it is the heart rather than the flame that should be the smitten one. This stylistic technique is a classical figure of rhetoric known as a catachresis, or reference to the wrong thing for poetical effect.
7. *trait:* arrow.
8. *transperce:* pierces.
9. *nœuds:* knots (of the ties binding him).
10. *Le coup ... apprise:* the yank for tying well taught. (I.e., the yanking of a well-trained hand tightened the knot.) Again, Du Bellay has cheated somewhat on gender in order to make his rhyme work—*apprise* is feminine in agreement with *main*, even though *coup de main*, which is masculine, is really the subject.
11. *prise ...entame:* highly prize that which restrains, burns and injures me. (The verb *entamer* does not mean *to tame*.)
12. *Je ne quiers:* I do not want (or require)
13. *heur = bonheur.*
14. *périr:* perish (although this verb is often used figuratively with the sense of to be ruined). In any event, the poet enjoys the pain of his romantic captivity so much that he seeks no remedy of any kind for it.
15. *glaive:* blade.
16. *racine:* root (presumably of a medicinal nature.)

LES ANTIQUITÉS DE ROME

[*Poem VII of the collection, in which the poet, encountering the remains of Ancient Rome, is moved to identify with the ruins. Such emotional attachment to ruins will be a feature of French romantic poetry in centuries to come.*]

Sacrés coteaux, et vous, saintes ruines,
Qui le seul nom[17] de Rome retenez,
Vieux monuments, qui encor soutenez
L'honneur poudreux de tant d'âmes
    divines;

Arcs triomphaux, pointes du ciel voisines,
Qui, de vous voir,[18] le ciel même étonnez,
Las![19] peu à peu cendre vous devenez,
Fable du peuple, et publiques rapines![20]

Et, bien qu'au temps pour un temps fassent
    guerre
Les bâtiments, si est-ce que[21] le temps
Œuvres et noms finablement[22] atterre.

Tristes désirs, vivez doncque[23] contents;
Car, si le temps finit chose si dure,
Il finira la peine que j'endure.

LES REGRETS

[*I. His Purpose*]

Je ne veux point fouiller au sein de la
    nature,
Je ne veux point chercher l'esprit de
    l'univers,
Je ne veux point sonder les abîmes
    couverts,
Ni desseigner[24] du ciel la belle
    architecture:

Je ne peins mes tableaux de si riche
    peinture,
Et si hauts arguments[25] ne recherche à mes
    vers;
Mais, suivant de ce lieu les accidents
    divers,
Soit de bien, soit de mal, j'écris à
    l'aventure.

Je me plains à mes vers, si j'ai quelque
    regret;

Je me ris avec eux, je leur dis mon secret,
Comme étant de mon cœur les plus chers
    secrétaires.[26]

Aussi ne veux-je tant les peigner et friser,
Et de plus braves noms ne les veux
    déguiser
Que de papiers journaux ou bien de
    commentaires.

[*II. Love of Country*]

France, mère des arts, des armes et des
    lois,
Tu m'as nourri longtemps du lait de ta
    mamelle!
Ore,[27] comme un agneau qui sa nourrice
    appelle,
Je remplis de ton nom les antres[28] et les
    bois.

Si tu m'as pour enfant avoué quelquefois,[29]

---

17. *le seul nom:* only the name.
18. *de vous voir:* to the onlooker.
19. *Las!* Alas!
20. *rapines:* plunder. (The ancient ruins were used as sources of supply of building materials.)
21. *si est-ce que:* still.
22. *finablement = finalement.*
23. *doncque = donc.*
24. *desseigner:* portray. (Du Bellay is referring to the high philosophic themes treated by Ronsard and other members of the Pléiade.)
25. *arguments:* subjects.
26. *secrétaires:* a play on the word *secret* in line 10, wherein Du Bellay confesses that he is consciously writing *poésie intime.* In other words, he is claiming that his poetry is the personal journal of his emotions.
27. *Ore:* Now.
28. *antres:* caves.
29. *quelquefois = autrefois.*

Que[30] ne me réponds-tu maintenant, ô
cruelle?
France, France, réponds à ma triste
querelle:[31]
Mais nul, sinon Écho, ne répond à ma
voix.

Entre les loups cruels j'erre parmi[32] la
plaine,
Je sens venir l'hiver, de qui la froide
haleine
D'une tremblante horreur fait hérisser[33] ma
peau.

Las! Tes autres agneaux n'ont faute de
pâture,[34]
Ils ne craignent le loup, le vent, ni la
froidure:
Si[35] ne suis-je pourtant le pire du troupeau.

[*III. Homesickness*]

Heureux qui, comme Ulysse, a fait un
beau voyage,[36]
Ou comme celui-là qui conquit la toison,[37]
Et puis est retourné, plein d'usage[38] et
raison,
Vivre entre ses parents le reste de son âge!

Quand reverrai-je, hélas! de mon petit
village
Fumer la cheminée? et en quelle saison
Reverrai-je le clos[39] de ma pauvre maison,
Qui m'est une province et beaucoup
davantage?

Plus me plaît le séjour qu'ont bâti mes
aïeux
Que des palais romains le front audacieux,

Plus que le marbre dur me plaît l'ardoise[40]
fine,

Plus mon Loire gaulois que le Tibre latin,
Plus mon petit Liré que le mont Palatin,
Et plus que l'air marin la douceur
angevine.

[*IV. Disillusionment*]

Flatter un créditeur, pour son terme
allonger,[41]
Courtiser un banquier, donner bonne
espérance,
Ne suivre en son parler la liberté de
France,
Et, pour répondre un mot, un quart d'heure
y songer,

Ne gâter sa santé par trop boire et manger,
Ne faire sans propos[42] une folle dépense,
Ne dire à tous venants tout cela qu'on
pense,
Et d'un maigre discours gouverner
l'étranger;

Connaître les humeurs, connaître qui
demande,
Et, d'autant que l'on a la liberté plus
grande,
D'autant plus se garder que l'on ne soit
repris;[43]

Vivre avecque chacun, de chacun faire
compte:
Voilà, mon cher Morel,[44] (dont[45] je rougis
de honte)
Tout le bien qu'en trois ans à Rome j'ai
appris.

---

30. *Que = Pourquoi.*
31. *querelle:* complaint. In reading, make here a
    dramatic pause.
32. *parmi:* in the midst of.
33. *hérisser:* shiver, bristle.
34. *n'ont faute de pâture:* do not lack pasturage.
35. *Si:* Yet.
36. *Ulysse … voyage.* Ulysses, also known as
    Odysseus in Homer's ancient Greek epic poem
    The Odyssey, took years to get home following
    the Trojan War.
37. *toison:* the Golden Fleece, won by Jason.
38. *usage:* experience.
39. *clos:* enclosed garden.
40. *ardoise:* slate.
41. *pour son terme allonger:* to make him grant an
    extension.
42. *sans propos:* without good reason.
43. *repris:* caught.
44. *Morel:* a friend in France.
45. *dont:* whereat.

Pierre de Ronsard

[1524-1585]

A Regal Upbringing

Pierre de Ronsard was born near Vendôme, in west-central France. His father, a member of the minor nobility, had campaigned in Italy, and was already animated by the Renaissance spirit. The boy served as a page at court, and spent a year in Scotland in the train of Madeleine, French queen of King James the Fifth. At sixteen an illness left him partly deaf, and forbade him a career as a courtier and soldier.

Ronsard turned to poetry, and studied the Greek masters with passionate devotion. At the College de Coqueret he dominated the little band of fledgling poets. In 1549 the *Défense et illustration de la langue française* was written and published under his impulsion. In 1550 his first collection of poetry appeared, his *Odes,* designed to prove that the French could rival Pindar and the other ancient Greeks on their own ground. In 1552 he presented the first series of his *Amours.* This set of Petrarchan sonnets celebrates his fruitless love for Cassandre, a young lady of his own noble class. A second series, written in what he calls a "sweet low style," tells the story of his love for a peasant girl, Marie. A final series, appearing in his middle age, recounts the endless frustrations of his wooing of Hélène, a maid of honor at court. Most of the poems that still have power to move us are included in these three series.

He wrote a great deal beside love lyrics: an unfortunate epic, *La Françiade*; philosophical *Hymnes*; masques and other diversions for the court; polemics against the Protestants; comic light verse; poetic epistles, often autobiographical; and what the French call *poésie d'occasion*, trifles written for special occasions and the entertainment of prestigious visitors.

The Prince of Poets

Living up to his nickname "The Prince of Poets," Ronsard had the *abundance* of a great poet. The vigor of his mind and person flows into his work, gives it a kind of richness and tension. A true product of the Renaissance, he loved his classic masters with passion. The Greek myths came to life for him, and he tells us that even when he was a boy the dryads and nymphs danced about him, their kirtles flying, in the forest glades of the Vendômois. He brought Greek beauty, joy in life, joy in knowledge, into his poetry. Though he became a churchman and stoutly defended his faith, there was an underlying paganism in his Christianity. He even assimilates Christ to the myth of Hercules (both of them having had a deity father and a human mother.) Almost pagan, too, was his sensuous delight in nature, in the drama of the changing seasons, in flowers, birds, and the labors of country life.

He was a master of poetic form and style. In later times he was reproached for making his Muse speak Greek and Latin in French. However, his classic innovations in the language were not in fact excessive. He had an instinctive sense of beautiful form, always superior to his theories.

Readers are sometimes put off by Ronsard's abundant use of mythological references. He can never say "the sun," but rather has to say "Hypérion" and trust that the reader is well versed enough in classicism to know that Hypérion was a sun god who therefore represents the sun in his poem. It is wise to have an encyclopedia at hand when reading Ronsard.

Despite his moments of bathos, pretension, and absurdity, he was a great poet. We have forgotten his laborious exercises, and remember him as the singer of the opening rose, of springtime, of the jocund wisdom of the Greeks, of Nature and her beauty.

With the exception of *Ode à Corydon*, all of our following selections are from the *Amours*. Remark how Ronsard employs different approaches and styles in addressing poems to three very different women. Ronsard is a sly seducer regarding the lovely but married Cassandre, a sincere mourner regarding the peasant Marie, who died young, and a self-pitying suitor of the much younger Hélène.

ODE À CORYDON[1]

[*This tongue-in-cheek poem consists of advice to a hard-working young man at the royal court who has not yet learned how to be sufficiently corrupt and hedonistic to fit in with his peers.*]

J'ai l'esprit tout ennuyé
D'avoir trop étudié
Les Phénomènes d'Arate.[2]
Il est temps que je m'ébatte[3]
Et que j'aille aux champs jouer.
Bons Dieux! qui voudrait louer
Ceux qui collés sur un livre
N'ont jamais souci de vivre?

Hé, que sert d'étudier,
Sinon de nous ennuyer,
Et soin dessus soin accroître,[4]
A nous qui serons peut-être,
Ou ce matin, ou ce soir
Victime de l'Orque[5] noir,
De l'Orque qui ne pardonne,
Tant il est fier,[6] à personne?

Corydon, marche devant,
Sache où le bon vin se vend:
Fais après à ma bouteille
Des feuilles de quelque treille[7]
Un tampon[8] pour la boucher;

Pierre de Ronsard. From a 1609 title page reproduced in Arthur Tilley's Studies in the French Renaissance, *1922*

Ne m'achète point de chair,
Car, tant soit-elle friande,[9]
L'été je hais la viande.

Achète des abricots,
Des pompons,[10] des artichauts,
Des fraises et de la crème:
C'est en été ce que j'aime,
Quand, sur le bord d'un ruisseau,
Je les mange au bruit de l'eau,
Étendu sur le rivage
Ou dans un antre[11] sauvage.
Ores[12] que je suis dispos,
Je veux rire sans repos,
De peur que la maladie
Un de ces jours ne me die[13]

1. *Corydon:* the classical name Ronsard gave his page.
2. *Phénomènes d'Arate:* Greek work on astronomy. Remember that Ronsard is a member of the Pléiade, a (literary) constellation.
3. *m'ébatte:* take my pleasure.
4. *accroître:* increase. Pronounce to rhyme with *être.* In Ronsard's time, and for a long time to come, the "oi" was pronounced like "ê."
5. *Orque:* Orcus, god of the lower world, according to the Romans, known as Pluto to the Greeks.

The question is: why bother studying and working hard if Death is going to grab you at any moment? Better to eat, drink and be merry.
6. *fier:* cruel.
7. *treille:* vine arbor.
8. *tampon:* stopper.
9. *tant soit-elle friande:* however dainty it be.
10. *pompons:* melons.
11. *antre:* cave.
12. *Ores:* Now.
13. *die = dise.*

Me happant à l'imprévu:[14]
« Meurs, galant: c'est assez bu. »

CASSANDRE

IV

[Line 16, "Ceuillez, cueillez votre
jeunesse," literally "Gather, gather your
youth," and presumably the inspiration
for "Gather ye rosebuds while ye may,"
is one of the most famous lines in French
literature.]

Mignonne, allons voir si la rose
Qui ce matin avait déclose
Sa robe de pourpre[15] au soleil
A[16] point perdu cette vêprée[17]
Les plis de sa robe pourprée,
Et son teint au vôtre pareil.

Las! voyez comme en peu d'espace,
Mignonne, elle a dessus la place
Las, las, ses beautés laissé choir![18]
O vraiment marâtre[19] Nature,
Puisqu'une telle fleur ne dure
Que du matin jusques au soir!

Donc, si vous me croyez, mignonne,
Tandis que votre âge fleuronne[20]
En sa plus verte nouveauté,
Cueillez, cueillez votre jeunesse:
Comme à cette fleur, la vieillesse
Fera ternir[21] votre beauté.[22]

MARIE

IV   [The Death of Marie]
Je songeais, sous l'obscur de la nuit
endormie,
Qu'un sépulcre entr'ouvert s'apparaissait
à moi.

La Mort gisait dedans toute pâle d'effroi;
Dessus était écrit: Le tombeau de Marie.

Épouvanté du songe, en sursaut je m'écrie:
« Amour est donc sujet à notre humaine
loi!
Il a perdu son règne et le meilleur de soi,
Puisque par une mort sa puissance est
périe. »

Je n'avais achevé, qu'au point du jour
voici
Un passant à ma porte, adeulé[23] de souci,
Qui de la triste mort m'annonça la
nouvelle.

Prends courage, mon âme, il faut suivre
sa fin;
Je l'entends dans le ciel comme elle nous
appelle;[24]
Mes pieds avec les siens ont fait même
chemin.

HÉLÈNE

I

[The middle-aged narrator laments his
failure to win the affections of this young
lady of the court, accusing her of being
shallowly interested only in young,
wealthy suitors.]

Je liai d'un filet de soie cramoisie[25]
Votre bras l'autre jour, parlant avecques
vous;
Mais le bras seulement fut captif de mes
nouds,[26]
Sans vous pouvoir lier ni cœur ni fantaisie.

Beauté, que pour maîtresse unique j'ai
choisie,

---

14. *Me happant à l'imprévu:* Clutching me without
     warning.
15. *pourpre:* crimson.
16. *A = N'a.*
17. *vêprée:* evening.
18. *choir:* fall.
19. *marâtre:* stepmotherly.
20. *fleuronne:* blooms.
21. *ternir:* tarnish, grow dim.
22. *Comme ... beauté.* Having explained that beauty
     and youth are fleeting things, the poet lets us

imagine that he will recommend to the young
lady that she take up interests of a more spiritual
and lasting nature, but instead he ends up urging
her to "make hay while the sun shines."
23. *adeulé:* stricken.
24. *Je ... appelle.* The poet is a sort of mystic who
     can see and hear the great beyond, which we
     ordinary humans obviously cannot.
25. *cramoisie:* crimson.
26. *nouds = nœuds.*

Château de Vendôme. Courtesy of Bibliothèque nationale de France

Le sort est inégal: vous triomphez de nous.
Vous me tenez esclave, esprit, bras, et
genoux,
Et Amour ne vous tient ni prise ni saisie.

Je veux parler, Madame, à quelque vieux
sorcier,
Afin qu'il puisse au mien votre vouloir
lier,
Et qu'une même plaie à nos cœurs soit
semblable.

Je faux;[27] l'amour qu'on charme est de peu
de séjour.
Être beau, jeune, riche, éloquent, agréable,
Non les vers enchantés, sont les sorciers
d'Amour.

III

Je plante en ta faveur cet arbre de Cybèle,[28]
Ce pin,[29] où tes honneurs se liront tous les
jours:
J'ai gravé sur le tronc nos noms et nos
amours,

Qui croîtront à l'envi de[30] l'écorce[31]
nouvelle.

Faunes,[32] qui habitez ma terre paternelle,
Qui menez sur le Loir vos danses et vos
tours,
Favorisez la plante et lui donnez secours,
Que l'été ne la brûle et l'hiver ne la gèle.

Pasteur qui conduiras en ce lieu ton
troupeau,
Flageolant une églogue en ton tuyau
d'aveine,[33]
Attache tous les ans à cet arbre un
tableau[34]

Qui témoigne aux passants mes amours et
ma peine
Puis, l'arrosant de lait et du sang d'un
agneau,[35]
Dis: « Ce pin est sacré, c'est la plante
d'Hélène.» [36]

---

27. *Je faux:* I am wrong.
28. *Cybèle:* the mother of the gods.
29. It is intriguing that Ronsard selects a *pin* (pine tree) for Hélène, when the family name of his previous great love, Marie, was Dupin.
30. *à l'envi de:* in emulation of, together with.
31. *écorce:* bark.
32. *Faunes:* Fauns, i.e., mythological creatures such as Pan, half goat and half man, usually depicted as the flute-playing guardians of woodlands.

33. *Flageolant…aveine:* Fluting an eclogue (pastoral poem) on your pipe of oat straw.
34. *tableau:* placard (to honor woodland deities).
35. I.e., following ancient dedicatory rites requiring the sacrifice of a lamb.
36. The reader has no doubt noticed the extraordinary run-on line (*enjambement*) connecting the final two stanzas via one continuous sentence, thereby reinforcing the idea of linkage expressed in the verb "*attache*"

10. Michel de Montaigne

[1533–1592]

The Study of the Self

Montaigne chose the smallest of subjects: the study of his own insignificant self. And by a happy paradox, he has become universal, the world's property. Shakespeare copied him. Emerson wrote: "It seemed to me as if I had myself written the book in some former life, so sincerely it spoke to my thought and experience." And many writers and readers of our own day (including philosopher Eric Hoffer) have found Montaigne their closest spiritual companion.

The Making of a Universal Individual

Michel Eyquem de Montaigne was born near Bordeaux, of a wealthy family, recently ennobled. His father, whom he adored, was an original thinker who was encouraged by the new Renaissance freedoms to indulge his originalities. He put the baby to nurse with peasants for two years, to give him what was later to be termed social consciousness. (The child returned home with a taste for garlic with his milk.) He had novel views on education. He roused his son in the morning with strains of sweet music, to avoid psychic shock. He forced the tearful household to speak only Latin in the child's presence. Thus, as a schoolboy, Montaigne thought naturally in Latin, to the dismay of his later masters.

Montaigne studied law, and was given an official post in Bordeaux. He traveled, visited the Court, had some experience of war. After his father's death he resigned his public duties and retired to the château of Montaigne, at the age of thirty-eight, with the deliberate intention of amusing himself in his own way. He established himself in his library in an old round tower (which may still be inspected), and there read, meditated, and noted down his observations. In ten years he had a book. This was published in 1580, under the title of *Essais*, Trial Efforts. He gave the word its present meaning, and he created the personal essay, which Bacon acclimated in England. ("An irregular, undigested piece," Dr. Johnson defines the essay.)

Afflicted by stones in the kidneys, Montaigne made a long journey to Italy, in search of health and diversion. He was called back by news of his election to the mayoralty of Bordeaux. He served dutifully two terms in this unwelcome post, during days of civil war and plague. He published a second edition of his *Essais*, much enlarged, in 1588. A third edition of his *Essais* appeared posthumously in 1595, incorporating his profuse manuscript additions.

His subject is himself. "C'est moi que je peins," he says in his address to the reader. "Don't waste your time on such a silly subject." But a million readers have disregarded his advice, and have not wasted their time, for Montaigne has given us, for the first time, a full-length portrait of a man. By portraying one man, he portrays all men. His individual is universal.

Montaigne's *thought,* or *philosophy*, is very hard to define. When he began writing, he praised the *stoic* virtues as our defense against life's troubles and injustices. But with time he moved toward a complete *skepticism.* Nothing on earth is sure and certain. No justice is entirely just, no truth entirely true. "L'homme est merveilleusement ondoyant et divers." Every faith, every absurdity, has been honored in some time and place. Montaigne dwells on the *relativity* of all human belief and behavior. He dares not even say: "je ne sais pas," for that is too bold an assertion. The most he dares to say is: "que sais-je?"

But in the end he goes beyond skepticism to accept a *faith in Nature.* He recognizes that he loves life and that life is good. "Nature est un doux guide, mais non pas plus doux que prudent et juste," he says in his last chapter. Thus he relates himself to the current of thought which we have seen appearing in Jean de Meung and Rabelais, and which is to become a torrent in the time of Rousseau.

His lesson is one of tolerance and understanding. Some periods need this lesson more than others. A philosophy of tolerance usually implies that the tolerator lives at his ease, above the mêlée, as in the case of Montaigne. Tolerance will not make heroes and saints, nor give us inspiring examples of devotion and self-sacrifice for a cause ardently espoused. But Montaigne's

Michel de Montaigne. From a reproduction in L. Petit de Julleville's Histoire de la Langue et de la Litterature francaise, *volume III, 1922*

time needed tolerance, for it was a period of religious wars, of savage hate and cruelty. "One must put a high price on his conjectures to cook a man alive," said Montaigne.

Our time too is a time of fanatic faith, though not in religion so much as in political and social theory. So our time too has need of Montaigne.

Freedom of Style

Montaigne's *style* is diverse. He hated the labor of composition; he liked to let his thought run free. In the successive editions of the *Essais* he added and patched in innumerable new bits, heedless of resulting incoherence. But he is rich, novel, unexpected, profuse with startling images, sudden changes of pace. He called his style "comique et privé, serré, désordonné, coupé, particulier, sec, rond et cru, âpre et dédaigneux, non facile et poli." No critic can define it so well as that.

Relativism and Cannibalism

Montaigne, in his *essai* titled *Des Cannibales*, which we shall give (with the spelling and punctuation modernized) following his brief address to the reader, considers the state of the "savages," particularly the American aborigines, whose existence had only recently been revealed to Europe. The fact of their existence was very upsetting to accepted ideas. Churches were thrown into theological upheaval. Since the savages could not possibly have known anything of Christ's life, death, and ressurection to redeem all mankind, their damnation as unbelievers cast doubt on God's justice. Theologians disputed whether or not the Americans possessed souls, whether indeed they could be called human. Montaigne considers them in the detached spirit of the modern anthropologist, endeavoring to comprehend them against their own background, realizing that their ideas and customs are the product of their environment and are not to be condemned according to values developed in a European environment. This is *relativism*. Montaigne recognizes that the savages are in a state of nature, and he seems to regard this state as in some respects superior to his own period of civilization. Herein he forecasts the contentions of Rousseau.

In 1555–1560 French Protestants attempted to make a settlement in the bay of Rio de Janeiro, in Brazil. The colony failed, and the survivors straggled back. It was apparently one of these whom Montaigne interviewed.

AU LECTEUR[1]

C'est ici un livre de bonne foi, lecteur. Il t'avertit dès l'entrée que je ne m'y suis proposé aucune fin, que[2] domestique et privée; je n'y ai eu nulle considération de ton service, ni de ma gloire: mes forces ne sont pas capables d'un tel dessein. Je l'ai voué à la commodité[3] particulière de mes parents et amis: à ce que,[4] m'ayant perdu (ce qu'ils ont à faire bientôt), ils y puissent retrouver aucuns[5] traits de mes conditions et humeurs, et que par ce moyen ils nourrissent plus entière et plus vive la connaissance qu'ils ont eue de moi. Si c'eût été pour rechercher la faveur du monde, je me fusse paré de beautés empruntées; je veux qu'on m'y voie en ma façon simple, naturelle et ordinaire, sans étude et artifice: car c'est moi que je peins. Mes défauts s'y liront au vif, mes imperfections et ma forme naïve,[6] autant que la révérence publique[7] me l'a permis. Que si j'eusse été parmi ces nations qu'on dit vivre encore sous la douce liberté des premières lois de nature, je t'assure que je m'y fusse très volontiers peint tout entier et tout nu. Ainsi, lecteur, je suis moi-même la matière de mon livre: ce n'est pas raison que tu employes ton loisir en un sujet si frivole et si vain. Adieu donc. De Montaigne, ce premier de mars 1580.

DES CANNIBALES

[Slightly abridged]

Quand le roi Pyrrhus[8] passa en Italie et qu'il eut reconnu l'ordonnance[9] de l'armée que les Romains envoyaient contre lui: « Je ne sais, dit-il, quels Barbares ce sont là (car les Grecs appelaient ainsi toutes les nations étrangères), mais la disposition de cette armée que je vois n'est aucunement barbare ». Autant en dirent les Grecs de celle que Flaminius[10] fit passer en leur pays, et Philippus,[11] voyant d'un tertre[12] l'ordre et distribution du camp romain en son royaume, sous Publius Sulpicius Galba. Voilà comment il faut se garder de s'attacher aux opinions vulgaires, comment il faut les juger par la voie de la raison, non par la voix commune.

J'ai eu longtemps avec moi un homme qui avait demeuré dix ou douze ans en cet

---

1. Foreword to the whole collection of *Essais*. It was standard in Montaigne's time for authors to begin a work of opinion by making a statement of humility (usually expressing false modesty). Montaigne satirizes that practice in this humorously self-deprecating foreword.
2. *que:* other than.
3. *commodité:* profit.
4. *à ce que = afin que.*
5. *aucuns = quelques.*

6. *naïve:* native.
7. *révérence publique:* respect for the public.
8. Pyrrhus (318–272 B.C.), King of Epirus, in Greece, who defeated the Romans.
9. *ordonnance:* organization, battle order.
10. Flaminius (230–174 B.C.), Roman general.
11. *Philippus:* Philip V of Macedonia, conquered by Galba, Roman general, 197 B.C.
12. *tertre:* hillock.

Montaigne's home in the Dordogne region of France. Courtesy of Bibliothèque nationale de France

autre monde qui a été découvert en notre siècle dans l'endroit où Villegaignon[13] prit terre et qu'il nomma *la France antarctique.* Cette découverte d'un pays infini semble mériter considération. Je ne sais si je me puis assurer qu'il ne s'en fera pas d'autre à l'avenir, tant de personnages plus grands que nous ayant été trompés en celle-ci. J'ai peur que nous ayons les yeux plus grands que le ventre et plus de curiosité que nous n'avons de capacité: nous embrassons tout, mais nous n'étreignons[14] que du vent.

Cet homme que j'avais était simple et grossier, ce qui est une condition désirable pour rendre un vrai témoignage: car les gens cultivés re-marquent bien plus attentivement et plus de choses, mais ils les commentent et, pour faire valoir leur interprétation et la rendre persuasive, ils ne peuvent se garder d'altérer un peu l'histoire; ils ne représentent jamais les choses comme elles sont, ils les façonnent[15] et les masquent selon le visage qu'ils leur ont vu: et, pour

donner crédit à leur jugement, et vous y attirer, ajoutent volontiers quelque chose à la matière, l'allongent et l'amplifient. Il faut un homme très fidèle ou si simple qu'il n'ait pas de quoi bâtir[16] et donner de la vraisemblance à des inventions fausses et qu'il n'ait rien épousé.[17] Le mien était tel et, outre cela, il m'a fait voir, à diverses fois, plusieurs matelots et marchands qu'il avait connus en ce voyage; ainsi, je me contente de cette information sans m'enquérir de ce que les cosmographes[18] en disent.

Il nous faudrait des topographes[19] qui nous fissent narration particulière des endroits où ils ont été. Mais, parce qu'ils ont sur nous cet avantage d'avoir vu la Palestine, ils veulent jouir de ce privilège pour nous conter nouvelles de tout le reste du monde. Je voudrais que chacun écrivît ce qu'il sait, non en cela seulement, mais en tous autres sujets; car un tel peut avoir quelque particulière connaissance ou expérience de la nature d'une rivière ou

13. *Villegaignon:* leader of the Protestant expedition to colonize Brazil, 1557.
14. *étreignons:* we grasp (cf. proverb: "qui trop embrasse mal étreint").
15. *façonnent:* shape, organize.

16. *qu'il...bâtir:* that he is unable to construct.
17. *qu'il...épousé:* that he has not committed himself to any view.
18. *cosmographes:* geographers.
19. *topographes:* topographers, describers of places.

d'une fontaine, qui ne sait pour le reste que ce que chacun sait. Il entreprendra toutefois, pour faire courir ce petit lopin,[20] d'écrire toute la physique. De ce vice sourdent[21] plusieurs grandes incommodités.

Or, je trouve, pour revenir à mon sujet, qu'il n'y a rien de barbare et de sauvage en cette nation [d'Amérique], à ce qu'on m'en a rapporté, sinon que chacun appelle *barbarie* ce à quoi il n'est pas accoutumé. Comme, à dire vrai, nous n'avons pas d'autre mire[22] de la vérité et de la raison que l'exemple et l'idée des opinions et des usages du pays où nous sommes, là est toujours la parfaite religion, la parfaite administration, l'usage parfait et accompli de toutes choses. Ils[23] sont *sauvages* de même que nous appelons sauvages[24] les fruits que la nature a produits d'elle-même et de son ordinaire façon; tandis qu'en vérité ce sont ceux que nous avons changés par artifice et détournés de l'ordre commun que nous devrions plutôt appeler sauvages: en ceux-là les vraies, les plus utiles, les naturelles vertus et propriétés sont vives et vigoureuses, vertus et propriétés que nous avons abâtardies[25] en ceux-ci pour les accommoder au plaisir de notre goût corrompu. Et pourtant la saveur même et délicatesse se trouve à notre goût excellent, à l'égal des nôtres, en divers fruits de ces contrées-là, sans culture. Il n'y a pas de raison que l'art gagne le point d'honneur sur notre grande et puissante mère Nature. Nous avons tant rechargé[26] la beauté et la richesse des ouvrages de la nature que nous l'avons entièrement étouffée; aussi partout où sa pureté brille, elle fait une merveilleuse honte à nos vaines et frivoles entreprises. Tous nos efforts ne peuvent seulement arriver à reproduire le nid du moindre oiselet,[27] sa contexture, sa beauté et l'utilité de son usage, pas même la tissure de la chétive araignée.[28] Toutes choses, dit Platon, sont produites par la nature, ou par le sort, ou par l'art; les plus grandes et plus belles, par l'une ou l'autre des deux premières; les moindres et imparfaites, par la dernière.

Ces nations me semblent donc barbares en ce qu'elles ont reçu fort peu de façon[29] de l'esprit humain et qu'elles sont encore fort voisines de leur naïveté originelle. Les lois naturelles les gouvernent encore, fort peu abâtardies par les nôtres; mais c'est en telle pureté, qu'il me prend quelquefois déplaisir que la connaissance n'en soit venue plus tôt, du temps où il y avait des hommes qui en eussent su mieux juger que nous. Il me déplaît que Lycurgus[30] et Platon ne l'aient eue; car il me semble que ce que nous voyons par expérience en ces nations-là surpasse non seulement toutes les peintures dont la poésie a embelli l'âge doré[31], et toutes ses inventions à imaginer une heureuse condition des hommes, mais encore la conception et le désir même de la philosophie. Ils[32] n'ont pu imaginer une naïveté si pure et simple, comme nous la voyons par expérience; ils n'ont pu croire que notre société peut se maintenir avec si peu d'artifice et soudure[33] humaine. C'est une nation, dirais-je à Platon, en laquelle il n'y a aucune espèce de commerce, nulle connaissance de lettres, nulle science de nombres, nul nom de magistrat ou de supériorité politique, nul usage de service, de richesse ou de pauvreté, nuls contrats, nulles successions,[34] nuls partages,[35] nulles occupations autres qu'agréables, nulle considération de parenté qui ne

---

20. *pour...lopin:* to attract attention to this little bit of land.
21. *sourdent:* arise.
22. *mire:* view, means of judgment.
23. *Ils:* i.e., the savages of America.
24. *sauvages:* here, wild.
25. *abâtardies:* distorted.
26. *rechargé:* added to, complicated.
27. *oiselet:* little bird.
28. *tissure...araignée:* web of the tiny spider.

29. *façon:* fashioning, training.
30. Lycurgus, semi-mythical Spartan lawgiver, ninth century B.C.
31. The classic poets were fascinated by the Golden Age, man's first happy state.
32. *Ils:* i.e., Lycurgus et Platon.
33. *soudure:* welding, union.
34. *successions:* inheritances.
35. *partages:* divisions of property.

soit commune à tous, nuls vêtements, nulle agriculture, nul métal, nul usage de vin ou de blé; les paroles mêmes qui signifient mensonge, trahison, avarice, envie, détraction, pardon, n'y sont jamais prononcées.[36] Combien trouverait-il la république qu'il a imaginée[37] éloignée de cette perfection!

D'ailleurs, ils vivent dans une contrée plaisante et d'un climat bien tempéré: de sorte, à ce que m'ont dit mes témoins, qu'il est rare d'y voir un homme malade; ils m'ont assuré n'y avoir jamais vu un homme tremblant, chassieux,[38] édenté[39] ou courbé de vieillesse. Ils sont établis le long de la mer, et protégés du côté de la terre par grandes et hautes montagnes ayant entredeux[40] environ cent lieues d'étendue en large. Ils ont une grande abondance de poisson et de viande qui n'ont aucune ressemblance aux nôtres et qu'ils mangent sans autre artifice que de les cuire. Le premier qui y mena un cheval leur fit tant d'horreur en cette posture qu'ils le tuèrent à coups de flèches avant de pouvoir le reconnaître. Leurs maisons sont fort longues et peuvent abriter[41] de deux à trois cents personnes; elles sont garnies d'écorce[42] de grands arbres qui, tenant à terre par un bout, se soutiennent et s'appuient l'un contre l'autre par le faîte,[43] à la mode de quelques-unes de nos granges[44] dont le toit pend jusqu'à terre et sert de flanc. Ils ont du bois si dur qu'ils en font leurs épées et leurs grils à cuire leur viande. Leurs lits sont d'un tissu de coton, suspendus aux toits comme ceux de nos navires; à chacun le sien, car les femmes couchent à part des maris. Ils se lèvent avec le soleil et mangent tout de suite après et pour toute la journée, car ils ne font d'autre repas que celui-là. Ils ne boivent pas alors, comme Suidas[45] le dit de quelques autres peuples d'Orient qui buvaient hors du manger; ils boivent plusieurs fois par jour et abondamment. Leur breuvage[46] est fait de quelque racine et a la couleur de nos vins légers; ils ne le boivent que tiède. Ce breuvage ne se conserve que deux ou trois jours; il a le goût un peu piquant; nullement fumeux,[47] il est bon pour l'estomac et laxatif pour ceux qui n'y sont pas accoutumés: c'est une boisson très agréable à qui en a l'habitude. Au lieu de pain, ils usent d'une certaine matière blanche comme du coriandre confit;[48] j'en ai tâté, le goût en est doux et un peu fade. Toute la journée se passe à danser. Les plus jeunes vont à la chasse des bêtes avec des arcs. Quelques-unes des femmes s'occupent alors à chauffer leur breuvage: c'est leur principal office. Le matin, avant qu'ils se mettent à manger, un des vieillards prêche à toute la grangée,[49] en se promenant d'un bout à l'autre, redisant plusieurs fois la même chose jusqu'à ce qu'il ait achevé le tour de la salle; car ce sont des bâtiments qui ont bien cent pas de long. Il ne leur recommande que deux choses: la vaillance contre les ennemis, et l'amitié à leurs femmes; ils ne manquent jamais de remarquer cette obligation dans leur refrain que « ce sont elles qui maintiennent leur boisson tiède et assaisonnée ». On peut voir en plusieurs lieux, et entre autres chez moi, la forme de leurs lits, de leurs cordons, de leurs épées, des bracelets de bois dont ils couvrent leurs poignets[50] aux combats, et des grandes cannes ouvertes par un bout par le son desquelles ils soutiennent la cadence

---

36. Shakespeare plagiarized this passage of Montaigne's almost word for word, a common practice in the sixteenth century. See Shakespeare's *Tempest,* Act II, Scene 1, for the passage that the Bard shamelessly lifted with only minor changes from Florio's English translation of Montaigne.
37. *la république...imaginée:* Plato's *Republic,* a picture of an ideal state.
38. *chassieux:* bleary-eyed.
39. *édenté:* toothless.
40. *entredeux:* between (mountains and sea).
41. *abriter:* shelter.

42. *écorce:* bark.
43. *faîte:* ridge, top.
44. *granges:* barns.
45. Suidas, Byzantine scholar, tenth century A.D.
46. *breuvage:* brew, drink.
47. *fumeux:* heady.
48. *coriandre confit:* preserved coriander, seeds used for flavoring. (The native bread was in fact made of manioc, or cassava, a root from which we get tapioca.)
49. *grangée: here,* household.
50. *poignets:* wrists.

en leur danse. Ils sont ras[51] partout et se font le poil[52] plus nettement que nous sans autre rasoir que de bois ou de pierre. Ils croient les âmes éternelles: celles qui ont bien mérité des dieux sont logées à l'endroit du ciel où le soleil se lève, les maudites[53] du côté de l'Occident.

Ils ont je ne sais quels prêtres et prophètes qui se présentent bien rarement au peuple parce qu'ils habitent les montagnes. A leur arrivée, il se fait une grande fête et assemblée solennelle de plusieurs villages (chaque grange, comme je l'ai décrite, fait un village) situés à environ une lieue française l'un de l'autre. Le prophète leur parle en public; il les exhorte à la vertu et à leur devoir; mais toute leur science éthique ne contient que ces deux articles: vaillance à la guerre, affection à leurs femmes. Il leur prédit les choses à venir et le résultat qu'ils doivent espérer de leurs entreprises; il les incite à la guerre ou les en détourne; mais, s'il fait erreur dans sa prédiction et que l'événement n'y réponde pas, ils est haché[54] en mille pièces quand on l'attrape, ou il est condamné comme faux prophète et on ne voit plus jamais le prophète qui s'est trompé une fois.

C'est un don de Dieu que la divination; voilà pourquoi ce devrait être une imposture punissable d'en abuser. Entre les Scythes,[55] quand les devins[56] avaient failli de dire vrai, on les couchait, chargés de fer aux pieds et aux mains, sur des chariots pleins de bruyère,[57] tirés par des bœufs, dans lesquels on les faisait brûler. Ceux qui dirigent les choses sujettes à la conduite de la suffisance[58] humaine sont excusables d'y faire ce qu'ils peuvent. Mais ces autres, qui viennent nous tromper des assurances

d'une faculté extra-ordinaire qui est hors de notre connaissance, ne faut-il pas les punir de ce qu'ils ne maintiennent pas l'effet de leur promesse, et de la témérité de leur imposture?

Ils[59] ont leurs guerres contre les nations qui sont au-delà de leurs montagnes, plus avant sur la terre ferme; ils y vont tout nus, n'ayant d'autres armes que des arcs ou des épées de bois pointues à un bout à la mode des langues[60] de nos épieux.[61] C'est chose merveilleuse que la fermeté de leurs combats qui ne finissent jamais autrement que par le meurtre et l'effusion de sang; car, la déroute et la peur, ils ne savent pas ce que c'est. Chacun rapporte comme trophée la tête de l'ennemi qu'il a tué et l'attache à l'entrée de son logis. Après avoir longtemps bien traité leurs prisonniers en leur donnant tout le confort imaginable, celui qui en est le maître fait une grande assemblée de ses connaissances. Il attache une corde à l'un des bras d'un prisonnier, par le bout de laquelle il le tient à quelque distance pour qu'il n'en soit pas attaqué; il fait tenir l'autre bras au plus cher de ses amis et, à eux deux, en présence de toute l'assemblée, ils assomment[62] le prisonnier à coups d'épée. Cela fait, ils le rôtissent et le mangent en commun, gardant quelques morceaux pour les amis absents.[63] Ce n'est pas, comme on pense, pour s'en nourrir, ainsi que faisaient anciennement les Scythes; c'est pour représenter une extrême vengeance. Et comme preuve, c'est qu'ayant aperçu que les Portugais, qui s'étaient ralliés à leurs adversaires, usaient d'une autre sorte de mort contre eux,[64] quand ils les prenaient, qui était de les enterrer jusqu'à la ceinture, et de tirer au reste du corps beaucoup de

---

51. *ras:* clean-shaven.
52. *se font le poil:* shave.
53. *les maudites:* the damned.
54. *haché:* chopped.
55. Scythians, barbarian race of western Asia and eastern Europe.
56. *devins:* diviners.
57. *bruyère:* heather.
58. *suffisance:* capacity, intelligence.
59. *Ils = Les sauvages.*

60. *langues:* blades.
61. *épieux:* pikes, spears.
62. *assomment:* beat to death.
63. *ils le rôtissent ...absents.* Montaigne is having fun with the reader when he so casually places in the middle of the paragraph such a shocking sentence, as if it were nothing out of the ordinary.
64. *eux = les sauvages.*

coups de flèche, et de les pendre après: ils pensèrent que ces gens-ci de l'autre monde, vu qu'ils avaient semé la connaissance de beaucoup de vices dans leur voisinage, et vu qu'ils étaient beaucoup plus grands maîtres qu'eux en toute sorte de malice, ne prenaient pas sans cause cette sorte de vengeance, et qu'elle devait être plus aigre que la leur, commencèrent de quitter leur façon ancienne pour suivre celle-ci.

Je ne regrette pas que nous remarquions l'horreur barbare qu'il y a en une telle action; mais je regrette bien que, jugeant si sévèrement leurs fautes, nous soyons aveugles aux nôtres. Je pense qu'il y a plus de barbarie à manger un homme vivant qu'à le manger mort, à déchirer par des tortures infernales un corps plein de vie, à le faire rôtir par le menu,[65] à le faire mordre et meurtrir[66] par les chiens et les pourceaux[67] (comme nous l'avons non seulement lu mais vu récemment,[68] non entre des ennemis anciens, mais entre des voisins et des concitoyens et, ce qui est pire, sous prétexte de piété et de religion), que de le rôtir et de le manger après qu'il est mort.

Chrysippus et Zenon, chefs de la secte stoïque, ont bien pensé qu'il n'y avait aucun mal de se servir de notre charogne[69] à quoi que ce fût pour notre besoin, et d'en tirer de la nourriture: comme nos ancêtres, assiégés par César dans la ville d'Alésia,[70] se résolurent de soutenir la faim de ce siège par les corps des vieillards, des femmes et autres personnes inutiles au combat. Et les médecins ne craignent pas de s'en servir à toute sorte d'usage pour notre santé, soit pour l'appliquer au dedans ou au dehors; mais il ne se trouva jamais aucune opinion si déréglée qui excusât la trahison, la

déloyauté, la tyrannie, la cruauté, qui sont nos fautes ordinaires.[71]

Nous pouvons donc bien les[72] appeler barbares relativement aux règles de la raison, mais non pas relativement à nous qui les surpassons en toute sorte de barbarie. Leur guerre est toute noble et généreuse; elle a autant d'excuse et de beauté que cette maladie humaine en peut recevoir; elle n'a d'autre fondement parmi eux que la seule jalousie du courage. Ils ne se battent pas pour la conquête de nouvelles terres, car ils jouissent encore de cette fertilité naturelle qui leur fournit, sans travail et sans peine, toutes les choses nécessaires en telle abondance qu'ils n'ont que faire[73] d'agrandir leurs frontières. Ils sont encore dans cet heureux état de ne désirer que les choses qu'exigent leurs nécessités naturelles: tout ce qui est au-delà est superflu pour eux. Ceux du même âge se donnent généralement le nom de frères; on appelle enfants ceux qui sont plus jeunes; les vieillards reçoivent de tous les autres le nom de pères. Ils laissent à leurs héritiers la pleine possession par indivis[74] de leurs biens, sans autre titre[75] que celui tout pur que la nature donne à ses créatures quand elle les met au monde.

Si leurs voisins passent les montagnes pour venir les attaquer, et qu'ils remportent la victoire sur eux, le bénéfice du vainqueur, c'est la gloire et l'avantage d'être demeuré supérieur en bravoure et en force; car autrement ils n'ont que faire des biens des vaincus. Ils s'en retournent dans leur pays où ils n'ont besoin d'aucune chose nécessaire, où il ne leur manque pas non plus cette grande qualité de savoir jouir de leur condition et s'en contenter.

---

65. *par le menu:* little by little.
66. *meurtrir:* wound.
67. *pourceaux:* hogs.
68. Montaigne had made a report on such an atrocity, committed against Huguenots near Toulouse in 1561, during the Wars of Religion.
69. *charogne:* corpse.
70. *Alésia:* in present Burgundy; where the Gaul's leader Vercingetorix (the first "French" hero) and his troops made their heroic but futile stand against the mighty Roman troops of Julius Caesar. By means of a long siege, Caesar succeeded in starving the Gauls into surrender. (See his *Gallic Wars.*)
71. The irony of the situation is staggering.
72. *les:* i.e., *les sauvages.*
73. *n'ont que faire:* have no need.
74. *par indivis:* in joint ownership.
75. *titre:* document, deed.

Les vaincus agissent de même façon; les vainqueurs ne demandent à leurs prisonniers d'autre rançon que l'aveu d'être battus; mais il ne s'en trouve pas un dans tout un siècle qui n'aime mieux mourir que de perdre, par sa contenance[76] ou ses paroles, une parcelle[77] de sa dignité d'homme invincible, il ne s'en voit pas un qui n'aime mieux être tué et mangé que de seulement demander à ne pas l'être. Ils les traitent en toute liberté afin que la vie leur soit d'autant plus chère; ils les entretiennent communément des menaces de leur mort future, des tortures qu'ils auront à souffrir, des apprêts[78] qu'on fait pour cela, de la dislocation de leurs membres et du banquet qui sera fait à leurs dépens. Tout cela n'a qu'une fin, arracher de leur bouche quelque parole molle ou humble, ou leur donner envie de s'enfuir, pour gagner cet avantage de les avoir effrayés, d'avoir triomphé de leur constance. Car aussi, à le bien prendre, c'est en ce seul point que consiste la vraie victoire.

Les Hongrois,[79] très belliqueux combattants, ne poursuivaient jadis leur attaque après avoir rendu l'ennemi à leur merci. Car, en ayant arraché cette confession, ils le laissaient aller sans lui faire de mal, sans rançon, sauf, pour le plus, d'en tirer parole de ne s'armer dorénavant[80] contre eux.

Nous gagnons sur nos ennemis assez d'avantages qui sont avantages empruntés, non pas les nôtres. C'est la qualité d'un portefaix,[81] non de la vertu,[82] d'avoir les bras et les jambes plus raides; c'est une qualité morte et corporelle que la disposition,[83] c'est un coup de la fortune de faire broncher[84] notre ennemi et de lui éblouir[85] les yeux par la lumière du soleil; c'est un tour d'art et de science, et qui peut tomber en une personne lâche et nulle, d'être habile à l'escrime.[86] La valeur et le prix d'un homme consistent au cœur et en la volonté; c'est là où repose son vrai honneur. La vaillance, c'est la fermeté, non pas des jambes et des bras, mais du cœur et de l'âme; elle ne consiste pas en la valeur de notre cheval, ni de nos armes, mais en la nôtre. Celui qui tombe obstiné en son courage, *si succederit, de genu pugnat*, s'il est tombé, il combat à genoux. Celui qui pour quelque danger de la mort voisine ne relâche aucun point de son assurance, qui regarde encore, en rendant l'âme, son ennemi d'une vue ferme et dédaigneuse, il est battu non par nous mais par la fortune; il est tué, il n'est pas vaincu; les plus vaillants sont parfois les plus infortunés. Il y a des défaites plus triomphantes que les victoires.

Ainsi il y a des pertes triomphantes à l'égal des victoires. Ni ces quatre victoires sœurs, les plus belles que le soleil ait jamais vu de ses yeux, de Salamine, de Platée, de Mycale, de Sicile,[87] osèrent jamais opposer toute leur gloire ensemble à la gloire de la déconfiture du roi Léonidas et des siens, au passage des Thermopyles.[88]

Qui courut jamais d'une plus glorieuse envie et plus ambitieuse au gain d'un combat, que le capitaine Ischolas[89] à la perte? Qui plus ingénieusement et soigneusement s'est assuré de son salut, que lui de sa ruine? Il était commis à défendre certain passage du Péloponnèse[90] contre les Arcadiens.[91] Pour le faire, se trouvant entièrement incapable, vu la nature du lieu et l'inégalité des forces, et se résolvant que tout ce qui se présenterait aux ennemis

---

76. *contenance:* attitude, bearing.
77. *parcelle:* tiny bit.
78. *apprêts:* preparations.
79. *Hongrois:* Hungarians.
80. *doré-navant:* thenceforth.
81. *portefaix:* porter.
82. *vertu:* courage, merit.
83. *disposition:* aptitude.
84. *faire broncher:* dislodge.
85. *éblouir:* dazzle.
86. *escrime:* swordplay.
87. *Salamine...Sicile:* Salamis, Plataea, Mycale,

where Greeks defeated Persian invaders (480–479 B.C.); at the same time Greeks of Sicily defeated Carthaginians. Thus in these decisive battles the assault on Europe was repulsed.
88. Thermopylae, Greek pass where Leonidas and 300 Spartans sacrificed themselves to delay the advance of the Persian King Xerxes.
89. *Ischolas:* Spartan general.
90. *Péloponnèse:* southern part of Greece.
91. Arcadians, dwellers in central part of Peloponnesus.

aurait de nécessité à y demeurer; d'autre part, estimant indigne et de sa propre vertu et magnanimité et du nom lacédémonien[92] de faillir à sa charge, il prit entre ces deux extrémités un moyen parti, de cette sorte: les plus jeunes et dispos de sa troupe, il les conserva à la défense et au service de leur pays, et les y renvoya; et avec ceux dont on pourrait mieux se passer il conclut de défendre ce passage, et, par leur mort, en faire acheter l'entrée aux ennemis le plus cher qu'il lui serait possible. C'est ce qui arriva. Car, étant bientôt environné de toutes parts par les Arcadiens, après en avoir fait une grande boucherie, lui et les siens furent tous mis au fil de l'épée.[93] Y a-t-il quelque trophée assigné pour les vainqueurs qui ne soit mieux dû à ces vaincus? Le vrai vaincre a pour son rôle le combat, non pas le salut; et l'honneur de la vertu consiste à combattre, non à battre.

Pour revenir à notre histoire, il s'en faut tant que ces prisonniers[94] se rendent pour tout ce qu'on leur fait, qu'au contraire, pendant ces deux ou trois mois qu'on les garde, ils portent une contenance gaie, ils pressent leurs maîtres de se hâter de les mettre en cette épreuve, ils les défient, les injurient,[95] leur reprochent leur lâcheté et le nombre des batailles perdues contre les leurs. J'ai une chanson faite par un prisonnier où il y a ces paroles: « Qu'ils viennent tous hardiment et s'assemblent pour dîner de lui; car ils mangeront à satiété leurs pères et leurs aïeux qui ont servi d'aliment et de nourriture à son corps: ces muscles, dit-il, cette chair et ces veines, ce sont les vôtres, pauvres fous que vous êtes, vous ne reconnaissez pas que la substance des membres de vos ancêtres s'y tient encore: savourez-les bien, vous y trouverez le goût de votre propre chair. » Cette invention ne

sent[96] aucunement la barbarie. Ceux qui les peignent[97] mourants et qui représentent cette action quand on les assomme, ils peignent le prisonnier crachant[98] au visage de ceux qui le tuent et leur faisant la moue.[99] De vrai, ils ne cessent jusqu'au dernier soupir de les braver et défier de parole et de contenance. Sans mentir, comparés à nous, voilà des hommes bien sauvages: car ou il faut qu'ils le soient bien ou que nous le soyons. Il y a une merveilleuse distance entre leur manière de vivre et la nôtre.

Les hommes y ont plusieurs femmes, en d'autant plus grand nombre qu'ils sont en meilleure réputation de vaillance. C'est une beauté remarquable en leurs mariages que la même jalousie que nos femmes ont pour nous enlever l'amitié et la bienveillance d'autres femmes, les leurs l'ont toute pareille pour les leur acquérir: étant plus soigneuses[100] de l'honneur de leurs maris que de toute autre chose, elles cherchent et mettent leur sollicitude à avoir le plus de compagnes qu'elles peuvent, car c'est un témoignage du courage du mari.

Les nôtres crieront au miracle: ce n'en est pas un, c'est une vertu proprement matrimoniale du plus haut degré. Et, en la Bible, Lia, Rachel, Sara et les femmes de Jacob fournirent leurs belles servantes à leurs maris; et Livia[101] seconda les appétits d'Auguste, à son dommage à elle; et la femme du roi Deiotarus, Stratonice, prêta non seulement à l'usage de son mari une fort belle jeune fille de chambre qui la servait, mais en éleva soigneusement les enfants, et les aida à succéder aux états de leur père.

Afin qu'on ne pense point que tout ceci se fait par une simple et servile obéissance à leurs usages et par l'impression de l'autorité de leur ancienne coutume, ou parce qu'elles

---

92. *lacédémonien:* Spartan.
93. *mis...l'épée:* put to the sword.
94. *il s'en faut...prisonniers:* these prisoners are so far from.
95. *injurient:* insult.
96. *sent:* smells of, suggests.
97. *peignent:* depict (no doubt reference to the remarkable drawings by De Bry, illustrating Hans

Staden's account of his captivity among these Brazilian savages).
98. *crachant:* spitting.
99. *faisant la moue:* making a defiant expression, pouting.
100. *soigneuses:* concerned.
101. Livia, wife of Emperor Augustus, first century A.D.

ont l'âme trop stupide pour agir autrement, il faut citer quelques traits de leur intelligence. Outre celui que je viens de donner de l'une de leurs chansons de guerre, j'ai une chanson d'amour qui commence ainsi: «Couleuvre,[102] arrête-toi; arrête-toi, couleuvre, afin que ma sœur tire sur le patron de ta peinture la façon et l'ouvrage d'un riche cordon[103] que je puisse donner à ma mie;[104] ainsi soient en tout temps ta beauté et ton élégance préférées à tous les autres serpents. » Ce premier couplet, c'est le refrain de la chanson. Or, j'ai assez de commerce avec la poésie pour juger ceci, que non seulement il n'y a rien de barbare en cette imagination, mais qu'elle est tout à fait anacréontique.[105] Leur langage, au demeurant, c'est un doux langage et qui a le son agréable, ressemblant aux terminaisons grecques.[106]

Trois d'entre eux, ignorant combien coûtera un jour à leur repos et à leur bonheur la connaissance des corruptions d'ici et que de ce commerce naîtra leur ruine, comme je suppose qu'elle est déjà avancée (bien misérables de s'être laissé leurrer[107] par le désir de la nouveauté et d'avoir quitté la douceur de leur ciel pour venir voir le nôtre!), furent à Rouen du temps que le feu roi Charles IX[108] y était. Le roi leur parla longtemps. On leur fit voir notre vie, notre pompe, la forme d'une belle ville. Après cela, quelqu'un demanda leur avis et voulut savoir d'eux ce qu'ils avaient trouvé de plus extraordinaire. Ils répondirent trois choses, dont j'ai oublié la troisième, et j'en suis désolé, mais j'ai encore les deux autres en mémoire. Ils dirent qu'ils trouvaient en premier lieu fort étrange que tant d'hommes grands, portant barbe, forts et armés, qui étaient autour du roi (il est vraisemblable qu'ils parlaient des Suisses de sa garde), se soumissent à obéir à un enfant et qu'on ne choisît plutôt quelqu'un d'entre eux pour commander. Secondement (ils ont une façon de parler telle qu'ils nomment les hommes: moitié les uns des autres[109]), ils dirent qu'ils avaient aperçu des hommes pleins et gorgés de toutes sortes de commodités, et que leurs moitiés mendiaient à leurs portes, décharnés[110] de faim et de pauvreté; ils trouvaient étrange que ces misérables moitiés pussent souffrir une telle injustice, qu'ils ne prissent les autres à la gorge ou ne missent le feu à leurs maisons.

Je parlai à l'un d'eux fort longtemps, mais j'avais un interprète qui me suivait si mal et qui, par sa bêtise, était si maladroit à recevoir mes imaginations, que je n'en pus tirer rien qui vaille.[111] Sur ce que je lui demandai quel avantage il recevait de la supériorité qu'il avait parmi les siens (car c'était un capitaine et nos matelots le nommaient roi), il me dit que c'était: «marcher le premier à la guerre.» De combien d'hommes était-il suivi? Il me montra un espace de terre pour signifier que c'était autant qu'il en pourrait tenir en cet espace: ce pouvait être quatre ou cinq mille hommes. Je lui demandai si, la guerre finie, son autorité était expirée. Il dit que « il lui en restait cela, que quand il visitait les villages qui dépendaient de lui, on lui dressait des sentiers[112] à travers les haies[113] de leurs bois par où il pût passer bien à l'aise ».

Tout cela ne va pas trop mal, mais quoi? ils ne portent point de haut-de-chausses.[114]

---

102. *Couleuvre:* Snake (common, harmless).
103. *afin que ma sœur...cordon:* in order that my sister may copy on the model of thy markings the design and workmanship of a rich woven necklace.
104. *mie:* darling.
105. *anacréontique:* in the style of Anacreon, Greek poet of love.
106. Montaigne's notion of linguistic relativism anticipates by four centuries the dubious but fascinating Sapir-Whorf Hypothesis, which posited that differences in languages reflected or even caused the differences in behavior in their respective societies. Thus, according to Montaigne's logic (or at least his rhetoric), the cannibals' soft, sweet language must be a sign of inner spiritual gentleness.
107. *leurrer:* lead astray.
108. Charles IX, born 1550; King of France, 1560–74.
109. *moitié...autres:* halves of one another.
110. *décharnés:* emaciated.
111. *rien qui vaille:* anything worth while.
112. *sentiers:* paths.
113. *haies:* hedges.
114. *haut-de-chausses:* breeches, trousers. (Yet another fine example of Montaigne's unsettling irony.)

BIBLIOGRAPHY

For further reading about the authors and their works, the following secondary source books are recommended. Some are renowned classics of their kind, while others represent more recent research. Almost all are widely available as of this writing.

French Literature in General

Cabeen, David C., editor. *Critical Bibliography of French Literature.* (Syracuse University Press, 1983.)

Dictionnaire des Oeuvres littéraires de langue française. (Bordas, 1994.)

Harvey, Paul, and Heseltine, J.E., editors. *New Oxford Companion to Literature in French.* (Oxford University Press, 1995.)

Hollier, Denis, editor. *A New History of French Literature.* (Harvard University Press, 1989.)

Lagarde, André and Michard, Laurent, editors. *Le Lagarde et Michard.* (Bordas, four-volume set with CD Rom, 2003.)

Lanson, Gustave and Tuffrau, Paul, editors. *Manuel illustré d'histoire de la litterature francaise.* (Hachette, 1968.)

Levi, Anthony. *Guide to French Literature: Beginnings to 1789* (St. James, 1994.)

Stade, George, editor. *European Writers.* (Scribner, 1989.)

The Middle Ages

Baumgartner, Emmanuèle. *Histoire de la litterature française: Moyen Age.* (Bordas, 1987.)

Bec, Pierre. *La lyrique française au moyen âge.* (Picard, 1978.)

Brunel-Lobrichon, Geneviève and Duhamel-Amado, Claudie. *Au Temps des troubadours.* (Hachette, 1997.)

Duby, Georges. *Le Chevalier, la femme et le prêtre.* (Hachette, 1981.)

Kelly, Douglas. *Medieval French Romance.* (Twayne, 1993.)

Rychner, Jean. *La Chanson de geste: Essai sur l'art épique des jongleurs.* (Droz, 1955.)

Zink, Michel. *Introduction à la litterature française du Moyen Age.* (PUF, Second Edition 2001.)

Zumthor, Paul. *Essai de poétique médiévale.* (Seuil, 1972.)

The Sixteenth Century

Auerbach, Erich. *Mimesis.* (Princeton University Press, 1953.)

Bakhtine, Mikhaïl. *l'Oeuvre de François Rabelais et la culture populaire de Moyen Age et sous la Renaissance.* (Gallimard, 1970.)

Boyer, Frédéric. *Joachim Du Bellay.* (Seghers, 1973.)

Defaux, Gérard. *Marot, Rabelais, Montaigne: L'écriture comme présence.* (Champion, 1988.)

Hugo, Friedrich. *Montaigne.* (Gallimard, 1968.)

O'Connor, Dorothy. *Louise Labé, sa vie, son oeuvre.* (Slatkine, 1972.)

Rieu, Josiane. *L'Esthétique de Du Bellay.* (Sedes, 1995.)

Screech, M.A. *Rabelais.* (Duckworth,1979.)

A BIOGRAPHICAL NOTE ABOUT THE EDITORS

Kenneth T. Rivers is a Professor of French at Lamar University, Beaumont, in the Texas State University System. Born in Oakland, California in 1950, he went on to receive his BA, MA, and PhD in French, with a minor in History, from the University of California at Berkeley. While there in the 1960's and 70's during much social upheaval, he developed an expertise on socially conscious literature and art. He has authored one previous book, *Transmutations: Understanding Literary and Pictorial Caricature*, and many scholarly articles on a variety of subjects including the works of Balzac, Flaubert, and other authors; the art of Daumier; French cinema; French politics; and, perhaps most notably, the effects of climate changes throughout history upon European culture. The journals in which he has published include, among others, the *Stanford French Review, The European Studies Journal, Images*, and *Revue du Pacifique*. He has also authored fourteen biographical encyclopedia entries on French writers and filmmakers from Lesage and Prévost to Cousteau and Godard. He has been awarded two National Endowment for the Humanities fellowships and eight grants. He experienced his fifteen minutes of fame when interviewed on CNN about his research on the effects of the Internet upon language and international relations. In his spare time, he has acted in community theater, won a play writing contest, and led, or co-led with his wife, Dr. Dianna Rivers, over a dozen study-abroad tours to at least ten European countries. He believes the study of literature and languages, combined with world travel, to be a key to international understanding that ought to be made available to all students. His next project is the second volume of the anthology that you have in your hand.

Kenneth Rivers with Pierre Corneille. Photo by Dianna Rivers

Morris Bishop

Morris Gilbert Bishop (1893-1973) was one of the great literary scholars of his time and an acclaimed biographer. He championed the academic life, not only in books — *A Survey of French Literature* (first and second editions) and *A History of Cornell* — but also by serving as President of the Modern Language Association. He had a unique start in life, being born at Willard State Insane Asylum in Ovid, New York, where his father was a medical doctor. Bishop would remark that he learned early that five out of six of the people he met were insane, and saw little reason to revise his opinion later. Although orphaned as a boy, he went on to attend Cornell University, graduating in the class of 1914. He was an infantry lieutenant in World War I, using his college French to serve as a translator. He gained an abiding love of France — its people, not just its literature. After some time in advertising, he obtained his PhD at Cornell and taught there for the rest of his life, punctuated by sabbaticals in Europe. He wrote light verse for the New Yorker and Saturday Evening Post, hundreds of essays, and biographies of people he admired, including writers such as Pascal, Ronsard and Petrarch, the explorers Champlain and Cabeza de Vaca, and Saint Francis of Assisi. Returning from the devastated Europe of World War II, Bishop declared that "literature, in the broadest sense, is wisdom. It represents the long effort of man to understand himself and, if the youth of today are to guide the world safely through the terrors of the atomic age, they must now serve their apprenticeship to wisdom. If I propose the study of literature as a means to wisdom, it is because I believe that in literature are most clearly written the means for the understanding of man's nature and man's world. And I propose that the teacher of literature take up this dreadful burden, not for the sake of literature, but for the sake of humanity."